美国大都会艺术博物馆 编著

大都会艺术博物馆
指南

目录

馆长序　13
导言　托马斯·P·坎贝尔　15

古代世界　20
古代近东艺术　22
古埃及艺术　38
古希腊罗马艺术　60

世界文化　82
亚洲艺术　84
伊斯兰艺术　124
非洲、大洋洲及美洲艺术　144
武器和盔甲　158
乐器　168

欧洲　176
中世纪艺术　178
修道院分馆　198
素描和版画　218
欧洲绘画　234
欧洲雕塑及装饰艺术　296
罗伯特·雷曼收藏　332

美国　346
美国馆　348

现代时期　384
时装学院　386
现当代艺术　398
摄影　436

作品索引　450
图片来源　455

馆长序

大都会博物馆上一次编制馆藏指南已是近三十年前，我在2009年始任馆长时，就有意编制新的指南。现在，考虑到观众在参观展馆时的体验，我们认为制作一册精华藏品指南供观众在参观前后使用，会十分有益。

不过，对一个藏品极为丰富的博物馆来说，这并非易事。我们十七个展览部门的全体策展人通力合作，从藏品中选出能以最具吸引力的方式展现我们丰富馆藏的艺术品，并为每件艺术品撰写了说明文字。协调这项工作的任务落到助理出版人兼出版总经理格温·罗金斯基和欧洲绘画部意大利绘画策展人安德烈·巴耶的肩上。他们一起将堆积如山的材料贯通起来，编成了定稿。这份成果反映出我们编辑团队的卓越能力及本书设计师史蒂文·肖恩菲尔德的非凡才能。

在本书中，我认为最明显可见的就是大都会博物馆百科全书式馆藏的出色质量和多样性。大都会博物馆不愧为一座世界性的博物馆，它展现了五千多年间全球每一个角落的视觉文化。当然，我们的最终目标是吸引您进入这里的诸多陈列室，身临其境地体验这些展品。我充分相信本书将激励您这么做。

托马斯·P·坎贝尔
大都会艺术博物馆馆长

导言

托马斯·P·坎贝尔

大都会艺术博物馆在拥有第一件藏品以前就有这样一个观点：艺术可以使所有接触到它的人上进，可以促使个人信念擢升，可以帮助工业及制造业进步，可以使向善的理念实现；这是一个基本的社会和道德前提。

在这本弘扬大都会博物馆馆藏实力的图书的开头，有必要指出这些根本原则，因为令人啧啧称奇的是，借由这些根本原则，大都会博物馆在过去一个半世纪内，从一无所有发展成为堪称世界上最伟大的百科全书式艺术博物馆。

百科全书式或"环球"博物馆的概念源于启蒙运动时期欧洲创立的模式。在大都会博物馆，我们的使命是跨越所有文化和时期收集人类最伟大的艺术成就，包括早至公元前八千纪的物品。这些藏品中的精华既出现在我们十七个展览部门各自的永久展区，也出现在侧重特定主题、时期或艺术家的临时展览里。同一座博物馆内拥有如此丰富的素材，在看似迥异的历史和传统之间创造出特别的对话，这使我们的访客在一次参观中就能真正地周游世界。

从许多方面来看，大都会博物馆的故事都是独特的美国故事。这是一个关于雄心、公民责任和慷慨付出的故事：它来自1866年7月4日巴黎的一次午餐，借鉴了欧洲王室赞助了数个世纪的欧洲博物馆，美国著名律师约翰·杰伊在那一天宣布，美国需要自己的艺术博物馆，当天在场的一批美国同胞誓言要共同为之努力。于是，大都会博物馆在四年后成为现实。

自1870年成立以来，大都会博物馆就致力于推广民众教育。其使命宣言在这一点上毫不含糊，声明大都会博物馆"将坐落于纽约市，旨在为该市缔造并维护一座艺术博物馆和图书馆；鼓励并发展美术研究以及艺术在生产和实际生活中的应用；推动相关主题综合知识的发展，并为这一目的而提供普及教育"。

1880年，坐落在中央公园的大都会博物馆首次开放时，受托人约瑟夫·乔特宣告大都会博物馆符合"数百万工人最重要且实际的利益"（图一）。然而，博物馆在最初的时期几乎无法向这目标迈进，因为它的开放时间与工作日完全重合，只有士绅阶

1910年，大都会博物馆的观众在埃马纽埃尔·洛伊茨1851年的画作《华盛顿横渡特拉华河》前。参见第364页。

图一：1880年代的大都会艺术博物馆

层人群才有空参观（图二）。因此，大都会博物馆的早期参观者在人口构成上区别不大，与那群创办博物馆的富商一样。伊迪丝·华顿的小说《纯真年代》将十九世纪末的大都会博物馆描述为"在无人问津的孤寂中腐朽"。纽兰·阿切尔同奥兰斯卡伯爵夫人坐在空荡荡的大都会博物馆里，无奈地说："唔，总有那么一天吧，我想，它会成为一座了不起的博物馆。"

事情确实起了变化。1889年，经过数年讨论后，大都会博物馆终于开始在星期日向公众开放。1911年的年度报告骄傲地宣称，大都会博物馆

图二：1889年1月2日《PUCK》杂志发表的漫画："工人在他唯一可以自由支配的那天，就是这样享受博物馆的。"

"已经不再仅仅吸引上流社会"。进入二十世纪,博物馆的观众及馆藏都继续增长。学生在这里受到欢迎,人群涌入展馆观看重要展览,如1909年的"哈德逊—富尔顿庆祝展",1942年的"艺术家支持胜利",1963年借来的《蒙娜丽莎》及1978年的"图坦卡蒙的宝藏"。随着大都会博物馆引起公众越来越多的关注,参观者也持续稳定增加。如今,博物馆每年的观众已经超过五百万人次。

值得一提的是,博物馆早期在为大众提供艺术品欣赏时常常提供的并不是艺术品原作。博物馆在初期信守的观念是,名作永远不可能被大都会博物馆买到,因此将大量精力集中在积累世界名作的电铸版和石膏模型上(图三)。总数超过两万六千件的石膏模型如今被安置在中世纪雕塑厅和两个相邻的展厅内,后者主要用作欧洲时代馆。

但在1902年,一切都改变了。雅各布·S·罗杰斯给大都会博物馆留下了五百万美元的巨款,专供购买艺术品之用。这位古怪的商人在新泽西州的帕特森制造机车,据各方说法,他更像是位偏执厌世的人,而非博物馆爱好者。这份厚礼使大都会博物馆从一个挣扎生存的机构摇身变成了艺术市场上的一股强大力量,并使大都

图三:1907年大都会博物馆的石膏像大厅

图四：大都会博物馆中央展馆外观

会博物馆有能力购买艺术品原作。在罗杰斯基金成立的头二十年内，大都会博物馆购得勃鲁盖尔的《收割者》、我们那不同寻常的来自博斯科雷尔的庞贝壁画和吉尔伯特·斯图尔特的《乔治·华盛顿》；这些作品只是我们用这笔转型赠款所购名作中的一小部分。

在二十世纪初购买名作的并不止大都会博物馆。J.P.摩根、本杰明·奥特曼、哈弗梅耶夫妇等大收藏家此时已发起一种非凡的收藏与慷慨赠予并行的传统，并由几代博物馆捐赠者维系下来。您将在本书中随处看到，大都会博物馆许多展览部门的镇馆之宝，正是一些有史以来最优秀的私人艺术收藏机构赠予的礼物。今天，这一传统依然延续，同样延续的是大都会博物馆通过购买更多艺术品来完善馆藏的坚定决心。

正如我们的馆藏一样，博物馆的建筑也随着时间变化而有所发展。1880年建在中央公园边缘的那栋简朴大楼，如今已扩展成繁华的第五大道上沿街而立的两百多万平方尺的建筑（图四）。我们今天所见的新古典主义建筑外观由理查德·莫里斯·亨特设计，建于二十世纪早期，而北展馆和南展馆（1911年和1913年）则是麦金米德怀特公司的作品。这栋建筑在中央公园留下的最后足印要到1970年博物馆成立一百周年纪念时才完成，自那以后我们的展览馆都是根据需要在建筑内部发展。

纵观大都会博物馆的历史，始终未变的是我们对学术的投入。学术工作是我们一切工作的基础——展览、教育活动、出版物、博物馆网站。若无对藏品的理解和诠释，我们就和一间托管保护珍宝的仓库并无二致。自1906年大都会博物馆开展首次考古挖掘以来，我们在考古工作上的投入就在古代世界研究上起了重要作用。我们已出版的数千种书籍中，许多都是相关领域内的权威著作。

本书出版之际，正是大众对大都会博物馆馆藏的接触以及对馆藏信息的需求比以往任何时候都要更多更大之时。全世界数百万人通过我们的网站观赏这些艺术品，并愈加希望能亲临博物馆欣赏藏品。确实，没有什么能像大都会博物馆陈列室中的艺术品那样与我们产生强烈共鸣，不管是作为个体还是作为一个文明。我们与这些藏品的关系，就是大都会博物馆之所以建立的原因：这是一个由公民而建，并且为公民而建的博物馆。这在博物馆成立之时是个雄心勃勃的理念。而值得一提的是，这个主意——也就是不靠教会或王室，而靠决意要与公众分享艺术品的捐赠者，从私人渠道积累艺术品——不仅存活下来，而且其意义从未消减。

大都会博物馆最初通过展现人类最伟大的艺术成就来教育和激励大众的使命，至今仍指导着我们思考博物馆的持久定位。我们的成功将有助于加深对所有艺术和文化的理解，并会相应地鼓励以一种更全球化的视角来看待我们生活的世界。我想象不出比这更重要的未来愿景。

致读者

大都会博物馆的馆藏如此丰富，编写一本关于馆藏的书是非同一般的挑战。您会看到，我们已将本书分为五个部分，以便于读者浏览博物馆的十七个展览部门。我们意识到这种结构虽然对读者有用，却也产生了反常之处，如一幅美国绘画出现在"欧洲"部分，一件文艺复兴时期的紧身上衣出现在"现代时期"里。这些矛盾之处极少，却不可避免，我们希望这不至于影响您欣赏本书的主旨。

古代世界

古代近东艺术

古代近东艺术藏品有七千余件，时间跨度从公元前八千纪至公元七世纪阿拉伯人刚结束对外征服时为止。这些物品来自以底格里斯河与幼发拉底河之间的美索不达米亚为中心的广袤地区，向北延伸至高加索和欧亚大草原，向南至阿拉伯半岛，向西至安纳托利亚、叙利亚和黎凡特，并与地中海相接，向东穿越伊朗和中亚西部，甚至远抵印度河谷地区。这些形态、风格、材料多样的作品，折射出数千年间曾在这一带繁荣过的诸多民族、城市、王国和帝国的文化。这些涵盖广泛的作品被置于既能突出其内在意义，又能说明其与周边文化艺术之关联的背景中。陈列室的核心展品是一组精美的亚述浮雕，它们来自亚述纳西拔二世（约公元前883—前859年在位）位于今日伊拉克尼姆鲁德的宫殿。首批进入博物馆的古代近东藏品包括亚述石刻浮雕、楔形文字泥板、平面印章和圆筒印章等，这些藏品都是在十九世纪晚期获得的。自那以后诸次捐赠、购入及参与近东地区的考古挖掘都进一步补充了馆藏。这里的永久藏品同样也因其他博物馆慷慨长期出借的出土文物而大为丰富。

北山羊图案彩陶罐
伊朗，铜石并用时代，约公元前3800—前3700年
彩陶，高20⅞英寸（53厘米）
购买，约瑟夫·普利策遗赠，1959年（59.52）

这只卵形容器是早期制陶工艺的杰作，其设计体现了风格化特点但却不显呆板。一头北山羊（亦称悬羊）以侧姿立于六圈线条之顶，这些线条环绕大陶罐最宽的部分，以突出其可观的周长。异常夸张的羊角曲线和羊腿间的弧形空间与陶罐的圆形外观相呼应。北山羊两侧饰有交替出现的直线与曲线框。整件作品的艺术效果以复杂微妙的方式带出了动感和活力。

右图
跪牛持带流瓶
伊朗，原始埃兰时期，约公元前3100—前2900年
银器，高6⅜英寸（16.3厘米）
购买，约瑟夫·普利策遗赠，1966年（66.173）

这只小银牛身披饰有阶状纹的外衣，手捧一只带流瓶，展现出人与动物特征的奇妙融合。早期伊朗艺术中描绘的人形动物可能象征着自然力量，或是神话寓言中的主角。因为这尊塑像中空的腔体内装有几块卵石，所以它可能是在某种仪式中用来制造声响的器物。附着在这一器物上的布料痕迹表明这是一件葬器，或许是作为仪式的一部分。

左图
有角迈步男子铜像
伊朗或美索不达米亚，原始埃兰时期，
约公元前3100—前2900年
铜合金，高6⅞英寸（17.5厘米）
购买，莱拉·艾奇逊·华莱士捐赠，2007年（2007.280）

在金属雕塑的黎明时期用脱蜡法铸造的这尊动态人像，以较小的体量表达出非同寻常的力量和气度。这尊塑像属于一对几乎完全相同的男子塑像，造型充满活力，脚穿伊朗和美索不达米亚高地风格的靴子，鞋尖上翘。他头上的北山羊角以及搭在肩上的猛禽身躯和双翅更增强了其力量感。这件作品融合了人与动物的形态来表现超自然世界，或许也表现了萨满教信仰，体现了原始埃兰时期伊朗艺术的特征。

站立男子雕像

美索不达米亚,出土于埃什努纳(今天的阿斯马尔丘),
早王朝时期I—II,约公元前2900—前2600年
石膏,贝壳,黑石灰石,沥青,高11⅝英寸(29.5厘米)
弗莱彻基金,1940年(40.156)

这尊双手交扣、双目圆睁的人像是在一座神庙中被发现的,与其他十一尊雕像依照葬仪埋在一起。这十二尊雕像据信最初代表了崇拜者向他们的神祇献上永恒的祈祷。人像硕大的头上镶嵌有贝壳和黑石灰石,形成突出的双眼。风格化的卷发垂落在矩形胡须的两侧,头发和胡须上都能找到最初沥青涂层的痕迹。这尊雕像是抽象几何风格的苏美尔雕像之典范,与其他写实风格的作品并存于早王朝时期。

统治者头像

伊朗或美索不达米亚，青铜时代早期，
约公元前2300—前2000年
铜合金，高13½英寸（34.3厘米）
罗杰斯基金，1947年（47.100.80）

这尊头像呈实物大小，其身份及产地仍是个谜。但其精湛的手工艺、创新的技术和贵重材料铜合金的使用都表明，它代表一位国王或上层人物。其眼中的黑色空洞部分或许曾镶嵌过对比材料，这种手法是古代近东艺术品的特征。受到腐蚀的铜质表面下，仍能看到修饰得整洁优雅的胡须纹样以及头巾上的曲线纹和斜条纹。

圆筒印章及当代制作的印纹：狩猎图
美索不达米亚，阿卡德时代晚期，约公元前2200—前2100年
燧石，高1⅛英寸（2.8厘米）
W·葛德尼·比蒂遗赠，1941年（41.160.192）

这枚圆筒印章上的场景由两组基本单位构成连贯一体的图案，风格化的景色将设计纹样统一起来。在一组场景中，两棵大树将猎人夹在中间，他正抓着一头北山羊的角。猎人上方的楔形铭文指明印章主人是一位叫巴鲁·伊里的宫廷酒正。在另一组场景中，两只北山羊立于山顶，隔着三棵树彼此相望。这枚印章在阿卡德时代制成，那时，刻印者使用的符号形象已经扩展到包括各种新的神话性、主题性和叙事性的题材。

古地亚坐像
美索不达米亚，可能来自吉尔苏（今天的特罗），
新苏美尔时期，约公元前2090年
闪长岩，高17⅜英寸（44厘米）
哈里斯·布里斯班·迪克基金，1959年（59.2）

古地亚统治过苏美尔城邦拉格什，该城包含了吉尔苏古城，这尊雕像可能出土自此地。其长袍上的竖排楔形铭文称：让造这殿宇的古地亚长命百岁吧。这尊雕像可能设在神庙里，意在代表这位统治者永垂不朽，其上的铭文则可能是向拉格什神祇的直接恳求。人物脸上严肃的表情及合拢的双手传达出虔诚平静之感，恰与雕像的功用相符。

吊坠及串珠（局部）

美索不达米亚，
据称来自迪尔巴特，
古巴比伦时期，
约公元前1800—前1600年
金器。圆形饰物最大直径为 1⅜ 英寸（3.6厘米）
弗莱彻基金，1947年
（47.1a2, .1a4–.1a9, .1a11, .1a12, 1b–i）

这些饰品在美索不达米亚地区古代金器作品中占有极其重要的地位。鉴于这组作品呈现出广泛的风格、多样的黄金合金以及水平参差的工艺，它或许应被视为不同个体元素的聚集，而非一整串项链。每个吊坠都代表着一位能驱邪庇佑的神祇或神祇的符号。当时的人们相信，吊坠上符号所代表的这些男女神祇就神奇地以这些形式而存在。

管銎斧

巴克特里亚·马尔吉阿纳（中亚），
青铜时代，约公元前2000年
包金银器。长 5⅞ 英寸（15厘米）
购买，哈里斯·布里斯班·迪克基金，詹姆士·N·斯皮尔和舒密尔基金会公司捐赠，1982年（1982.5）

这把银斧以精湛的浇铸工艺制成，并包以金箔，斧面上描绘出一个鸟头神兽同野猪和龙搏斗的场景。野猪弯身拱背，其刚毛林立的后背刚好形成斧刃（右上方）；底端的柄孔用于固定木柄。这支兵器采用的贵重材料表明它是用于仪式而非实际作战。从公元前三千纪晚期到公元前两千纪初，在巴克特里亚·马尔吉阿纳一带活跃着繁荣的城市文化，部分是因为与伊朗、美索不达米亚和安纳托利亚等文明互通奢侈品和日常用品的结果。

左图
家具底座
安纳托利亚,可能来自阿森欧玉地区,
古亚述贸易殖民时期,约公元前1800—前1700年
包金牙雕(河马),高5英寸(12.7厘米)
乔治·D·普拉特捐赠,1932年(32.161.46)

这件河马牙雕狮身人面像是一件小家具的四个底座之一。它有狮子的体态,其卷曲的发束借鉴于古埃及女神哈索尔的秀发。安纳托利亚艺术中的埃及特征和图案都表明公元前两千纪早期两地存在文化交流。这些家具底座据信来自安纳托利亚中部的诸多商业殖民地之一,这些殖民地是由美索不达米亚北部的亚述商人在这一时期建立的。

右图
鹿身酒器
安纳托利亚中部,赫梯帝国时期,约公元前1400—前1200年
镶金银器,高7⅛英寸(18厘米)
诺伯特·舒密尔信托捐赠,1989年(1989.281.10)

以动物前半身为外形的酒杯是近东地区一种非常古老的器皿形态。这只有全副鹿角的公鹿造型优美,带有赫梯艺术的自然主义特征。酒杯的主体部分由至少十二张银片打制而成。杯口边缘的一圈捶揲纹样描绘了某次仪式或宗教礼仪中的人物,他们可能在庆祝一次成功的狩猎活动。赫梯时代的仪式用品中包括了具有此类动物器形的物品。

古代近东艺术 29

对页
人首翼狮雕像
美索不达米亚，出土于卡拉（今天的尼姆鲁德），新亚述时期，亚述纳西拔二世在位期间，约公元前883—前859年
雪花石膏，高10英尺2½英寸（3.1米）
小约翰·D·洛克菲勒捐赠，1932年（32.143.2）

上图
亚述纳西拔二世浮雕
美索不达米亚，出土于卡拉（今天的尼姆鲁德），新亚述时期，亚述纳西拔二世在位期间，约公元前883—前859年
雪花石膏，高92¼英寸（234.3厘米）
小约翰·D·洛克菲勒捐赠，1932年（32.143.4）

这头翼狮挺立在亚述纳西拔二世位于尼姆鲁德的宫殿里，是在宫殿入口和门廊摆放的巨型石雕翼兽之一，其目的是为了给国王辟邪，也为给所有进入宫殿的人留下深刻印象。雕像头顶的角状王冠是整个古代近东神祇的典型造型。这头翼狮有五条腿，所以从正面看时它笔直站立，从侧面看时，它却在向前迈步。无论从哪个角度欣赏，这尊翼狮像都是完整的，其寓意在于它可展现出全方位的超自然保护力量。

尼姆鲁德的宫殿房间内装饰着刻有浅浮雕的大石板、色彩鲜艳的墙壁和天花板以及守卫门廊的雕像。在这组浮雕上，国王亚述纳西拔二世头戴锥形帽，上有小尖顶表明其身份。他左手持一象征其权威的弓箭，右手捧着祭祀用供碗。国王对面的侍从正扬起拂尘扫除国王身边的尘埃，另一只手则持有一长柄勺，以便将供品补充到供碗内。人物的庄严姿态反映出这一场景的仪式特征。

古代近东艺术　31

迈步狮纹镶板

美索不达米亚，出土于巴比伦（今天的希拉），新巴比伦时期，尼布甲尼撒二世在位期间，公元前605—前562年
釉面砖，高38¼英寸（97.2厘米）
弗莱彻基金，1931年（31.13.2）

当尼布甲尼撒在公元前一千纪中期下令重建古巴比伦城时，庙墙、大门及宫殿均被饰以色彩鲜艳的釉面砖画，这些画面描绘了各种出自神话、传说可辟邪的神兽及动物形象。这头狮子象征了美索不达米亚女神伊师塔的力量，它曾是古巴比伦城"游行大道"两侧墙面上描绘的约一百二十尊狮子像之一。它们的作用是保护这条神圣之路，尤其是在新年庆典期间，巴比伦的诸神雕像将穿过"伊师塔之门"，沿这一大道被抬至节日神庙。

持贡品者雕像

美索不达米亚，出土于卡拉（今天的尼姆鲁德），新亚述时期，约公元前800—前700年
象牙，高5¼英寸（13.5厘米）
罗杰斯基金，1960年（60.145.11）

从公元前九至前七世纪，亚述人统治着美索不达米亚、叙利亚、黎凡特，甚至短暂统治了埃及。各式贡品和能工巧匠从帝国各处被带到亚述的首都。这尊人像向亚述国王带去他家乡的礼物：一只猴子、一只大羚羊（非洲羚羊）和一张豹皮。这些动物都生长在埃及南部。这件作品或许设计用于装饰王宫家具，带有腓尼基风格的痕迹，比如人物姿态和容貌显现出来的明显埃及风情。

饰有狮身人面像的透雕饰板

叙利亚，可能来自哈达图（今天的阿尔斯兰·塔什），
新亚述时期，约公元前900—前700年
包金象牙，高2½英寸（6.4厘米）
弗莱彻基金，1957年（57.80.4a, b）

这块象牙饰板可能来自新亚述时期位于叙利亚阿尔斯兰·塔什帝国前哨的建筑。尽管侧倚的带翼狮身人面像戴着假发，有宽项圈和前爪下的荷花，呈现出埃及主题风格，但其脸型却是叙利亚风格的。在叙利亚风格中，单个雕像常以侧面示人，在对称的构图中并置以组成更大的图案。此处的两尊狮身人面像就是实例，它们背对背，共同组成两个单独场景的一部分。它们中间原本可能夹着用以衬托的树丛，但现在均已遗失。

古代近东艺术

狮身酒器

伊朗,阿契美尼德时期,
约公元前600—前500年
金器,高6¾英寸(17厘米)
弗莱彻基金,1954年(54.3.3)

在这件阿契美尼德时期的金器杰作中,狮子的前半身向后延展时优雅地变成一只酒杯。这类器皿可能是王室和仪式所用,在用贵重金属制作酒器的漫长历史中占有一席之地。这一咆哮的狮子造型是典型的阿契美尼德风格,其凶猛的特征因使用了传统的装饰式样而得以弱化。

这件器皿由不露痕迹地焊接在一起的几个部分组成,体现出高超的工艺技术。酒器的上半部分饰有总长度达136英尺(41.5米)的曲线,形成了共四十四个等距线圈。狮子上颚大张,其上有细小的罗纹。

鸟兽纹银酒杯

色雷斯,约公元前400—前300年
银器,高7⅜英寸(18.7厘米)
罗杰斯基金,1947年(47.100.88)

这只银质大酒杯是色雷斯工艺的精湛典范,它的出产地可能在今日的罗马尼亚或保加利亚一带。其中动物的奇妙表现形式和兽角伸展而出成为鸟头的奇异装饰手法,体现在公元前一千纪遍布俄罗斯南部和欧洲之间的游牧民族的艺术特征。尽管其中可察觉出同时代的塞西亚和伊朗风格的影响,但这些场景里的符号显然是色雷斯式的,或许与本土神话或传说有关。

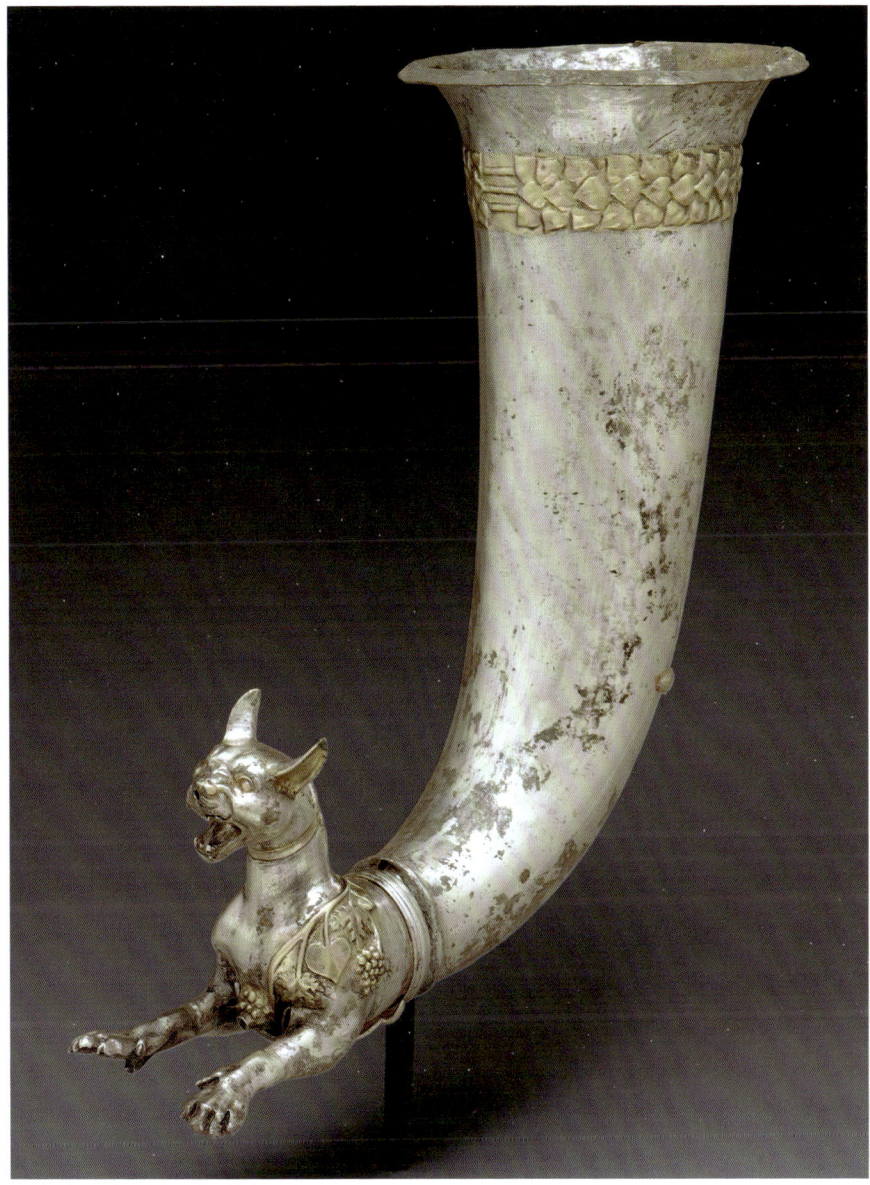

野猫半身角状杯

伊朗,帕提亚时期,约公元前100年至公元100年
鎏金银器,高10⅞英寸(27.5厘米)
购买:罗杰斯基金;埃尼德·A·豪普特、唐纳德·M·昂斯雷格夫人、穆里尔·帕利兹夫人、基尔特·C·E·普林斯捐赠;宝琳·V·富勒顿遗赠;玛丽·库欣·福斯伯、爱德华·C·莫尔、史蒂芬·惠特尼·菲尼克丝遗赠(交换),1979年(1979.447)

兽头酒器和角状杯(前端带孔供液体流出的器皿)在古代近东社会都是极其宝贵的物品。这只角状杯以猫科野兽(或许是豹子)的前躯为头,在胸口处有倒酒用的喷口,并围饰有常春藤和葡萄藤。这里的豹、常春藤、葡萄藤和葡萄都是与酒神狄俄尼索斯有关的象征,他也是古希腊掌管生育的神祇。这只兽头角状杯从外观到形式都融合了近东和希腊元素,见证了这一时期广泛的文化交流及其影响。

墓碑
叙利亚，可能来自巴尔米拉，
约公元100—300年
石灰石，高20¼英寸（51.4厘米）
购买，1902年（02.29.1）

这尊高浮雕刻画出一幅筵席场景，其上有一男子全身像，还有他的儿子和两个女儿。这块石头可能安置在巴尔米拉一处家族墓地的壁龛开口处。在公元一世纪中期，巴尔米拉（意为"棕榈树之地"）已是一个富饶而引人注目的城市，它坐落在连接帕提亚近东和罗马人控制的地中海港口的商队路线上。在接下来的大繁荣时期，巴尔米拉居民吸收了伊朗帕提亚世界和西方古希腊罗马的着装传统及方式，这种融合在巴尔米拉艺术中亦有体现。

香炉
阿拉伯西南部，约公元前500年
青铜器，高10⅞英寸（27.6厘米）
悉尼·A·查尔拉特捐赠，以纪念他的双亲——
纽曼和阿黛尔·查尔拉特，1949年（49.71.2）

从公元前一千纪中期到公元六世纪，阿拉伯西南部的诸个王国就因控制阿拉伯和地中海沿岸地区的熏香贸易而积累了可观的财富和势力。这只青铜香炉体现了熏香在阿拉伯西南部人民的宗教中的重要性。其上装饰的北山羊和蛇代表了阳刚之气和生育能力，是强大的辟邪标志，它们常与当地的神祇联系起来。圆盘与新月的标志可能代表诸神之首的月神。

狩猎图盘
伊朗,萨珊时期,约公元400—500年
鎏金银器,直径7⅞英寸(20.1厘米)
购买,莱拉·艾奇逊·华莱士捐赠,1994年(1994.402)

这顶圆盘用复杂而有代表性的萨珊技艺打造,形状优美,上面描绘的故事后来被包括在著于十一世纪的伊朗史诗巨作《沙纳玛》(即《列王纪》)中。在《沙纳玛》中,巴赫拉姆·古尔——即巴赫拉姆五世(公元420—438年在位)最宠信的乐师阿扎达要和他比箭。恰如此图所示,巴赫拉姆·古尔用弓箭射掉了一只雄瞪羚的双角,让它看上去像一只雌羚,接着他又向一只雌羚的头射出两支箭,让它看似长着雄羚那样的双角。

古代近东艺术 37

古埃及艺术

大都会博物馆古埃及艺术收藏的核心藏品基本上形成于二十世纪上半叶,全世界达到如此规模的同类收藏屈指可数。这里的展品主要来自大都会博物馆在埃及遗址发掘出土并由埃及文物部门慷慨划拨给博物馆的艺术品。随着时间的推移,一些重要的私人收藏和单件作品也通过遗赠或购买的方式被纳入馆藏。因此,本展馆收藏的许多文物都与考古发现有关,例如描绘女法老哈特谢普苏特的纪念雕像;同样丰富的还有做工精细的艺术品,比如来自中王国时期精美绝伦的珠宝首饰。这些作品的年代在约三十万年前(原文如此——编者)到公元400年之间。按照时间顺序陈列的展品使观众能够跟随其历史发展轨迹追寻这一伟大文明的艺术成就;其时间跨度从人类在尼罗河谷定居起,直到法老时代象形文字的停用及古老仪式的逐渐废弃为止。古埃及文化用既直接又一致的艺术语言生动地表现了自然形态和震撼人心的人物形象,使本展馆深受观众青睐。

迈步男子雕像
埃尔卡布,古王国时期,第四王朝,约公元前2575—前2465年
石英石,彩绘,高35¼英寸(89.5厘米)
哈里斯·布里斯班·迪克基金,1962年(62.200)

这尊雕像是为埃及南部一位上层人物的坟墓而造。这一精力充沛的男性肩宽腰窄,四肢粗壮,好像一位形体结实的运动员。他的手和脚特别大,标准的迈步姿势几乎显得有些攻击性。稀疏的山羊胡下,阔嘴露出果断的神情。鼻翼两侧深深的法令纹更为脸部增添了个性,正符合金字塔时代的男子风格。

尼卡拉与妻女雕像

可能来自塞加拉,古王国时期,第五王朝,可能是纽塞拉
在位期间或之后,约公元前2420—前2389年或之后
石灰石,彩绘,22½ × 8⅞ × 12¾ 英寸
(57 × 22.5 × 32.5 厘米)
罗杰斯基金,1952年 (52.19)

粮官尼卡拉在纽塞拉在位期间或之后的经济活动中扮演着重要角色。从他墓中找到的四座雕像中现有两尊保存在大都会博物馆。其中之一(花岗岩质)将他描绘为一位书吏。在上图这座雕像中,他被刻画成骄傲的一家之主。他的妻子库恩努布蹲坐在他左腿边,而他年幼的女儿库恩内布梯则站在他右腿边。雕工上特别值得注意的是许多表现细腻的人体细节,最初彩绘的痕迹也使雕像更加生动。

朋内布墓室

塞加拉,阶梯金字塔以北,
古王国时期,第五王朝,
以色斯或乌尼斯在位期间,
约公元前2381—前2323年
石灰石,彩绘,高15英尺9¾英寸(4.82米)
爱德华·S·哈克尼斯捐赠,1913年(13.183.3)

朋内布是一位负责给国王披袍加冕的宫廷官员。他的墓穴上部结构包括一间彩绘的祭室,由一道玄关与墓园相连。祭室内一道风格化的壁龛式门廊(即所谓的"假门")提供了一条与死者进行象征性接触的渠道。大都会博物馆不仅有这间装饰精美的祭室,还有与之相连的墓园以及一间用于安置朋内布雕像的副墓室,它们共同形成了一座墓群,其完整程度在博物馆收藏界是独一无二的。

船只模型

底比斯，阿萨西夫南部，梅克特之墓，
中王国时期，第十二王朝，阿蒙涅姆赫特
一世在位早期，约公元前1981—前1975年
木头，石膏粉，彩绘，麻线，麻布，高14⅝英寸
（37厘米），连桨宽12英寸（30.5厘米），
连舵长68⅞英寸（175厘米）
罗杰斯基金和爱德华·S·哈克尼斯捐赠，
1920年（20.3.1）

这只阿蒙涅姆赫特一世早期的古代模型再现了尼罗河上一艘划桨船顺流而下的情景。北风盛行时，逆流而上只能扬帆航行；顺流而下时则会将桅杆（已遗失）从桅座上拆下，平放在白色支架里。长长的单舵桨由一位舵手操作，船首有另一个人时刻准备测量不断变化的河道深度。船长站在阿蒙涅姆赫特的大管家梅克特面前，而梅克特则坐在自己的船舱前，聆听一位盲人竖琴师和一位歌者的吟唱。

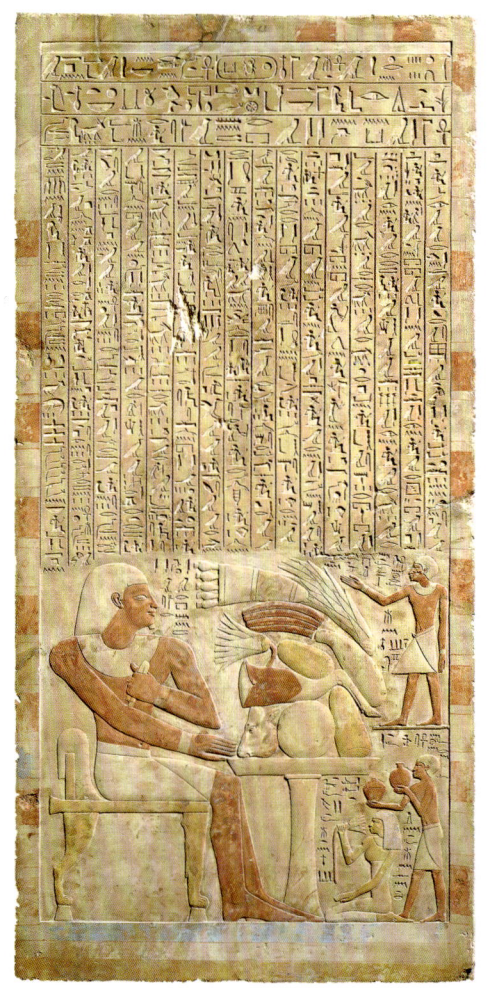

蒙图乌色尔石碑

阿比多斯，中王国时期，第十二王朝，约公元前1945年
石灰石，彩绘，41⅛ × 18⅞英寸（104.3 × 47.9厘米）
爱德华·S·哈克尼斯捐赠，1912年（12.184）

中王国时期的埃及人在阿比多斯竖立起石碑，这样他们就能通过这种代理人参加一年一度庆祝奥西里斯（主宰阴间的神祇）死亡和复活的节日，直到永远。这块由管家蒙图乌色尔献上的石碑是现存石碑中的佳作，描绘了他坐在供桌前，父亲、儿子、女儿随旁侍候的情景。据上面的文字记载，石碑是在辛努塞尔特一世在位第十七年委托制作的。文字还赞扬了蒙图乌色尔的行政服务、正直的品质及其人生成就与接济穷人的善行。

持祭品的女子

底比斯，阿萨西夫南部，梅克特之墓，
中王国时期，第十二王朝，阿蒙涅姆赫特
一世在位早期，约公元前1981—前1975年
木头，石膏粉，彩绘，44⅛ × 6½ × 18¼英寸
（112 × 16.5 × 46.5厘米）
罗杰斯基金和爱德华·S·哈克尼斯捐赠，
1920年（20.3.7）

在古王国时期的浮雕中，持食物祭品的女性身上标记着负责为这座坟墓的葬仪服务供应食物的庄园名称。这座衣着华丽的无名女子雕像头顶一篮食物，右手抓着一只鸭子，是为宫廷大管家梅克特之墓而造的，与它相伴的还有一尊目前在开罗的雕像。从她身上的珠宝和羽衣判断，这位妇人不仅仅是位仆人，也是位半神化的女性，她的角色融合了死者的守护女神伊西斯和涅芙狄斯的特征。

辛努塞尔特三世狮身人面像

底比斯，卡纳克神庙，中王国时期，第十二王朝，
约公元前1878—前1840年
片麻岩，16¾ × 11½ × 28¾ 英寸
(42.5 × 29.3 × 73厘米)
爱德华·S·哈克尼斯捐赠，1917年 (17.9.2)

古埃及的狮身人面像结合了狮子的身躯和人的头像，往往还有一条牛尾，如这尊雕像所示。它将王室的力量表现得最为强大，因此常被用于保护王宫和神庙的大门。这尊狮身人面像的独特之处在于雕刻者借助石材本身的纹理来突出猫科动物的身形。头像描绘的是法老辛努塞尔特三世令人生畏的面容。他的假须下方有宫殿正面（塞雷克）的图案，其上刻着国王的荷鲁斯名（形式之神）和王位名（拉神的生命力光彩夺目）。

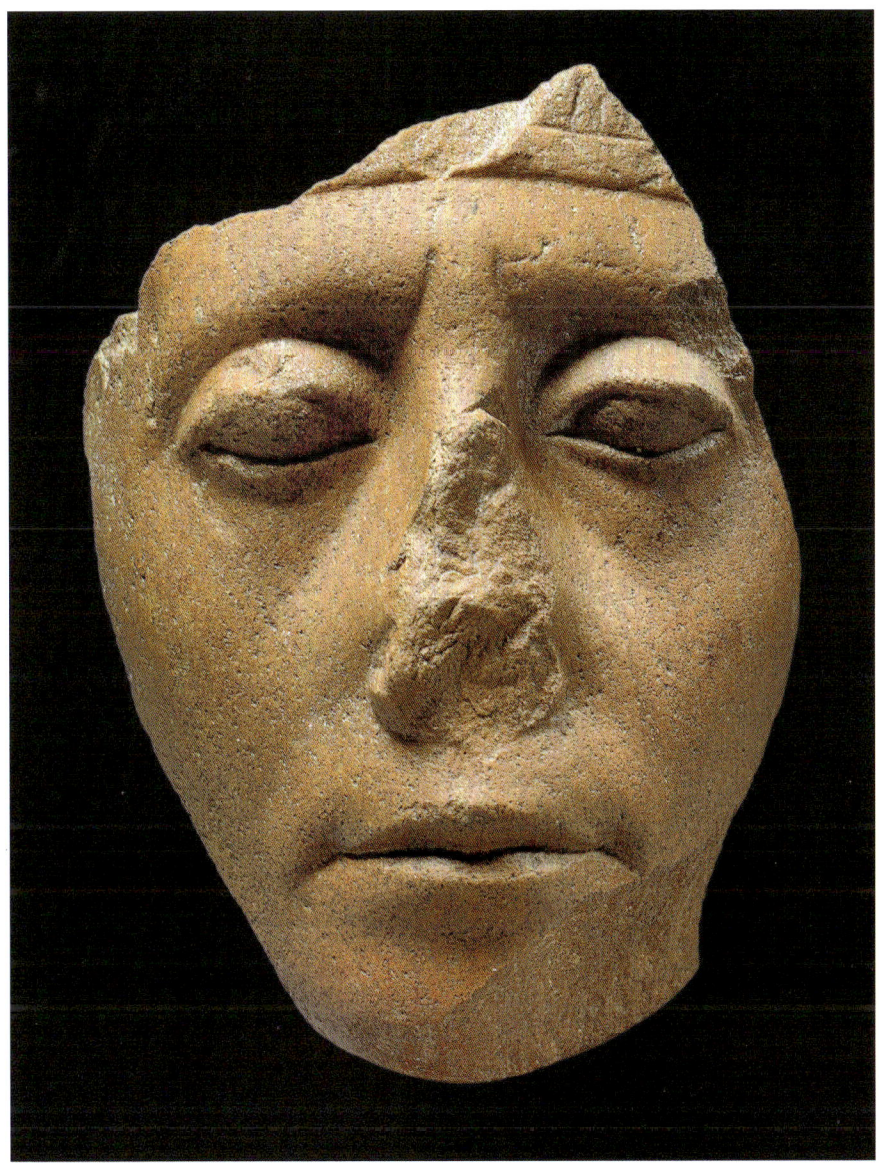

辛努塞尔特三世面部雕像

中王国时期，第十二王朝，约公元前1878—前1840年
红石英石，高6½英寸（16.5厘米）
购买，爱德华·S·哈克尼斯捐赠，1926年（26.7.1394）

这件面部石雕来自一座辛努塞尔特三世的雕像，它与对页那尊刻有同一位统治者名字的狮身人面像呈现出截然不同的面貌。狮身人面像上的肥胖脸颊显得疲惫，而这副面孔却清新有活力。狮身人面像上的杏眼较小，流露出险恶的目光，而这一面部雕像的双眼向下凝视，呈现出内向的表情，鼻梁上方深深的皱纹更增强了这一印象。最后，狮身人面像下垂的嘴角传达出怨恨的神情，与这件石英石面部雕像上温和、宽容的神情形成反差。

古埃及艺术 45

西特哈索尔羽内特公主的胸饰

拉罕,西特哈索尔羽内特墓,中王国时期,第十二王朝,
辛努塞尔特二世在位期间,约公元前1887—前1878年
金,玛瑙,长石,石榴石,绿松石,青金石,项链长32¼英寸
(82厘米),胸饰1¾ × 3¼英寸(4.5 × 8.2厘米)
购买,罗杰斯基金和亨利·沃尔特斯捐赠,1916年
(16.1.3)

埃及人制作首饰的技术在中王国时期达到顶峰,这串辛努塞尔特二世时代制成的胸饰是这一时期的上乘佳作。375颗半宝石镶嵌在金珐琅里,组成彩色的纹章式构图,两边的太阳猎鹰持有"珅"(统治权)的标志。在两只猎鹰和它们头上两只眼镜蛇的尾部垂下的象形文字"安卡"(生命)之间,铭刻着辛努塞尔特二世的名字。正下方是无限之神"禾"握着棕骨(象形文字中表示"年岁"),一只蝌蚪(象形文字中表示"十万")系在绳上从他手肘处垂下来。

河马陶塑

梅厄,辛比墓,中王国早期,第十二王朝早期,
约公元前1981—前1885年
彩釉陶器,4⅜ × 7⅞英寸(11.2 × 20厘米)
爱德华·S·哈克尼斯捐赠,1917年(17.9.1)

尽管一群河马只需走过农夫的田地就足以毁坏这些农田,但是古埃及人依然尊它们为从孕育万物的泥水中走出的有益生灵。河马具有毁灭和创造的双重特征,这使得其造像也浸染了特别的魔力,常被放置在墓穴里。大都会博物馆的这尊河马像小名叫威廉,是由来参观的一家人起的名。他们在幽默杂志《笨拙》上讲述了家中存有这只河马复制品的故事,并声称这只动物的面部表情表明它对家庭决定的赞同或否定。

哈特谢普苏特狮身人面像

底比斯，德尔巴哈里，塞内姆特石场，新王国时期，
第十八王朝，哈特谢普苏特与图特摩斯三世联合
执政时期，约公元前1473—前1458年
花岗岩，彩绘，高64½英寸（164厘米），
长11英尺3⅜英寸（3.43米）
罗杰斯基金，1931年（31.3.166）

这尊庄严的狮身人面像造于哈特谢普苏特与其继子图特摩斯三世联合执政时期。女法老于公元前1458年过世以后，图特摩斯三世将这尊作品砸碎，连同德尔巴哈里神庙中哈特谢普苏特的其他雕像一起丢弃在采石场里。在1920年代，大都会博物馆的考古发掘者找回雕像碎片并进行复原。找回的六尊狮身人面像中有四尊大小不一，它们从前应该是单独伫立在神庙的庭院里。这件作品重达14900磅（6759公斤），可能是一对守护大门的狮身人面像之一，与之成对的那尊雕像的残余碎片目前仍在开罗。

表现战争场面的浮雕
底比斯,阿萨西夫,拉美西斯四世神庙地基(重新使用),
新王国时期,第十八王朝,可能是阿蒙霍特普二世在位
期间,约公元前1427—前1400年
彩绘砂岩,10⅝ × 48⅝ × 32¼ 英寸
(27 × 123.5 × 82厘米)
罗杰斯基金和爱德华·S·哈克尼斯捐赠,1913年
(13.180.21)

新王国时期神庙墙上的浮雕常常表现大型战斗的场面。这块石头就是这样一组浮雕的局部,它后来被用于另一座神庙的地基,并在那里被大都会博物馆的考古发掘者发现,当时上面还留有最初的彩绘。画面描绘了许多受箭伤的黄皮肤和红皮肤的西亚武士倒在法老战车的马蹄下。其中一匹马的腹部在石头上缘刚好可见。哈特谢普苏特去世以后,图特摩斯三世(约公元前1479—前1425年在位)在黎凡特和西亚进行了无数次军事行动,一度甚至抵达幼发拉底河。这些战事在他儿子阿蒙霍特普二世(约公元前1427—前1401年在位)即位一后依然持续。不过,这块浮雕残片所在的整个浮雕描绘的可能并不是某场具体的战役,而是将法老描绘成永远与混乱对抗的秩序守卫者。这块浮雕十分符合阿蒙霍特普二世时期的风格。

阿蒙霍特普三世狮身人面像
新王国时期,第十八王朝,约公元前1390—前1352年
彩釉陶器,5¼ × 5¼ × 9⅞英寸
(13.3 × 13.3 × 25.1厘米)
购买,莱拉·艾奇逊·华莱士捐赠,1972年(1972.125)

这尊亮蓝色彩釉陶质的小型狮身人面像上刻有阿蒙霍特普三世国王的名字,并且表现出因造像颇多而为人熟悉的这位统治者的面部特征风格。狮身人面像以人手托住献祭器皿这种变化形式早在古王国时期就已出现;许多新王国时期的造像表现出一位国王献上某种小型人像,而这人像也相应呈现出献祭的姿势。

羚羊雕像
新王国时期,第十八王朝,阿蒙霍特普三世在位期间,
约公元前1390—前1352年
牙雕(象牙)、木头、镶嵌蓝颜料,4½ × 3⅞英寸
(11.5 × 10厘米)
购买,爱德华·S·哈克尼斯捐赠,1926年(26.7.1292)

这只小羚羊同样来自阿蒙霍特普三世在位时期,它优雅地移动娇小的四蹄,行走在崎岖的埃及大草原上。底座上雕刻的羽状植物以蓝色颜料填充,暗示这一地区植被稀少。羚羊那天鹅般的脖颈上雕刻有警觉的头部,一双柔和的棕色大眼睛好奇地看着外面的世界。雕像的双耳已断裂,原来以其他材质制成的羊角也已遗失。

王后头像残片

阿玛尔纳（？），新王国时期，第十八王朝，
阿肯那顿在位期间，约公元前1352—前1336年
黄碧玉，5⅛ × 4⅞ × 4⅞英寸（13 × 12.5 × 12.5厘米）
购买，爱德华·S·哈克尼斯捐赠，1926年（26.7.1396）

自从这块栩栩如生的雕像残片在1922年的一场展览中首次亮相以来，人们就想知道她的身份：这是阿蒙霍特普三世的妻子提耶王后，阿肯那顿的正宫王后娜芙蒂蒂，还是他的第二位王妃姬雅？这个问题依然没有答案。阿肯那顿在位期间出现了大量组合雕像，这块残片也出自那个年代。这些雕像的肌肤部分常以一种微红或黄色的石头为原料，衣服和全身其他行头则以其他材料制成。选材的原则是要能给人造成视觉上的巨大冲击。埃及尼罗河谷与红海之间的山区出产红、黄、绿色的碧玉，其质地硬如燧石，这两种石材谱系相近。对红碧玉雕像的表面进行手工打磨可形成糙面柔光，而这块由黄碧玉制成的面部雕像上那种绝妙的镜面光泽则完全得自费力打磨。

外邦人浮雕残片

阿玛尔纳，赫尔摩波利斯，新王国时期，第十八王朝，阿肯那顿在位期间，约公元前1352—前1336年
石灰石，彩绘，9½ × 21英寸（24.1 × 53.5厘米）
诺伯特·舒密尔捐赠，1985年（1985.328.13）

在这块从阿玛尔纳存留下来又重新用在赫尔摩坡里斯城的浮雕残片上可见四个外邦人的头：右边是两个努比亚人，左边可能是两个利比亚人。至于握住杆子（可能是遮阳伞）向上高举的手，尚不清楚是不是他们的。残片下方的波浪形线条可能是马缰绳，表明他们正陪同国王和王后行进在战车上。阿肯那顿在位时期，埃及军队和王室卫队里都有外邦人。

带盖卡诺皮克罐

底比斯，国王谷，KV55号墓，新王国时期，第十八王朝，阿肯那顿在位期间，约公元前1352—前1336年
埃及雪花石膏，蓝玻璃，黑曜石，不明石材，盖高7⅛英寸（18.2厘米）；直径6⅜英寸（16.3厘米），罐高20½英寸（52.1厘米）
西奥多·M·戴维斯捐赠，1907年（07.226.1）；西奥多·M·戴维斯收藏，西奥多·M·戴维斯遗赠，1915年（30.8.54）

这只装盛内脏的华丽容器连同其他三只（目前在开罗）一起都是在国王谷第55号陵墓中出土的，它们置身于一批令人困惑不解的为阿肯那顿家族成员所造的随葬品中。学者解密了四个罐子上被擦除的名字，认为是阿肯那顿的第二位妻子姬雅。不过，四只盖子都与罐体有些不搭配，可能它们原本并不属于彼此。

哈伦海布书吏雕像

可能来自孟菲斯,普塔神庙,第十八王朝,阿伊
或图坦卡蒙在位期间,约公元前1336—前1295年
花岗闪长岩,44½ × 27⅞ × 21⅞英寸
(113 × 71 × 55.5厘米)
V·艾弗里特·梅西夫妇捐赠,1923年(23.10.1)

在哈伦海布自己当法老以前,他曾是法老阿伊和图坦卡蒙时期的军事将领和国王代表。哈伦海布任将官时委托制作的这尊雕像将他描绘成一位书吏和文官。尽管雕像的右手现已遗失,但很容易看出哈伦海布正在放于膝上的莎草纸上书写。莎草纸上的文字是献给书写和智慧之神托特的赞美诗。这些文字称赞这位神祇是太阳神拉统治之下的尽责宰相,同时暗示哈伦海布向国王效力就如同托特向拉效力那样。

52 古代世界

图坦卡蒙头像和阿蒙之手

新王国时期，第十八王朝，约公元前1336—前1327年
石灰石（硬化石），高5⅞英寸（15厘米），深9英寸
（23厘米）
罗杰斯基金，1950年（50.6）

保留在图坦卡蒙头像背后的是阿蒙神之手，说明原本完整的雕塑描绘的是这位神祇端坐在体量较小的法老站像身后。在图坦卡蒙即位以前，埃及在阿肯那顿治下经历了一场宗教剧变，因为阿肯那顿推行对太阳神阿顿的单一崇拜。图坦卡蒙恢复了传统的多神崇拜，并重新确认了阿蒙神至高无上的地位，正如这尊雕像所示。

娜妮《亡灵书》（局部）

底比斯，德尔巴哈里，梅里塔蒙墓，第三中间期，
第二十一王朝，约公元前1050年
莎草纸，彩绘，13¾英寸 × 17英尺2¼英寸
（35厘米 × 5.24米）
罗杰斯基金，1930年（30.3.31）

娜妮是阿蒙神的仪式歌手，也是一位国王的女儿——她父亲要么是一位自封的底比斯大祭司，要么就是位于尼罗河三角洲的塔尼斯的国王——

在娜妮的莎草纸《亡灵书》的这个片断中，她站立在一杆大天平旁边，天平的一端放着她的心脏，另一端放着玛特像（真理和正义女神）。娜妮左边有伊西斯相伴。长有胡狼头的防腐之神阿努比斯正在调整天平刻度，冥界之神奥西里斯主持一切。这里亟待评判的是娜妮在世上的所作所为。结果是可喜的，阿努比斯宣布："她的心是正义的。"奥西里斯也对此表示肯定。

古埃及艺术 53

海那塔薇之棺

底比斯，德尔巴哈里，海那塔薇墓，第三中间期，
第二十一王朝，约公元前1010—前945年
木头，石膏粉，彩绘，清漆，长79⅞英寸（203厘米）
罗杰斯基金，1925年（25.3.182a, b）

海那塔薇是阿蒙–拉神的仪式歌手，她二十出头就已去世，被葬在一个之前用过、未经装饰的地穴里。但这组棺椁上色彩鲜艳的绘画足以弥补地穴墙壁缺乏装饰的不足。外棺上华丽的图案描绘的是一具戴着装饰面具和护身珠宝、裹在白亚麻布里的木乃伊。在木棺的侧面和下半部分可见几组由黄色（金色）象形文字环绕的一些小画面，绘有海那塔薇崇拜奥西里斯神和其他阴间保护神的画面。在脚端，伊西斯和涅芙狄斯女神呈现哀悼的姿势。她们的模样看似上下颠倒，这是为了使海那塔薇头上的面具可以看到。

阿蒙神小雕像
可能来自底比斯，卡纳克神庙，第三中间期，
第二十二王朝，约公元前945—前712年
金，6⅞ × 1⅞ × 2¼ 英寸（17.5 × 4.7 × 5.8厘米）
购买，爱德华·S·哈克尼斯捐赠，1926年（26.7.1412）

此处的阿蒙神手持镰刀，被描绘为战场胜利的保证者。这件纯金打造的雕像几乎有两磅（0.9公斤）重，可能曾用于真正的神庙仪式。王冠背后原有一只圆环，现已断裂。雕像重量过重，不大可能是一件首饰。但它可能曾悬挂于仪式用的船形神龛上，或者穿在绳子上由祭司在游行时佩带。这圆环也可能与某种实际存在或者只是想象当中的古老习俗有关。王冠上还有两根现已断裂的羽毛，使这位神祇的身份特征更为完整。

高脚酒杯
图拿埃尔戈贝地区，第三中间期，第二十二王朝，
约公元前945—前712年
彩釉陶器，高5¾ 英寸（14.5厘米）
购买，爱德华·S·哈克尼斯捐赠，1926年（26.7.971）

早在第十八王朝时期（约公元前1550—前1295年），埃及就出现了杯体呈蓝莲花状的圈足彩釉陶杯。到公元前一千纪之初，它们已经发展成装饰华丽的高脚酒杯，这些酒杯不作平日饮酒之用，而是用作祭器和礼器。这件藏品上的的浮雕讲述了国王出生时即是太阳神之子的神话。画面中央的湿地环境暗指埃及在每年盛夏遭遇尼罗河洪灾后的复苏。

右图
躯干雕像
后期王朝，公元前四世纪
变质硬砂岩，24½ × 12⅞ × 10⅝ 英寸
(62.2 × 32.8 × 27厘米)
购买，莱拉·艾奇逊·华莱士捐赠，亨利·沃尔特斯捐赠（交换），亚设·B·埃德尔曼捐赠，朱迪丝和拉塞尔·卡森捐赠，欧尼斯特·L·弗克三世遗赠，卢德娄·布尔基金以及其他捐赠者赠款，1996年 (1996.91)

这尊躯干雕像的主人名字已从背后的支柱上脱落，但存留的铭文记载了他的将军职位，并列出他在尼罗河三角洲城市布西里斯和埃及南部奥西里斯神祇崇拜中心阿比多斯担任过的官职。对手臂和胸膛的细致刻画，加上对人体肌肉的强调，都预示着托勒密时代的风格。尽管这件杰作与古希腊晚期艺术大致同时期，而且可以想见，埃及雕刻家已接触过一些古希腊作品，但它仍完全是遵循在第三十王朝时期（公元前380—前343年）大为复兴的埃及传统风格而制作的。

左图
猫
马其顿和托勒密时期，公元前332—前30年
青铜，加铅，高10¾英寸 (27.4厘米)
哈里斯·布里斯班·迪克基金，1956年 (56.16.1)

在埃及的中王国时期，艺术作品中的猫常被刻画为野外猎食者。在新王国时期以前，它们从未作为家庭宠物出现过。后期王朝期间及其后，在神庙内埋葬木乃伊猫就成了习俗，尤其是埋葬那些献给女神贝斯特的猫。这只盛放木乃伊猫的容器见证了这些献给神祇的礼物之奢华品质。一位熟练的金属工人创作了这只猫迷人的形象，使它有光滑的肌肤、优美的长腿和警觉的目光。猫的耳洞中现已遗失的金环和刻有保护眼吊坠的项链都进一步增强了这只猫的神圣地位。

符咒石碑

亚历山大,后期王朝,第三十王朝,纳克塔内波二世在位期间,公元前360—前343年
变质硬砂岩,整体高32⅞英寸(83.5厘米)
弗莱彻基金,1950年(50.85)

这块石碑最初是祭司埃萨顿在纳克塔内波二世在位期间为姆内维斯(神牛)的神庙委托制作的。神庙位于赫里奥波里斯,靠近今日开罗。这是一件在硬石上精细雕刻出的非凡杰作。正面深雕出的图案描绘了年轻的荷鲁斯征服鳄鱼和蝎子等危险动物的场景。底座上的文字讲述了荷鲁斯如何被蝎子蛰伤后又痊愈的故事。治疗符咒和保护神像覆盖了整块石碑,为古埃及人带来了巨大的心理力量。

丹铎神庙

下努比亚地区,丹铎,罗马时期,约公元前15年
风成砂岩,从大门到神庙后长82英尺(25米)
1965年由埃及赠送给美国,1967年授予大都会
博物馆,1978年安置在萨克勒展馆内(68.154)

埃及政府将丹铎神庙赠予美国,以嘉奖美国在保护努比亚历史遗迹中提供的援助。这座神庙若不被拆除,应已淹没在阿斯旺高坝之后的尼罗河水中。尽管与埃及的宏伟神庙相比,丹铎神庙的规模微不足道,但它却已拥有一座神庙的所有基本组成部分:一座大门、一副门廊、一间祭室和一个神堂。门廊圆柱上有植物柱头,墙上的浮雕描绘出法老向神灵供奉祭品的画面。右图,罗马皇帝奥古斯都正在向普纳布斯的托特献酒。

右图
阿尔西诺伊二世头像
阿布拉瓦须，瓦地卡任，托勒密时期，公元前278—前270年
石灰石（硬化），4⅝ × 3½ × 3¼ 英寸
(11.8 × 8.7 × 8.4厘米)
艾比·奥德利奇·洛克菲勒捐赠，1938年（38.10）

这一头像原本来自一座半真人大小的雕像，据辨认，它应是国王托勒密二世（公元前285—前246年）的姐姐和妻子阿尔西诺伊二世的相貌，因为它与梵蒂冈一座带铭刻的雕像极为相似。但是，它的制作时间可能在阿尔西诺伊二世当埃及王后的那八年之后，因为曾经安置在她头顶突起部分的王冠的位置和可能的形状都表明，这尊雕像描绘的是神化的（亦即去世之后）阿尔西诺伊装扮成伊西斯–哈索尔女神的样子。这种纯粹的埃及风格见证了马其顿希腊背景的托勒密王朝希望将自己表现为法老正统继承者的努力。

左图
尤底克斯的木乃伊肖像画
罗马时期，公元100—150年
木板蜡画，彩绘，14⅞ × 7½ 英寸（38 × 19厘米）
爱德华·S·哈克尼斯捐赠，1918年（18.9.2）

经过数世纪的外族统治和外邦人在埃及境内的大范围定居，到公元二世纪时，埃及已是名副其实的多元文化社会。图上这位衣着整洁的男孩眼神中透着信任和悲伤，画上文字写道：尤底克斯，卡撒尼奥斯的自由人；赫拉克莱提斯之子，伊凡多斯（或作：赫拉克莱提斯，伊凡多斯之子）我签字。显然这名男孩被卡撒尼奥斯解除了奴隶身份，但却夭亡。文中提到的另两位之一可能订购了这幅肖像画或支付了购画款。遵循希腊绘画传统制成的这幅画被放置在男孩埃及风格的木乃伊的裹布里，以盖住他的头。用面具覆盖头部在埃及已有数千年的历史。

古希腊罗马艺术

本馆的古希腊罗马藏品共包括从约公元前4500年到公元330年间的一万七千余件作品,展现出古典世界的艺术多样性和艺术成就。这里涵盖的多元文化绝不仅限于希腊和意大利:在罗马帝国的鼎盛时期,帝国疆域从不列颠和西班牙一直延伸到小亚细亚、叙利亚和北非。本馆还展出前希腊时期的希腊艺术,及前罗马时期的意大利艺术,特别是伊特鲁里亚艺术,还有本馆考古藏品的奠基之作——塞斯诺拉收藏中的塞浦路斯文物。大都会博物馆在1914年以前对普林斯顿大学在土耳其萨迪斯的考古发掘的支持,也为本馆添加了可观的藏品。本指南中的精华展品以时间顺序排列,追踪了古希腊的崛起和兴盛、亚历山大大帝及其继位者时代以及罗马帝国的胜利。展馆中任何时候都有约七千五百件作品在展出,小到有雕饰的宝石和钱币(与美国钱币学会合作推出),大到纪念雕像,反映出古代艺术家使用过的几乎所有创作材料,包括大理石、赤陶、青铜、象牙、琥珀和木材等。本馆的收藏实力特别表现在塞浦路斯雕塑、希腊彩绘花瓶、罗马大理石和青铜肖像、罗马壁画等处。这里的玻璃和金银制品在全世界均属佳作,而古风时期的阿蒂卡雕像更是雅典之外首屈一指的收藏。

竖琴师坐像

基克拉迪，早期基克拉迪第一阶段晚期至早期基克拉迪第二阶段，约公元前2800—前2700年
大理石，高11⅛英寸（29.2厘米）
罗杰斯基金，1947年（47.100.1）

已知在早期青铜时代基克拉迪群岛上描绘音乐家的艺术品十分稀少，这是其中最早的作品之一。这样的竖琴师可能代表部落中的重要成员，在文字出现之前的时代充当部落人民历史、神话和音乐的资料储存者和传递者。他们可被视作荷马史诗（例如《奥德赛》）中提到过的迈锡尼英雄时代职业表演者的早期前身，以及后来古希腊盛行的口头诗歌传统中职业表演者的前身。

右图
克尔诺斯杯
基克拉迪,早期基克拉迪第三阶段至中期基克拉迪第一阶段,约公元前2300—前1900年
赤陶,高10⅝英寸(27厘米)
购买,安那伯格基金会捐赠,2004年(2004.363.1)

在陶工旋盘出现之前制作的这件"克尔诺斯杯"(多个供品杯组合)有25只小杯环绕着中心的供碗,体现出大师级的捏塑和烧制手艺。尽管克尔诺斯杯在史前时期广为使用,但在基克拉迪群岛上发现的克尔诺斯杯尤为出色。这只供品杯里或许曾装盛种子、粮食、花、水果或液体,是现存最优秀的作品之一。它的特别之处还在于较早的发现时间——1829年,当时还没有出现对史前希腊艺术品的系统性发掘。

左图
人与半人马铜像
古希腊,公元前八世纪中期
青铜,高4⅜英寸(11.1厘米)
J·皮尔蓬·摩根捐赠,1917年(17.190.2072)

神话中的半人马一半是人一半是马,它们住在遥远的树林里。在多数古希腊艺术作品中,半人马总是与人类作战,暗示它们是文明人的反面。雅典帕特农神庙的柱间壁上有对这一主题的经典描绘,这座青铜雕像上也有充分呈现。插入半人马左侧的矛头和人较高的身躯都暗示了这场冲突的结果。

据传
来自赫希菲尔德作坊
葬仪双耳喷口杯
古希腊,阿蒂卡,约公元前750—前735年
赤陶,高42⅝英寸(108.3厘米)
罗杰斯基金,1914年(14.130.14)

在公元前一千纪早期的古希腊艺术中,纪念墓碑通常由饰有葬仪图案的大双耳喷口杯(深瓶)组成。此处瓶身主题描绘了葬礼场景,即把死者遗体摆放出来,死者被置于尸架上,家人围绕在旁,两侧是哀悼者。下方的战车队和步兵可能表现出亡者生前在战场上的功绩。鉴于沙漏盾和战车等器物已不属于当时,这一场景也在纪念死者光荣的家族血统。

古希腊罗马艺术 63

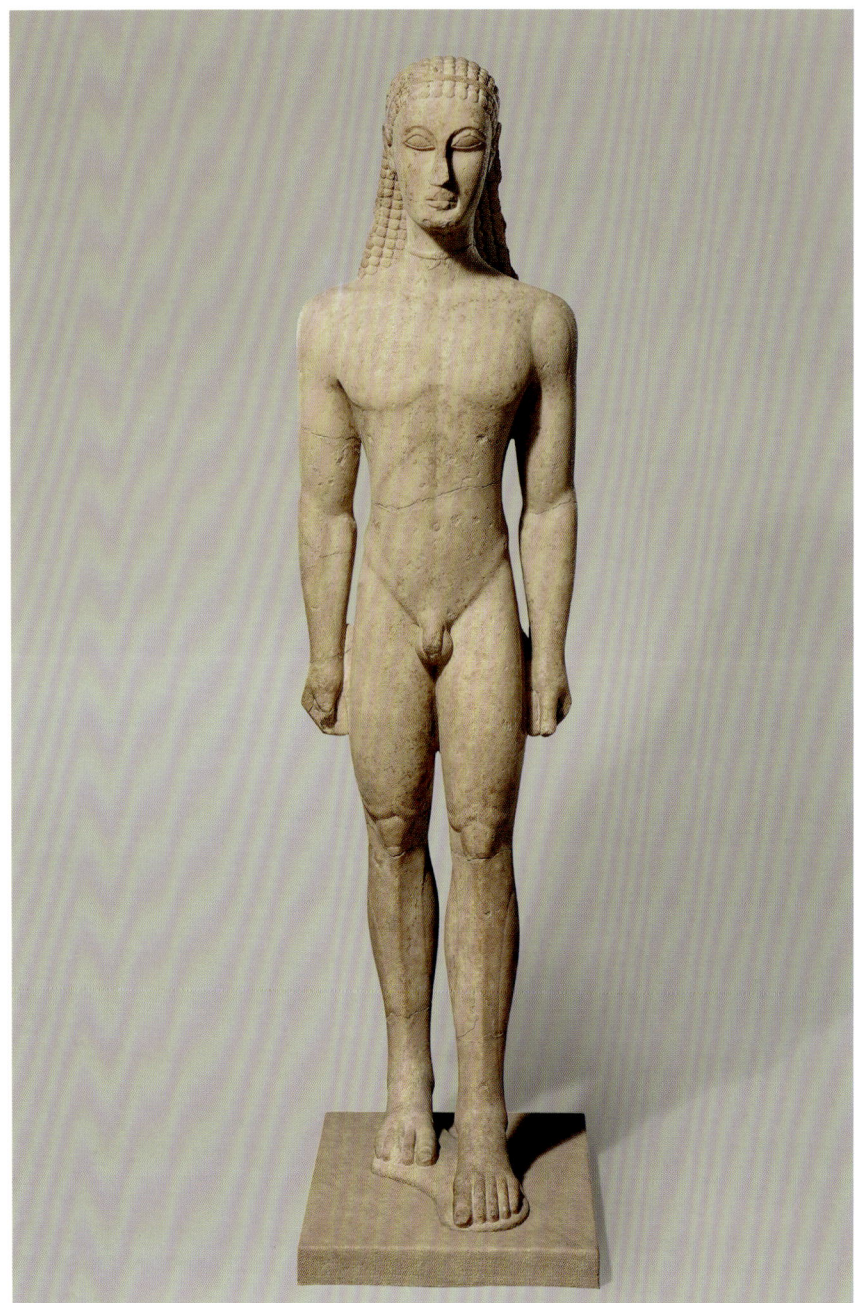

库洛斯雕像
古希腊，阿蒂卡，古风时期，约公元前590—前580年
大理石，(不连柱基)高76⅜英寸(194.6厘米)
弗莱彻基金，1932年(32.11.1)

这尊库洛斯（青年）雕像是阿蒂卡最早的大理石人物雕像之一。其左脚在前、双手垂在身体两侧的僵硬姿势源自古埃及艺术。在整个公元前六世纪，古希腊雕刻家都采用了这种简单明确的姿势。这尊早期雕像作品主要采用了几何甚至是抽象的形式，将人体结构的细节通过近似的手法完美地呈现出来。它曾伫立在一位年轻雅典贵族的墓前。

**青年与女孩石刻墓碑，带柱头
和狮身人面像尖顶饰**
古希腊，阿蒂卡，古风时期，约公元前530年
大理石，高13英尺10¾英寸（4.24米）
弗雷德里克·C·休伊特基金，1911年；罗杰斯基金，
1921年；匿名捐赠，1951年（11.185a–d, f, g）

墓地纪念石碑最早出现在公元前七世纪，后来愈加奢华以至浮夸。这件石碑据说来自阿蒂卡，是古风时期存留至今最完整的墓碑作品。石碑底座上刻着：致亲爱的梅[加克利斯]，在他去世后，他的父亲和他亲爱的母亲将[梅]立为纪念碑。碑体上有位青年和一个小女孩站在一起，小女孩可能是他妹妹。挂在青年手腕上的油壶（希腊语：*aryballos*）说明他的形象是一位运动员。一尊狮身人面像守护在石碑上端。对运动员肌肉线条的细致刻画反映出忠实表现人体的自然主义趋势。这种艺术手法的发展轨迹可通过比较对页上约早五十年制作的青年雕像看出。石碑上的彩绘（多种色彩）进一步衬托出雕工的细致和精确，这些色彩大部分都保存了下来。

古希腊罗马艺术 65

蒙特里昂青铜战车

伊特鲁里亚,公元前575—前550年
嵌象牙青铜,高51⅝英寸(131.1厘米),
车杆长82¼英寸(208.9厘米)
罗杰斯基金,1903年(03.23.1)

蒙特里昂战车来自罗马时期之前的意大利,是现存同类作品中保存得最好的。这辆战车不久前根据最新的学术成果进行了修复。它不作战事之用,而是用于仪式场合,车上应该可承载一个车夫和一位重要人士,与阿玛萨斯石棺(对页)上描绘的场景类似。伊特鲁里亚人的金属工艺闻名遐迩。制造这辆战车的工匠描绘出古希腊英雄阿喀琉斯人生中的场景,其他的猛禽等图案更彰显了主人的地位和财富。

阿玛萨斯石棺

塞浦路斯,公元前475—前450年
石灰石,62 × 93⅛ × 38½ 英寸
(157.5 × 236.5 × 97.8厘米)
塞斯诺拉收藏,用捐款购买,1874—1876年 (74.51.2453)

毋庸置疑,阿玛萨斯石棺的主人是一位阿玛萨斯的国王,这具石棺可以说是大都会博物馆丰富的塞浦路斯艺术藏品中最重要的一件作品。石棺表面依然存留的色彩令人惊叹,其画面表现出在公元前五世纪塞浦路斯的多元文化背景下,这位统治者的权力和对神祇的虔敬。在石棺的长边上,一队战车在骑马的侍卫护送下前行,步兵紧随其后。此处最尊贵的可能是遮阳伞下的那位人物。石棺的短边上刻画了古代近东阿施塔特女神的形象和一排古埃及贝斯神的雕像,这两位神祇都与生育力有关。

妇人头像，可能是狮身人面像
古希腊，公元前500—前475年
赤陶，高8⅛英寸（20.6厘米）
罗杰斯基金，1947年（47.100.3）

由于石灰石和大理石很容易获得，古希腊的大型雕塑通常不以赤陶（烧制陶）为原料。头像的比例和脖颈处的断口都表明这个无比精美的头像原本属于一尊狮身人面像，而且曾经可能是一座小型建筑屋顶装饰的一部分。传统上狮身人面像的角色是守护者，尤其是在墓地纪念碑上，如同前图所示的阿蒂卡墓碑一样。特别值得注意的是这里运用了多种色彩来表现耳环和头带等细节。

据称作者为
画家阿玛西斯
饰有女织图及妇人、青年和少女的细颈油瓶
古希腊，阿蒂卡，约公元前550—前530年
赤陶，高6¾英寸（17.1厘米）
弗莱彻基金，1931年（31.11.10）

这只细颈油瓶（希腊语：*lekythos*）据说与现存于博物馆内的另一只细颈油瓶是一同被发现的，瓶画描绘了一支夜行的婚礼队伍正把新娘带去她丈夫的家里。这两只细颈油瓶可能是结婚赠礼，最终伴随主人一同埋入她的坟墓。这里细致刻画的还有这一时期重要的家务活——织布的场面，并且特别突出了直立织布机。织布机的两侧有妇人在称羊毛、纺线、折布等。这里的场景应该是在住宅内的女室中。

扣针雕饰，雕刻有斜卧的青年男女、侍从及鸟纹

伊特鲁里亚，约公元前500年
琥珀，长5½英寸（14厘米）
J·皮尔庞·摩根捐赠，1917年（17.190.2067）

这是流传至今的古代意大利琥珀雕刻中最为复杂的一件，其底座上的穿孔里尚留有铁针痕迹，表明这是一枚装饰扣针（即安全别针）。一对男女斜卧于躺椅之上，女子手握一只小瓶，左手手指轻触瓶口。陪伴她的是位圆脸无须的年轻男子。一只鸟依偎在二人肩头，一名小侍从站在他们脚边。尚不确定这两位人物是凡人还是神祇。

据传作者为
埃皮米尼斯
圣甲虫宝石雕像，雕刻有弓箭手验箭图案

古希腊，约公元前500年
玉髓，¾英寸（1.7厘米）
弗莱彻基金，1931年（31.11.5）

在公元前六世纪末，古希腊艺术家尝试使用各种材料来表现运动的人体。在雕塑方面，由于青铜浇铸工艺的成熟，使他们能够创作规模更大的运动人体雕塑，其规模远非石雕所能及；在瓶画方面，红绘技术的发明使画工得以在陶瓶表面自由地描绘装饰图像。在这块不足一英寸高的硬石上，宝石雕刻师捕捉了一位青年测量箭杆是否笔直的画面，雕出了他轻盈的体态、隆起的肌肉和漂亮的发型。

古希腊罗马艺术 69

青铜镜，底座为披衣女子雕像
古希腊，阿尔戈斯，公元前五世纪中期
青铜，高16英寸（40.6厘米）
沃尔特·C·贝克遗赠，1971年（1972.118.78）

在实用物件的设计中包含立体人像是古希腊艺术的一个特点。人、动物和神话等多种元素为这面铜镜注入了活力。底座上的小型女子站像支撑住镜面，她朴素的羊毛外衣有柱形下摆。两位带翼厄洛斯（爱神）在她头上盘旋。镜面两侧则雕有猎犬追逐野兔的图案，半人半鸟的女妖塞壬像矗立在镜面顶端。

据传作者为
长毛萨梯的画家
绘有希腊人和阿玛宗人之战
及半人马和拉皮斯之战的
涡形双耳喷口杯
古希腊，阿蒂卡，约公元前450年
赤陶，高25英寸（63.5厘米）
罗杰斯基金，1907年（07.286.84）

尽管据公元前五世纪的文学作品记载，古希腊人了解他们在希波战争（公元前490—前479年）中胜利的规模，但古希腊艺术家却几乎从未在艺术作品中表现其中的重大历史事件或人物。相反，他们钟情于刻画古希腊人与东方敌人之间的神话大战，特别是与阿玛宗人（神话中的女战士）的战争。在公元前五世纪上半叶，雅典的提塞翁神庙和彩绘柱廊（希腊语：*Stoa Poikile*）上均装饰有这种大型战争壁画。这只涡形双耳喷口杯（勾兑酒和水的大酒杯）上刻画的场景即受到这一风格的影响。

受伤的阿玛宗人雕像

古罗马，公元一至二世纪
一尊古希腊青铜雕塑（约公元前450—前425年）的复制品
大理石，高80¼英寸（203.8厘米）
约翰·D·小洛克菲勒捐赠，1932年（32.11.4）

古希腊艺术作品常描绘阿玛宗人与神话中的英雄人物赫拉克勒斯、阿喀琉斯、忒修斯等战斗的场景。这尊雕塑描绘了一个失去武器的战士，她右胸下的伤口流出鲜血。她的长袍从一侧肩膀上松开，在腰间用一段马辔凑合系起来。虽陷入这样的惨境，她脸上却没有痛苦或疲惫的神情。她轻倚在身旁的支柱上，右臂优雅地放在头顶，这个姿势通常用来表示睡眠或死亡。

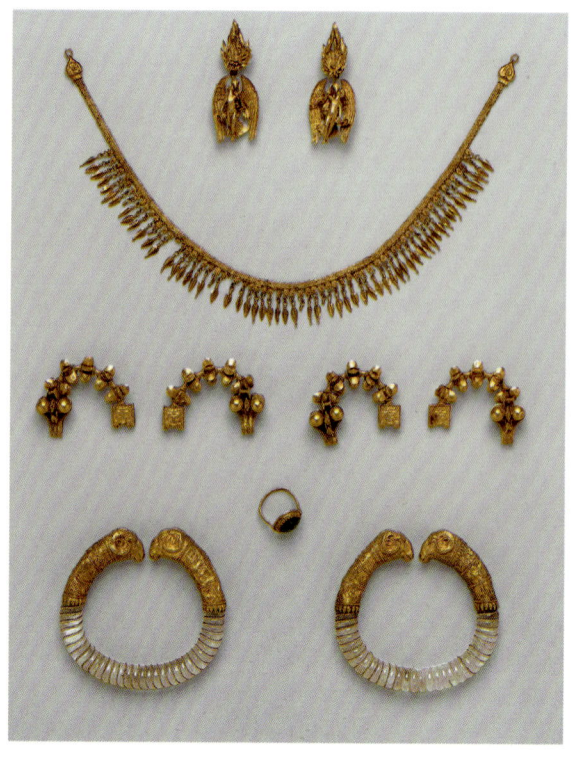

伽倪墨得斯首饰套件

古希腊，约公元前330—前300年
金，白水晶，祖母绿，项链长13英寸（33厘米），
耳环高2⅜英寸（6厘米），手镯宽3⅛英寸（7.9厘米），
扣针宽1⅞英寸（5厘米），戒指高¾英寸（2.1厘米）
哈里斯·布里斯班·迪克基金，1937年（37.11.8–.17）

这套精致的首饰包括一对耳环、一条项链、四枚扣针、一个戒指和两只手镯。它们虽以一个套件而出现，但其中风格的差异暗示这些作品原本不是一同打造的。特别值得注意的是这对耳环，上面的微型雕刻描绘出年轻的伽倪墨得斯被一只老鹰的双翅包裹。宙斯想让这男孩做斟酒人，就把自己变成一只巨鹰，将男孩带到奥林匹斯山上。戒指上嵌有一颗祖母绿，不是来自埃及就是来自乌拉尔山脉。手镯箍由掐金丝的白水晶制成。

戴面纱的舞者小雕像

古希腊，公元前三至前二世纪
青铜，高8¼英寸（21厘米）
沃尔特·C·贝克遗赠，1971年（1972.118.95）

这位舞者复杂的动作全凭身体与几层衣物之间的相互作用表现出来。她身上轻盈的披风因右臂、左手和右腿动作施加的压力而绷紧。披风下的衬裙垂下深深的褶皱，拖曳在身后。她的脸上罩着一层最为透明的薄纱，伸出的右脚上穿着一只蕾丝便鞋。可以确认的是，这名舞者是一位将哑剧和舞蹈结合表演的职业表演家，当时的大都市——亚历山大古城正是因这一表演形式而闻名的。

厄洛斯睡像

古希腊或古罗马，公元前三世纪至公元一世纪早期
青铜，长33⅜英寸（85.4厘米）
罗杰斯基金，1943年（43.11.4）

希腊化时代的艺术从主题到风格发展都呈现出丰富的多样性。这一时代的艺术家是天才创新者，他们在视觉形象中引入了对不同年纪人物的准确刻画。小孩的形象尤其受到青睐，不管是以婴儿时期的赫拉克勒斯或厄洛斯等神话形式呈现，还是以彼此玩耍或与宠物玩耍的风俗场景形式呈现。这里的厄洛斯已被带到地上并解除了武器，与古风时期希腊诗歌中描绘的那个强大、时常很残忍而且反复无常的形象判若两人。从古代流传下来的为数不多的青铜雕像中，这尊据信来自罗得岛的人像传达出一种直接而自然的细节刻画，因使用了青铜这种材料而成为可能。

萨迪斯的阿尔忒弥斯神庙圆柱

古希腊,希腊化时期,约公元前300年
大理石,高11英尺10⅛英寸(3.61米)
美国萨迪斯发掘协会捐赠,1926年(26.59.1)

这几截石柱来自阿尔忒弥斯神庙里一根带凹槽的爱奥尼亚式圆柱,原柱高度超过58英尺(17.68米)。柱头上精雕细琢的叶形装饰在这座神庙现存的柱头中独一无二。底座(叶形装饰底座)饰有鳞状植物纹,亦体现出超乎寻常的细致精巧。这只柱头略小于在原址找到的其他柱头,说明它不属于外柱廊的一部分。神庙的东西走廊里各有一对与此相似的圆柱,这几截石柱可能就来自这两对石柱中的一对或两对。

男子雕像
古希腊,希腊化时期,公元前二世纪中期至公元前一世纪
青铜,高73英寸(185.4厘米)
芮妮·E和罗伯特·A·贝尔弗捐赠,2001年(2001.443)

类似这样的纪念雕像一般表现的是某位显赫的人物,因其重大贡献而获得城邦或统治者的奖励,城邦或统治者特别造像以示感激。这是一个城市能颁授的最高荣誉。这位气度不凡的人物以"对立平衡"(意大利语:contrapposto)之姿站立,即以一条腿支撑身体重量,使另一条腿能自由弯曲。他的右手从长袍的褶皱中伸出,手心打开,手指微曲向上,做出演说的姿势;他的左臂紧贴在身边。他的长袍被华丽的流苏衣镇和装饰横带固定住,这些横带原本可能有彩绘或镀金。

两尊皇室成员的雕像
古罗马，奥古斯都或朱里亚·克劳狄时期，
公元前27至公元68年
大理石，高47英寸（119.4厘米）；高46英寸（116.8厘米）
比尔·布拉斯遗赠，2002年（2003.407.8a, b–.9）

从古典时期开始，像这样的半裸人物站像就用来描绘神祇，有突出贡献的凡人的纪念雕像也采用这一造型。这两件作品从前可能属于一组颂扬朱里亚·克劳狄王朝的组雕，该王朝从奥古斯都时期开始统治罗马直到尼禄时期。这两座半裸人像的站姿使人想起公元前五世纪最著名的希腊雕塑家波留克列特斯的经典作品，几乎可以肯定是在刻意营造英雄氛围。皇室成员的塑像，不管是在世者的还是已故者的，常被一起置于公共场所，如城市广场、大会堂或剧场等。

下图
贵族男孩雕像
古罗马，奥古斯都时期，公元前27至公元14年
青铜，高52⅛英寸（132.4厘米）
罗杰斯基金，1914年（14.130.1）

这尊实物大小的雕塑是在希腊罗得岛上发现的，那里是罗马时代富裕繁荣的商业文化中心。男孩有着宽脸和短发，他的容貌与奥古斯都皇室家庭中的年轻王子相似，但他可能是统治阶级某位成员之子，或是某位驻扎在罗得岛上的显赫罗马官员之子。他没有穿着传统的罗马式宽外袍，而是衣着希腊宽松长衫，或许表明他在岛上某座著名的哲学和修辞学校上学。

上图
盖乌斯皇帝半身雕像，又名卡利古拉
古罗马，朱里亚·克劳狄时代，公元37—41年
大理石，高20英寸（50.8厘米）
罗杰斯基金，1914年（14.37）

这件精美的卡利古拉半身雕像沿袭了为他外曾祖父奥古斯都开创的官方肖像风格，并因此强调了朱里亚·克劳狄王朝的统一和延续性。但在这里，艺术家设法捕捉到了卡利古拉自己的个性。高傲侧转的头和紧闭的薄唇可能暗示使他臭名昭著的浮华和残忍。他短暂的统治因28岁即遭遇刺杀而终结。那以后他的许多雕像都被打碎、重刻或扔进台伯河。

古希腊罗马艺术 77

弹基萨拉的妇女坐像壁画（局部）
古罗马，共和晚期，约公元前50—前40年
湿壁画，73½ × 73½ 英寸（186.7 × 186.7厘米）
罗杰斯基金，1903年（03.14.5）

这幅壁画曾装饰在 P·法尼尤斯·希尼斯特的别墅主大厅中，是其中一系列大型饰板之一。该别墅位于博斯科雷尔，靠近罗马庞贝古城。与庞贝城一样，这一别墅也在公元79年的维苏威火山爆发中被埋葬。饰板风格借鉴了早期希腊化时期（公元前四世纪晚期至公元前三世纪早期）马其顿宫殿里的王室绘画，图案可能是在庆祝王室婚礼。坐着演奏基萨拉琴（里拉琴）的妇女一定是位重要人物，因为她头戴王冠（一种装饰头带），并且坐在华丽的王座式椅子上。

花环纹样碗
古罗马，奥古斯都时期，公元前一世纪晚期
压铸玻璃，直径 7⅛ 英寸（18.1厘米）
爱德华·C·摩尔收藏，爱德华·C·摩尔遗赠，1891年
（91.1.1402）

这件压铸碗是古代玻璃制造工艺中的杰作，它由紫、黄、蓝、无色的四片大小基本相同的半透明玻璃组成，在敞模里压铸成型。每块玻璃上又加饰一段彩色镶嵌玻璃（一束玻璃棒的横截面）来表现从不透明的白绳上垂下的花环。已知古代由不同色彩的大型块状或带状玻璃压制的器皿极为稀少，这只碗是其中唯一将该工艺与镶嵌装饰相结合的作品。

奥古斯都皇帝浮雕肖像
古罗马，克劳狄时代，公元41—54年
缠丝玛瑙，高1½英寸（3.8厘米）
购买，约瑟夫·普利策遗赠，1942年
（42.11.30）

这件宝石浮雕将奥古斯都刻画为一位得胜的裸体半神人。他左肩披戴宙斯之盾，即一种常与罗马神祇朱庇特和密涅瓦相关的披肩。此处的披肩上饰有风神的头，或许表现的是把玉米舰队从埃及带去罗马的夏季风的化身，因而暗指奥古斯都于公元前31年在亚克兴打败马克·安东尼和克莱奥帕特拉之后吞并埃及的事迹。他的姿势传达出一种威严，正是元首制时代的罗马从这位开国君主身上所吸取的精神。在其漫长的统治期内（公元前27年—公元14年），尽管他的肖像呈现了各种不同的装束，由不同的艺术材料打造，但所有肖像都将他刻画为一位有理想化特征的英俊青年。

浮雕双耳大酒杯一对
古罗马，奥古斯都时期，公元前一世纪晚期至公元一世纪初期
鎏金银器，高3¾英寸（9.5厘米），直径8⅛英寸（20.6厘米）
购买，玛格丽特和弗兰克·A·科斯格罗夫二世基金以及莱拉·艾奇逊·华莱士捐赠，1994年（1994.43.1, .2）

这对银质双耳大酒杯表现出古罗马金属工艺的最高水平。它们毫无疑问出自罗马最优秀的金属作坊之一，这些作坊为皇室和罗马贵族提供服务。酒杯上有高浮雕刻画的爱神丘比特，他们或跳舞或奏乐。丘比特与酒神节狂欢的联系使得为奢侈酒宴而造的酒杯以他们为主题是再合适不过了，但他们也可能并没有任何真正的象征意义。与许多其他装饰华丽的银器一样，这些酒杯显然既是为美观而造，也是为实用而造。

下图
浮雕石棺,雕有酒神狄俄尼索斯的胜利及四季神
古罗马,帝国晚期,约公元260—270年
大理石,34 × 85 × 36¼ 英寸(86.4 × 215.9 × 92.1厘米)
购买,约瑟夫·普利策遗赠,1955年(55.11.5)

这具石棺是葬礼艺术品中精致的典范,可能是为罗马一位富裕的主顾而刻。石棺两侧和正面以高浮雕饰有四十个人物和动物像。位居中心的是坐在豹身上的酒神狄俄尼索斯,他的两侧有四个较大的站立人像,分别代表四季(从左到右):冬、春、夏、秋。围绕这五位中心人物的是其他酒神式的人物和祭礼用具,全以较小比例雕刻。在石棺呈弧形的两端有其他较大的几组人像,包括大地和水的化身。

对页
美慧三女神组雕
古罗马，公元二世纪
大理石，48⅜ × 39⅜英寸（123 × 100厘米）
购买，费罗多若伊（古希腊罗马艺术之友）、莱拉·艾奇逊·华莱士、玛丽和迈克尔·贾哈里斯、安妮特和奥斯卡·德·拉·任塔、莱昂·利维基金会、罗伯特·A和芮妮·E·贝尔弗家族基金会、约翰·A·莫兰夫妇、珍妮特和乔纳森·罗森、马尔科姆·休伊特、维纳基金会和尼古拉斯·S·祖拉斯捐赠，2010年（2010.260）

阿佛洛狄忒女神的三位侍女——光辉女神阿格莱亚（美）、欢乐女神欧佛洛绪涅（欢笑）和青春女神塔利亚（丰盛）被刻画为裸体少女，她们体态优雅，仿佛是装饰檐壁的雕刻。尚不清楚刻画美慧三女神的这种方式是何人在何地发明的，但这种描绘手法极可能是从希腊化时期晚期发展而来。它成为古罗马世界中最著名、最广为模仿的构图，出现在各种艺术材料和从钱币、石棺到镶嵌画的各种物品上。这组雕像最初可能放在花园或公共浴室中。

罗马皇帝君士坦丁一世头像
古罗马，帝国晚期，约公元325—370年
大理石，高37½英寸（95.3厘米）
玛丽·克拉克·汤普森遗赠，1923年（26.229）

为了达到他建立新王朝的目标，历史上第一位信奉基督教的皇帝——君士坦丁大帝（公元306—337年在位）为罗马帝国建立了新的首都，并以自己的名字将其命名为君士坦丁堡。这座头像原本可能属于一件半身雕像，或者更可能属于一件超过真人大小的雕像。到这一时期，君士坦丁大帝已经为自己选用了一种官方形象，以把自己和异教徒前任区别开来。这尊头像上的长脸、整洁的发型、不蓄须的脸庞都在刻意唤起对早期"好"皇帝的记忆，比如奥古斯都或图拉真（公元98—117年在位）。

世界文化

亚洲艺术

亚洲艺术藏品的时间跨度从公元前四千纪至今，包括来自近半个世界的艺术品，为观众带来了无可比拟的欣赏体验。本馆收藏的作品展现了中国、日本、朝鲜、南亚、东南亚和喜马拉雅王国等地的古今文化。中国馆藏中的精粹作品包括大型佛教造像、古代玉器和青铜器、书画作品，以及陶器、漆器、织物等装饰艺术品。同样值得一提的是静谧的阿斯特庭院，由一批中国传统工匠以一座著名的十七世纪苏州庭院为原型而建。朝鲜馆藏的亮点是佛像雕塑和陶器。日本展品则包括早期叙事画（手卷）、十五至十八世纪的屏风以及江户时代的瓷器。南亚和东南亚藏品中尤为出色的是贵霜王朝的石雕佛像和青铜造像、朱罗王朝的印度铜像、早期爪哇金属制品及高棉雕塑等。尽管亚洲文化各有特色，但此处的许多作品都揭示出这些文化之间的联系，比如由共同的佛教和印度教信仰带来的形式和圣像符号上的相似之处，或从青花瓷和水墨画里体现出来的主题与技巧上的相似之处。将展品作为整体观看，不仅有助于欣赏亚洲各文化中的艺术，也有助于理解这些传统之间的联系。

柉禁诸器

中国,商和西周,公元前十一世纪晚期
青铜;桌: 7⅛ × 35⅜ × 18¼ 英寸 (18.1 × 89.9 × 46.4厘米)
孟赛基金,1931年 (24.72.1–14)

这组精美的祭祀青铜器包含一张器桌和十三件酒器,显示出中国青铜时代的鼎盛辉煌。不朽的设计、复杂的铜面装饰和精妙的浇铸工艺见证了当时成熟的艺术风格和先进的工艺技术。据报道,这组青铜器在二十世纪早期于陕西省一座西周贵族古墓中出土,随后被清朝大臣、著名古玩家端方所收藏,其后人又将这组作品卖给大都会博物馆。

环形玉龙佩
中国，东周，战国时期，公元前三世纪
玉（软玉），高3⅛英寸（7.9厘米）
欧内斯特·艾瑞克森基金会捐赠，1985年（1985.214.99）

这件藏品是中国早期玉雕作品中的优秀典范。它取瘦龙为形，弯曲的龙身优雅地盘成环形。刻在龙体上深深的凹槽让玉环看似绞绳，也增强了力量感。张嘴弯身的盘旋龙纹是东周晚期常见的装饰纹样，这受到了西方艺术的启发，是欧亚大草原上的游牧民族带给其中国邻居的。

陶女舞俑
中国，西汉，公元前二世纪
彩陶，高21英寸（53.3厘米）
夏洛特·C和约翰·C·韦伯收藏，夏洛特·C和约翰·C·韦伯捐赠，1992年（1992.165.19）

这件陶俑可以说是早期中国雕塑作品中的精华之作，从中可见艺术家以静态物体传达运动感所取得的成就。女舞者向后甩起一只衣袖，略俯身，双膝弯曲。通过捕捉这一瞬间充满张力的动作，雕塑者为舞者注入了生命的活力。

青铜鎏金弥勒佛

中国，北魏，公元524年
青铜鎏金，高30¼英寸（76.8厘米）
罗杰斯基金，1938年（38.158.1a–n）

六世纪早期在北魏宫廷中发展出一种造像风格，其特点是人物身形瘦削，衣袍厚重满遮，这件稀有的独立式佛造像即很好地表现了这一风格。弥勒佛在中国早期佛教中扮演了重要角色，人们认为这位菩萨（已觉悟的救世者）将在下个宇宙纪元成为佛教被毁灭又复兴后继续传法的未来佛。造像上刻有弥勒佛的名字，同时也指明委托造像的人是为夭折的儿子制作此像，希望儿子和其他亲人最终能在佛前重聚。

佛坐像，可能是阿弥陀佛
中国，唐朝，七世纪早期
干漆夹苎镀金彩绘，高38英寸（96.5厘米）
罗杰斯基金，1919年（19.186）

信奉阿弥陀佛强调的是，众生在不完美的生活环境下要开悟是不可能的，因此应发愿往生极乐世界，那里如净土和中途站，其修行条件有益于追求更高的智慧。此处，从阿弥陀佛双臂的位置可看出，现已遗失的双手原来应是结禅定印。这尊阿弥陀佛像是用一种复杂的干漆夹苎技术制成的，通常先以木头为心，然后以泥塑成胎，再用浸满漆的麻布覆盖，最后再取出中心。这种技术在八世纪时从中国传到了日本。

叶形碟
中国，唐朝，七世纪晚期至八世纪早期
错金银器，长5¾英寸（14.6厘米）
购买，亚瑟·M·萨克勒捐赠，1974年（1974.268.11）

中国的银器制作在唐朝（618—907年）达到顶峰，这一时期中国与中亚和西亚国家的密切交往使中国银器艺术的外形和纹样受到了其他国家的影响。银器制作工艺也从传统的浇铸法发展为錾刻与捶揲法。这只精巧的叶形碟上饰有花鸟凸纹（采用背面捶揲技法），堪称唐朝装饰艺术之典范。

据传画家为
韩幹
中国，活跃于742—756年
照夜白图
唐朝，约750年
手卷，纸本水墨，12⅛ × 13⅜英寸（30.8 × 34厘米）
购买，狄龙基金捐赠，1977年（1977.78）

照夜白是唐玄宗（712—756年在位）宠爱的一匹战马，这幅《照夜白图》或许是中国艺术中最广为人知的骏马图。中国传说中有来自外邦的"天马"，亦称"汗血宝马"，实为龙的化身；画中性情刚烈的骏马可谓其缩影。据称此画的作者是韩幹，他笔下的骏马不仅形态逼真，其神态也跃然纸上。虽然据传比起研习古人所作的骏马图，韩幹更愿亲赴马厩观察，但这幅骏马图中马的轮廓和形体比例显然都承袭自前人的传统手法。

三龙碗

中国，浙江省，五代时期，十世纪
龙纹青瓷，直径10⅝英寸（27厘米）
罗杰斯基金，1918年（18.56.36）

在西方，"celadon（青瓷）"一词常用来描述上青釉的瓷器。在中国，不论是为本国消费还是为出口贸易而造的瓷器，通常都按窑址分类。此例中，生气勃勃的三条龙纹装饰着碗的内壁，其中一条龙的尾巴压在后爪之下，这是最早于公元前二世纪即活跃于浙江省的越窑的特征。从八世纪起直到十二世纪越窑停烧为止，越窑瓷器都是流传甚远的贸易品，向西最远至非洲都曾发现其身影。

据传画家为

屈鼎

中国，活跃于约1023—1056年

夏山图

宋朝，约1050年
手卷，绢本水墨淡设色，17⅞ × 45⅜英寸
（45.3 × 115.2厘米）
狄龙基金捐赠，1973年（1973.120.1）

在公元900年至1100年间，中国画家创作的山水图描绘了大自然的壮丽绝美。观画者应该能体会到画中人的感受。在《夏山图》中，行路者正向一座幽静的寺庙走去。画面正中的大山有居高临下的雄伟，仿佛君臣簇拥中的皇帝，其地位在自然界中也无人能及。笔法和水墨技巧之娴熟运用，说明《夏山图》是一位大师于1050年所作。此年代也由图上宋徽宗（1101—1126年在位）的收藏用印得以佐证。宋徽宗编制的画谱载有三幅题为《夏山图》的作品，作者正是原本并不为人所知的画家屈鼎。

花龙纹挂毯

中亚东部，十一至十二世纪
丝织挂毯，21⅛ × 13 英寸（53.7 × 33厘米）
弗莱彻基金，1987年（1987.275）

这件丝织挂毯上的装饰属典型的中亚风格，中亚作品里的图案设计历史悠久、变化无穷。这条龙的长鼻和压在后腿之下的龙尾表现出一种唐朝的艺术手法，这种手法后来在中亚保存下来，起码继续流传到了蒙古征服者忽必烈于1271年创建的元朝。在花朵图案中饰有龙纹，这很可能是中亚地区创造的一种艺术手法。明亮的色彩和龙的活力也都是这一地区所产挂毯的特色，其制作者可能是维吾尔族人，他们因出色的织锦服饰而闻名。

郭熙
中国，约1000年—约1090年
树色平远图（局部）
宋朝，十一世纪晚期
手卷，绢本水墨设色，13¾ × 41¼ 英寸
(34.9 × 104.8厘米)
顾洛阜收藏；顾洛阜捐赠，以纪念道格拉斯·狄龙，1981年
(1981.276)

十一世纪晚期著名的山水画家郭熙致力于用具体的形态表现诗意的画面和情感，他尤其钟爱传达季节和时间的微妙之处。《树色平远图》是经典的"平远"画法之变体，平远画法中前景常有大树，背景则是宽阔的河谷。这幅作品可能是画家在致仕前夕为同僚所作的晚期画作。在手卷的末端，秃树和浓雾使画面笼罩在凄凉的秋色中，两位老者向凉亭走去，或许是要与同僚一起送别朋友。

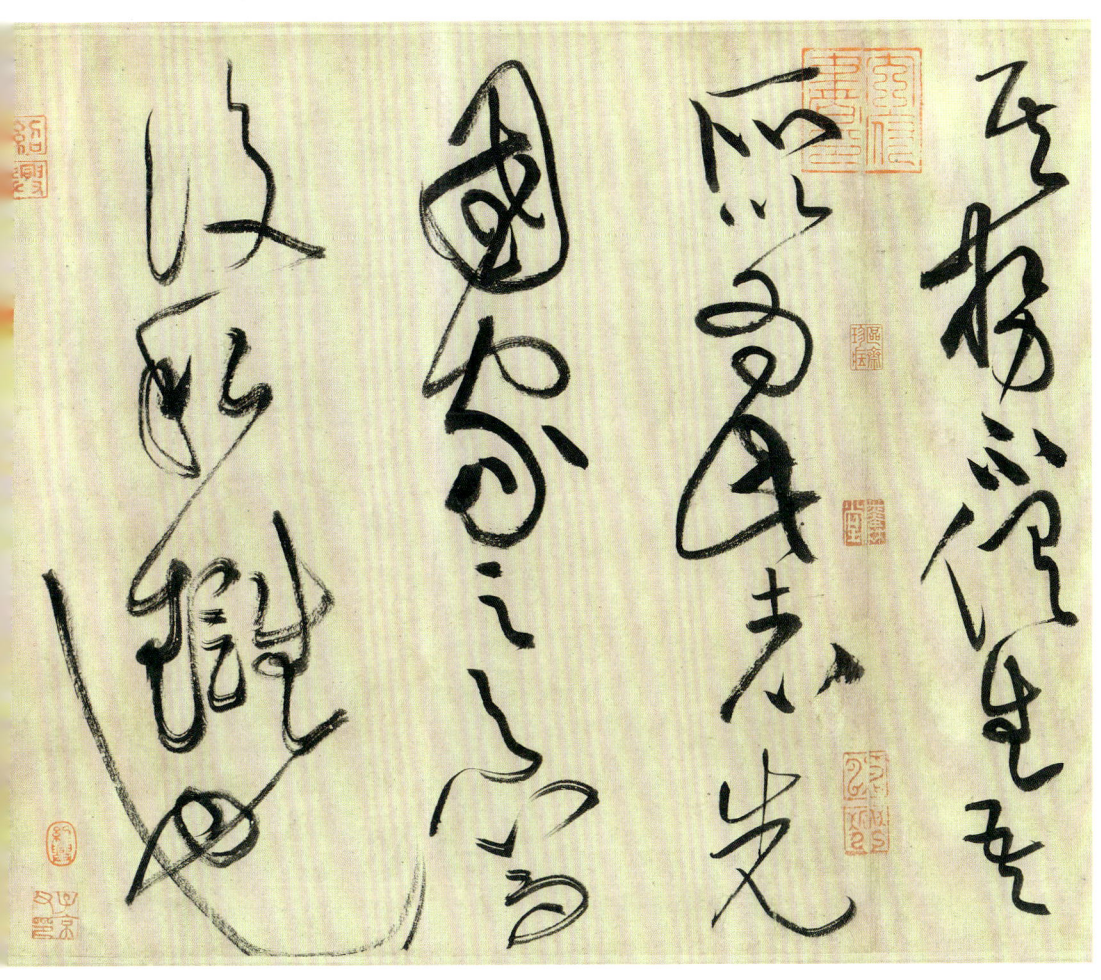

黄庭坚

中国,1045—1105年

廉颇蔺相如传(局部)

宋朝,约1095年
手卷,纸本水墨,12¾英寸 × 59英尺9英寸
(32.5 × 1822.4厘米)
顾洛阜遗赠,1988年(1989.363.4)

诗人、书法家、禅宗居士黄庭坚相信,书法应是随性的自我表达,曰:"欲得妙于笔,当得妙于心"。此卷约有一千二百字,是草书中的杰作。文字抄录了著名将军廉颇和谋略家蔺相如之间一段机锋交辩的故事。黄庭坚的抄写唐突地停在蔺相如的这句话后:"(今)两虎共斗,其势不俱生,吾所以为此者,(以)先国家之急而后私仇也。"在宋朝官场暗斗的背景下加以解读,不难看出这是黄庭坚对党派争斗的强烈指控;正是这种争斗使他自己在1094年被贬。

亚洲艺术 93

宋徽宗
中国，1082—1135年
翠竹双雀图
宋朝，十二世纪早期
手卷，绢本水墨设色，11 × 18英寸（27.9 × 45.7厘米）
顾洛阜收藏；购买，道格拉斯·狄龙捐赠，1981年
（1981.278）

宋徽宗是宋朝第八位皇帝，也是皇族中艺术造诣最高的一位。《翠竹双雀图》体现了在徽宗的宫廷画院中所践行的写实风格花鸟画法。然而，不论是描绘自然还是为诗文配画，徽宗都重意境而轻刻板诠释。此图上的双雀纤毫毕现，栩栩如生，雀鸟眼中的点漆可谓画龙点睛。

玄宗避蜀图
中国，宋朝，十二世纪中期
立轴，绢本水墨设色，32⅝ × 44¾英寸（82.8 × 113.6厘米）
罗杰斯基金，1941年（41.138）

745年，唐玄宗（于712—756年在位）在励精图治三十三年后爱上了杨贵妃，自此不理朝政。当杨贵妃宠爱的将军安禄山在755年叛乱之时，杨贵妃成为众矢之的。玄宗不得不从都城长安逃往蜀地（四川省）避难，途中哗变的士兵要求他处死自己的爱妃。玄宗不情愿地同意了，他目睹了杨贵妃之死，既恐惧又感到羞耻，不久后即让位。此图描绘的是处死杨贵妃后郁郁前行的皇室随从。尽管画中人物均为唐朝装扮，但背景风格中以错综复杂的手法刻画的立体形态和雾气笼罩的意境却表明作品成于十二世纪中期。

药师经变

中国，山西省，元朝，约1319年
水基颜料绘于草黏土板上，高24英尺8英寸（7.5米）
业慭·M·萨克勒捐赠，以纪念他的双亲：艾萨克和苏菲·萨克勒，1965年（65.29.2）

佛教在亚洲的传播过程中，为大众治疗身心疾病是其中重要的一环。在这幅壁画中，药师佛身穿红袍，身边有一群相关神佛随侍，包括两位手持日月标志端坐在宝座上的菩萨。十二位武士分站药师佛内侧，象征他曾发愿救助众生。这里体型健壮、脸颊丰满的人物及较浅的空间结构都是朱好古的作品特征，他是活跃于十四世纪早期的画家，其作品既包括佛教也包括道教造像。

须弥山坛城

中国,元朝,十四世纪
丝织挂毯,33 × 33英寸(83.8 × 83.8厘米)
购买,弗莱彻基金以及何鸿卿和丹尼尔·罗森博格
捐赠,1989年(1989.140)

这件精心织就的坛城(宇宙结构图)挂毯表现出随着密宗的传入而一同进入中国的印度图像。坛城中央是传说中的须弥山,用上顶莲花的倒金字塔形来表示;莲花是佛教中清净的象征。中国传统中象征太阳(三足鸟)和月亮(兔子)的符号出现在山脚处。坛城四面的微缩风景代表印度神话中的四大洲,但其画风却遵循中国"青绿"山水画的风格。浓密的花饰边框受到西藏图像的影响,特别是那些与元朝宫廷有密切联系的寺院。

钱选

中国,约1239—1299年
王羲之观鹅图(局部)
元朝,约1295年
手卷,纸本水墨设色,洒金笺,9⅛ × 36½英寸
(23.2 × 92.7厘米)
狄龙基金捐赠,1973年(1973.120.6)

南宋都城杭州于1276年沦陷之后,艺术家钱选决定做一位旧朝"遗民"。这幅刻意以朴拙的"青绿"山水风格所作的手卷描绘了王羲之(303—361年)的故事。书法大家王羲之是道家炼丹术的实践者,据说他的灵感来自观察自然形态,比如鹅颈优雅的动作。通过创造出一种梦幻古拙的深意,画家使观者不再对画面空间进行现实解读,以此表明他在宋朝皇室灭亡后所感受到的脱节。

亚洲艺术

云龙纹经函
中国，明朝，永乐年间，1403—1424年
戗金漆器，长16英寸（40.6厘米）
购买，何鸿卿爵士和文森特·阿斯特基金会捐赠，2001年（2001.584a-c）

永乐年间的瓷器、漆器和其他物件上常饰有精壮矫健的龙纹图案。这种雅致的漆盒用于盛装佛经手卷，既供宫廷之用，也可用作外交赠礼，尤以赠送给西藏的经函为多。虽然现存的永乐年间雕漆作品有一定的数量，但以戗金手法——即以黄金或金粉填充漆盒表面的阴刻花纹——制作的漆盒却属罕见。此漆盒的金属锁和钥匙均保存至今，实属难得。

云龙纹罐
中国，江西省，明朝，宣德款，宣德年间，1426—1435年
青花釉下彩瓷，高19英寸（48.3厘米）
罗伯特·E·托德捐赠，1937年（37.191.1）

以钴蓝色着于瓷器表面的绘法首先在十四世纪的中国兴盛起来，可以说是全球陶瓷史上最重要的一项发展。这只为宫廷制作的华丽瓷瓶是景德镇瓷器的典范，瓶肩上的款识标明此瓶造于宣德年间。画面描绘一只猛龙在稀疏的祥云间蟠曲舞动。瓶肩处不同寻常的兽面纹可能是"饕餮"（荣耀之脸），这是一种常在印度与喜马拉雅文化中看到的神兽图像，在十五世纪早期的中国非常流行。

98　世界文化

吴彬

中国，活跃于1583—1626年

十六罗汉图卷（局部）

明朝，1591年

手卷，纸本水墨设色，12⅝ × 163⅛ 英寸
（32 × 414.3厘米）

爱德华·艾略特家族收藏，道格拉斯·狄龙捐赠，
1986年（1986.266.4）

在中国人的民间想象中，托钵僧、术士和神秘的隐士常被认为是"活罗汉"（即佛教中能显神通的圣人）的化身。当政府的腐败无能（例如明末时）已经危及到社会秩序时，这种对救世主的迷信就愈加普遍。此图是吴彬现存最早的作品之一。吴彬所画人物沿袭古风，并按照前人传统将罗汉描绘为奇特怪异、不同流俗的人物，怪诞夸张的容貌衬托出他们内在的灵性本质。吴彬这幅看似诙谐的画作似要表达一个严肃的主题：罗汉们表面看来不完美的外表之下，可能藏有圣洁的本心。

龚贤

中国，1619—1689年

山水册及题诗（局部）

清朝，1688年

十六景山水册，纸本水墨，10¾ × 16⅛ 英寸
（27.3 × 41厘米）

道格拉斯·狄龙捐赠，1980年，1981年
（1980.516.2；1981.4.1）

忠于明朝的龚贤在入清（1616—1911年）以后甘愿以"遗民"身份隐居山林。此页来自一本画册，龚贤在这本画册中把明旧都南京周围他最常去的地方与神仙的居所相比。在图上这间隐蔽的茅舍之旁，龚贤还题诗一首，将兰花与荆棘对比：兰花能耐冬日严寒，正如君子；而荆棘却被当作柴火烧掉，如同小人。龚贤完善了一种水墨画中"点"的技巧，使他能在画作中同时表现浓度与透明度。

王翚 等
中国，1632—1717年
康熙南巡图第三卷：济南至泰山（局部）
清朝，1698年
手卷，绢本设色，26¾ 英寸 × 45英尺8¾ 英寸
（67.8 × 1393.8厘米）
购买，狄龙基金捐赠，1979年（1979.5）

康熙皇帝的先辈于1644年入主中原。1689年，康熙皇帝（于1662—1722年在位）大举南巡，以巩固他在中国南部的政权。著名画家王翚受托以十二幅巨制手卷记录了这次旅行。本卷是《康熙南巡图》第三卷，描绘了康熙皇帝巡视"东岳圣山"泰山的情景。王翚从未去过泰山，虽然他以地图和木版画作为构图的基础，但他同时也效仿古代先例，用虚构的风景通道将特定的景点连接起来。此外，他还运用了传统的"青绿"色彩来强调康熙帝的仁治。

豇豆红瓶

中国，清朝，康熙年间，1662—1722年
豇豆红釉瓷器，高7¾英寸（19.7厘米）
本杰明·奥特曼遗赠，1913年（14.40.377）

像这件小花瓶上的"豇豆红"这种略带粉色的红釉首次出现在1650—1675年间。长久以来人们认为，这样的小花瓶常为至少八件一套，用于装饰书桌。这是四件套花瓶之一，四件花瓶的形状略有区别，它们与一组器物一同被发现。瓶颈底部的三环细圈让这件花瓶与众不同。不清楚这些瓶器组是否曾被使用，它们原本很可能是呈送给朝廷官员的礼物。与其他为宫廷打造的器物一样，这件花瓶底部的六字款识指明其为"大清康熙年制"。通过款识的字形可进一步确认这件器物应制于1678—1688年间。

藏王权现

日本，平安时代，十一世纪
带刻饰的青铜鎏金，高14¾英寸（37.5厘米）
哈利·G·C·帕卡德亚洲艺术收藏，哈利·G·C·帕卡德捐赠；购买，弗莱彻、罗杰斯、哈里斯·布里斯班、迪克、路易斯·V·贝尔基金、约瑟夫·普利策遗赠、安那伯格基金会捐赠，1975年（1975.268.155）

藏王权现是佛教众神中罕见的完全出自日本的神佛。在制作这尊佛像的时期，许多与藏王相关的宗教修行在偏僻的深山寺庙中进行。山中苦行者希望借助这些仪式获得藏王纯然的身体力量。

北野天神缘起绘卷（局部）

日本，镰仓时代，十三世纪晚期
五联式绘卷（长度不等）；纸本设色上金，
11⅜英寸 × 18英尺9英寸—29英尺4¼英寸
（28.8 × 571.4—894.5厘米）
弗莱彻基金，1925年（25.224a–e）

位于京都的北野天满宫供奉着九世纪的学者、政治家菅原道真（845—903年）。道真被朝廷中的敌人诽谤后死于流亡中。自那之后，一系列自然灾害和祸事降临，让诽谤他的人一一死于非命。他的灵魂表达了希望在京都西北部为自己设置神社的愿望。今天，菅原道真在神道教中被尊为学问与书法之神。

春屋妙葩顶相

日本，南北朝时代，约1383年
立轴，绢本设色金笺，45 × 20½英寸
（114.3 × 52.1厘米）
西尔万·巴内特和威廉·布尔托捐赠，
2007（2007.329）

禅宗著名人物春屋妙葩（1311—1388年）的这幅正式肖像画原是为一座京都寺庙而作，图上有春屋妙葩本人的题字。此画的风格属于一种源自中国，与葬礼和追悼仪式相关的绘画传统。但在日本，这种画风指一种将禅宗大师描绘得栩栩如生的绘画，不仅用于纪念仪式，也是一种证明佛法成功地衣钵相传的方式。娴熟的笔法与复杂的着色方式相结合，刻画出僧袍和脸部的每处细节，使这幅肖像画显得既大胆又极具吸引力。

亚洲艺术 103

雪村周继
日本，约1504—1589年
山水猿图（局部）
室町时代，约1570年
六扇屏风一对；纸本水墨，各62英寸 × 11英尺5英寸
（157.5 × 348厘米）
购买，罗杰斯基金和文森特·阿斯特基金会、玛丽·利文斯顿·格里格斯和玛丽·格里格斯·伯克基金会、弗罗伦丝和赫伯特·欧文捐赠，1992年（1992.8.1, .2）

生活在中国南部茂密山林中的猿猴通过绘画与诗歌作品为日本所知。诗歌中常用猿声形容高洁的孤独，道教传说也赋予猿猴超强的生命力。日本禅宗僧人珍爱中国僧人牧溪（活跃于约1245年）所画的猿图。到十五世纪晚期，以牧溪风格所画的猿猴已是屏风上最常见的装饰。此图上一串猿猴伸出手臂，正徒劳地打捞水中月，月亮在禅宗中象征觉悟。这幅作品以图像的形式诠释了一则重要的禅宗公案。

贝壳海草纹和服（局部）

日本，江户时代，十七世纪早期
丝绣，浮经图案防染平织丝，带金箔，总高60½英寸
（153.7厘米）
保罗·T·野村夫妇捐赠，以纪念S·莫里斯·野村夫妇，
1992年（1992.253）

这件稀有的和服（小袖）上精致的刺绣纹样以日本海岸的自然景观为原型，海滩上布满了贝壳和海草。回纹饰印花底布由中国进口至日本，然后用防染工艺使这块白布形成不规则的沙滩效果，其上再绣出海滨主题的纹样。交替出现的浅蓝色带上以金箔点缀，衬托出编织花纹。

菊花桐花纹章酒壶

日本，桃山时代，约1596—1600年
洒金漆器，连把高10英寸（25.4厘米），连壶嘴宽
10⅛英寸（25.7厘米），直径7英寸（17.8厘米）
购买，罗素·塞奇夫人捐赠（交换），1980年（1980.6）

这只酒器可能曾为叱咤风云的武将丰臣秀吉（1536—1598年）所用，他在1590年代统一了日本。他的纪念寺庙——高台寺以幸阿弥家出产的漆器为陈设，这种漆器以细致描绘的秋草纹和丰臣氏家族纹章为特色。这只漆器的设计即是后来所称的高台风格（指带华贵金饰的黑漆器），其上有两种纹样的绝妙对比——色彩、节奏、图案都截然不同。当时，这类风格的装饰不仅受到漆器艺术家的钟爱，也广见于陶瓷和织锦中。

三瓶纹盘

日本,江户时代,十八世纪早期
青花珐琅彩瓷,高1⅝英寸(4.1厘米),直径6英寸
(15.2厘米)
哈利·G·C·帕卡德亚洲艺术收藏,哈利·G·C·帕卡德捐赠;购买,弗莱彻、罗杰斯、哈里斯、布里斯班、迪克、路易斯·V·贝尔基金、约瑟夫·普利策遗赠、安那伯格基金会捐赠,1975年(1975.268.563)

九州的肥前藩是早期日本陶瓷制作的中心。虽然九州出产的许多图案和陶器都用于出口,但一种名为锅岛瓷的肥前瓷器却是由专窑为锅岛氏而造。像这样的盘子原本应属于一套餐具。这些餐具组常被送往江户(今东京)的将军处,作为每年的贡品。此盘上悦目的瓶纹有大胆、明亮的色彩并达到了苛刻的工艺标准,正是锅岛烧出产的高品质瓷器之特征。

狩野山雪

日本,1590—1651年

老梅图

江户时代,约1647年
四联隔扇;纸本金地水墨设色,68¾英寸 × 15英尺11⅛英寸
(174.6 × 485.5厘米)
哈利·G·C·帕卡德亚洲艺术收藏,哈利·G·C·帕卡德捐赠;购买,弗莱彻、罗杰斯、哈里斯、布里斯班、迪克、路易斯·V·贝尔基金、约瑟夫·普利策遗赠、安那伯格基金会捐赠,1975年(1975.268.48a–d)

哪怕是最老的梅树,春天也会发出新枝,因此梅树象征坚韧与回春。这组隔扇原设在京都著名禅宗寺——妙心寺的天祥院里,分隔方丈室的两间房。老树夸张的弯曲和几何形岩石的层次分明都是狩野山雪署名画作的特点,他是画师狩野山乐(1559—1635年)的徒弟和女婿。山乐受到妙心寺的慷慨资助,山雪想必也继续接受了僧人的支持。

尾形光琳

日本，1658—1716年

波涛图屏风

江户时代，约1704—1709年

双扇折叠屏风；纸本金地水墨设色，57⅝ × 65⅛英寸（146.5 × 165.4厘米）

弗莱彻基金，1926年（26.117）

许多艺术家和诗人试图捕捉巨浪汹涌时转瞬即逝的画面。尾形光琳的这一版本所传达出的奇异的险恶感，毋庸置疑是源于那些千疮百孔、长触手状的不规则泡沫。画家运用传统中国画法中一手持两笔的分染手法勾勒出轮廓，屏风中兽爪般的波浪可能直接受到室町时代艺术家雪村周继的一幅画作的影响。此屏风上还钤有"道崇"字样印章，这是光琳在1704年采用的号。

铃木春信

日本，1725—1770年

男孩为女孩添发带

江户时代，约1766年
彩绘木版画，纸本设色水墨，11¼ × 8英寸
(28.6 × 20.3厘米)
弗朗西斯·拉斯罗普收藏；购买，弗雷德里克·C·休伊特基金，1911年（JP698）

夏日的便携式炉台上煮着茶水，一个女孩在茶釜轻柔的沸腾声中昏昏欲睡，这幅令人心醉的画就是铃木春信的《风流闺室八景》之一。此画用顽皮的方式暗指《潇湘八景》之"潇湘夜雨"，这是在中国和日本绘画中都极受珍视的题材。潇湘夜雨图中不可或缺的夏日氛围，在此图上被移接到一间位于江户（东京）的闺房里。铃木春信的作品因微妙的色调而独树一帜，这是因为他将颜料混合，而不是重叠印上两种色彩。

半跏思惟菩萨像
朝鲜，三国时代，七世纪中期
青铜鎏金，8⅞ × 4 × 4¼ 英寸（22.5 × 10.2 × 10.8厘米）
购买，沃尔特和利奥诺·安那伯格及安那伯格基金会
捐赠，2003年（2003.222）

半跏思惟菩萨像是广泛流行于整个亚洲的常见佛教造像。在朝鲜，尤其是百济和新罗王国，这种风格的造像在六至七世纪成为重要的佛教符号。这尊菩萨坐像是其中一尊保存最完好，也最引人注目的。它身上散发出一种微妙却可感知的能量，透过柔软逼真的手指和脚趾等细节清楚地表现出来。这尊菩萨的发髻呈现出奇妙的线状纹路。它的冠帽顶饰上有球与新月的图案，表明其受到了中亚风格的影响。

带盖漆盒
朝鲜，高丽王朝，十二世纪
珍珠母玳瑁镶嵌黄铜丝彩绘漆器，高1⅝ 英寸（4.1厘米），
长4英寸（10.2厘米）
弗莱彻基金，1925年（25.215.41a, b）

四个三叶草形的盒子环绕在一个大圆盒或花形盒子四周，这样的漆器组常用来盛装香或化妆品。这件漆盒就出自这样的套件。在陶器和青铜器中也可见类似作品，见证了不同创作材料之间的相互影响。这件精工打造的首饰盒镶嵌有复杂精细的珍珠母和玳瑁片，代表了高丽王朝（918—1392年）漆器制作的顶峰。

对页
水月观音菩萨像
朝鲜，高丽王朝，十四世纪上半叶
立轴，绢本水墨设色，45⅛ × 21⅞英寸
（114.5 × 55.6厘米）
查尔斯·斯图尔特·史密斯收藏，查尔斯·斯图尔特·史密斯夫人，查尔斯·斯图尔特·史密斯二世、霍华德·卡斯韦尔·史密斯捐赠，以纪念查尔斯·斯图尔特·史密斯，1914年（14.76.6）

在这幅画卷中，衣着华丽的水月观音菩萨坐在一块露出水面的岩石上，脚下波浪轻拍。图上可见观音菩萨的常见特征，包括头冠上的阿弥陀佛像和杨枝净瓶。画卷顶端绘有一轮小月亮，其中有玉兔正在捣长生不老之药。菩萨脚下还站立有龙王带领的几位衣着讲究的微缩人物。画卷的右下方绘有朝圣者善财童子，他参访观音之事记载在《华严经》中。

月亮壶
朝鲜，朝鲜王朝，十八世纪下半叶
瓷器，高15¼英寸（38.7厘米），直径13英寸（33厘米），壶口直径5½英寸（14厘米），壶底直径4⅞英寸（12.4厘米）
哈利·G·C·帕卡德亚洲艺术收藏，哈利·G·C·帕卡德捐赠；购买，弗莱彻、罗杰斯、哈里斯·布里斯班·迪克、路易斯·V·贝尔基金、约瑟夫·普利策遗赠、安那伯格基金会捐赠，1975（1979.413.1）

月亮壶（白瓷大壶）是朝鲜王朝（1392—1910年）晚期一种独特的白瓷器，得名于其圆月般的形状，通常是由上下两半球体连接而成。完成的壶体上一般仍然可见接缝，壶身整体却显得很自然。这件作品在烧制过程中无意间留下的釉中桃粉色花样为作品增添了魅力。虽然瓷器在十八世纪流行于全球，但这种器皿却是独一无二的朝鲜作品。

夜叉像
印度，中央邦，巽加王朝，约公元前50年
砂岩，高35英寸（88.9厘米）
杰佛瑞·B·索热夫捐赠，以纪念马丁·勒纳，1988年
(1988.354)

夜叉（男性自然之灵）是自然世界的人形化身。随着时间的推移，他们成为佛教和印度教诸神中的一员，被当作次要的神祇崇拜。他们常作为地上宝藏的守护者，被人与财富联系起来。这位大腹便便的侏儒曾经高举双手，在头上捧着一只碗，也就意味着他是一位"承载者"，或"载物夜叉"。风格上与此最接近的，要属博帕尔附近的桑吉早期大佛塔（用来供奉法物的土墩状结构）的圆柱柱头雕像。这位夜叉很可能曾像一名侍者一样，在一座佛塔的门口服务，用他的碗来接受信众的善款。

菩萨躯干石像

巴基斯坦，古犍陀罗地区（今白沙瓦地区），
约五世纪
片岩，高64½英寸（163.8厘米）
购买，莱拉·艾奇逊·华莱士捐赠，1995年
（1995.419）

在四世纪至五世纪，菩萨造像成为大乘佛教（即盛行于印度北部的佛教）信仰中的重要部分。鉴于这些入世菩萨日益受到欢迎，犍陀罗地区的寺院请工匠制作了大型菩萨造像，这些菩萨是佛教慈悲心的体现。观音崇拜更是这种情绪的最高表达形式。这件大型石刻菩萨躯干原属于一尊约十英尺高的石雕，可能来自萨里拔洛寺庙，是从那一时期存留至今的惊人杰作。精心雕琢的菩萨像披着和尚的僧衣，折射出曾与西方的古希腊接触过的残存记忆。

下图
坐佛说法

斯里兰卡,阿努拉德普勒,阿努拉德普勒王国晚期,
八世纪晚期
铜合金,高10½英寸(26.7厘米)
购买,哈里斯·布里斯班·迪克基金、文森特·阿斯
特基金会捐赠、添购与2008福利基金、约翰·斯图
尔特·肯尼迪基金(交换),2009年(2009.60)

这尊斯里兰卡早期佛教的典型佛像刻画了佛陀结安慰印,向众生传法的形象。以瑜伽姿势打坐的佛陀穿着僧人的"郁多罗僧袍",即一块紧裹在身上未经裁剪的布料,他右肩裸露,是南传佛教的风格。他的头发呈短卷发状,令人想起他舍弃红尘时曾经剃度,并施舍掉自己做王子时的豪华饰品。以宝石或水晶镶嵌的眼睛更增添了造像的真实感。头顶上火焰形的肉髻是成佛后最主要的殊胜容貌("相")之一。

上图
佛像

印度,中央邦,马图拉,笈多王朝,五世纪
砂岩,高33⅜英寸(85.5厘米)
购买,伊妮德·A·豪普特捐赠,1979年(1979.6)

这尊佛像体现了光芒四射的内在"静"与"定",二者都是智慧圆满的结果。佛像曾举起右手(现已遗失)结施无畏印,这一典型手印能驱逐恐惧、布施无畏。他身披未经裁剪的简朴僧衣,身后罩身的光环和各种自然或超自然的殊胜之相都是圆满觉悟的象征,进一步传达出他的庄严佛性。这件作品集中表现了佛教传播时期佛造像风格的发展,因此成为全亚洲佛造像的基准。

宝座上的毗湿奴

印度,泰米尔纳德邦,潘地亚王朝,八世纪下半叶至九世纪早期
花岗岩,高9英尺9英寸(2.97米)
购买,查尔斯·安格哈特基金会捐赠,以纪念查尔斯·安格哈特,1984年(1984.296)

这尊巨型雕像在大都会博物馆的南亚馆藏中是最大的一件,也是展现潘地亚王朝艺术成就的罕见作品。潘地亚王朝和帕拉瓦王朝在印度南部掀起了第一波建筑寺庙的浪潮。此处毗湿奴坐在雄师宝座上,以放松的君王式单腿悬垂姿势而坐。他在印度教中的角色是重建人类世界的秩序,并与那些威胁宇宙稳定的邪魔做斗争。原本他的左上手持有法螺(用作战场号角),右上手持轮宝,右下手举起,结施无畏印。

左图
圣童森班达尔
印度，泰米尔纳德邦，朱罗王朝，十一世纪晚期
铜合金，高29⅜英寸（74.6厘米）
购买，莱拉·艾奇逊·华莱士和多丽丝·维纳捐赠，2010年
（2010.230）

在七世纪广受欢迎的圣童森班达尔是印度南部三位主要的圣人（"穆瓦尔"）之一。据传说记载，圣童森班达尔从女神乌玛处得到赠送的牛奶（由碗表示）之后，就投身于创作赞美歌以歌颂湿婆神。他抬起的一只手指向湿婆的仙居——位于喜马拉雅山脉的冈仁波齐峰。雕塑家捕捉了这位圣人孩童般的特征，但同时也刻画出他作为一位精神领袖的成熟和权威。这尊圣像原本用于寺庙庆祝神祇和圣人时的节日游行。

右图
耆那教白衣派祖师打坐像
印度，古吉拉特邦或拉贾斯坦邦，索兰基时代，十一世纪上半叶
大理石，高39英寸（99厘米）
购买，弗罗伦丝和赫伯特·欧文捐赠，1992年
（1992.131）

在耆那教徒每日奉行的宗教仪式中，最重要的是敬奉"耆那"像，其概念基础是盛行于全印度的理想瑜伽苦修者形象。这种古老的修行方法在《吠陀经》（最古老的印度教经典）中亦有记载，它认为如欲获得心灵的智慧就必须追求更高级的冥想形式并舍弃物质享受。耆那教中有二十四位已得解脱的灵魂被认为已经达到这种高度，他们被当作"祖师"崇拜。这位耆那教祖师坐在饰有珠宝的宝座垫上，可能是代表大雄，也就是历史上耆那教的创始人，他与生活在公元前五世纪的释迦牟尼佛几乎是同时代的人。

难近母女神杀死牛魔马希沙
尼泊尔,十四至十五世纪
镀铜合金,镶嵌半宝石,高8¼英寸(21厘米)
爱丽斯和那斯里·M·喜瑞玛内克捐赠,1986年
(1986.498)

这位十八只手的女神(梵文:提毗)难近母原本站在高台之上击败了牛魔马希沙,她一只脚踩住牛魔,同时用湿婆神的三叉戟让牛魔动弹不得。在这场善终于战胜恶的伟大胜利之前,马希沙已经在战斗中打败了所有男性神灵,这些神灵在绝望中邀请难近母来做他们的捍卫者,同时每人都献给她一件神器。杀死牛魔之后,难近母将宇宙从黑暗中释放。难近母是提毗力量的最高表现形式,被描绘为"攻无不克、战无不胜"。

喇嘛与大成就者随侍迦那塔帕像
中国西藏,类乌齐寺,约1350年
布面胶画,27 × 21½英寸(68.6 × 54.6厘米)
购买,亚洲艺术之友捐赠,1987年(1987.144)

这幅画像原是为达隆寺的分支、东藏的类乌齐寺而造,意在表现两间寺庙的宗教传承。画中并未直接指明中央人物的身份,但是,代表一位著名的印度大觉悟者(佛教密宗的上师之一)的名字"迦那塔帕"出现在与画相连的薄纱上,而且坐在中央人物头顶上的是阿瓦噶巴。据达隆寺正史记载,类乌齐寺的首任堪布是"无与伦比的大成就者迦那塔帕"之转世,其密宗上师就是孟加拉成就者阿瓦噶巴。

亚洲艺术 117

德瓦南达十四吉梦预言大雄出生：
《劫波经》一页

印度，北方邦，章普尔，约1465年
不透明水彩，纸本描金，4⅝ × 11½ 英寸
（11.8 × 29.2厘米）
购买，辛西娅·海森·保尔斯基捐赠，1992年
（1992.359）

这页佛经来自一本带插图的《劫波经》（又名《仪轨经》），此经书含有耆那教历代祖师的传记。这一页描绘了女婆罗门德瓦南达的十四个吉梦，她后来成为大雄的母亲。所有的梦境都在寝室画面上方的符号中表现出来。页面上使用的金箔和来自青金石的深蓝色颜料都说明作者曾受伊朗绘画的影响，后者在十四和十五世纪的德里苏丹国时期广泛传入。在大体上遵循西印度的古老风格的同时，这幅作品也大胆运用色彩和纹饰，这与新兴的北印度画派风格有关，这种风格在德里及其周围地区最为兴盛。横条的经书形式保留了印度最早的插图抄本的痕迹，那种抄本曾印在经过修边并处理过的棕榈叶上。

努尔普尔的德维达萨
印度，活跃于1680—1720年
**湿婆神和帕尔瓦蒂玩巢拔尔骰子棋：
《茹阿萨曼扎瑞》系列之一**
印度，喜玛偕尔邦，巴索利，1694—1695年
不透明水彩，纸本，墨及金银，6½ × 10⅞ 英寸
（16.5 × 27.6厘米）
J.C.伯内特医生捐赠，1957年（57.185.2）

这幅图属于十五世纪的梵文爱情诗《茹阿萨曼扎瑞》（意为"喜悦体验之本"）的一个插画本系列。诗歌作者婆奴达塔用此诗来表达"那亚卡"（男爱人）和"那伊卡"（女被爱者）的不同心境和情绪，并加以分类。其所受到的影响可以追溯到首部戏剧艺术论典——婆罗多的《戏剧学》。这个充满张力的场景因大胆的色彩运用和空间的不确定感而更加生动，其中帕尔瓦蒂正恳求她的丈夫湿婆，因湿婆刚在一轮巢拔尔骰子棋中骗去了她的项链。象征性的色彩和手势运用是这一时期巴索利画派的标志性特色。

塔拉
印度，活跃于1836—1868年
撒茹普辛格王公观宝马
1845—1846年
不透明水彩，墨，纸本描金，16¾ × 22¾ 英寸
（42.5 × 57.8厘米）
辛西娅·海森·保尔斯基和里昂·B·保尔斯基金，2001年（2001.344）

这幅图的作者是撒茹普辛格王公画室中最重要的一位画师——塔拉，图上描绘了这位梅卧尔王国的君主在大批侍臣的簇拥下观赏一匹宝马的场景。其中华丽的织物元素，如夏毯和遮蓬等，几乎将这一临时搭建的户外设施变成了一座宫殿。塔拉是位卓有成就的记录者，他记录了这位君王一生所经历的、发生在乌代普尔宫殿及其领地内乡村中的重大事件。图背面的题字记载了统治者、骏马及主要大臣的名字，表明这幅图记载的是一次具体事件，或许是这位君王的生日。

布艺画,描绘母牛节庆祝场面
印度,德干,十八世纪晚期至十九世纪早期
彩绘印刷金银箔,不透明水彩,靛青棉布,97⅝ × 103⅛ 英寸(248 × 262厘米)
购买,亚洲艺术之友捐赠,2003年(2003.177)

印度布艺画(布面上的大型画幅)往往悬挂在一座寺庙的主造像之后。在十七世纪,以信奉克利须那的湿瑞那斯吉(童王)化身为主的瓦拉拔恰亚教派在纳斯达瓦拉建起了教派造像,即拉贾斯坦邦境内靠近乌代普尔的地方。大约在此时,一小批信奉湿瑞那斯吉的富裕信徒搬迁至德干高原,这幅画可能就是在那里委托制作的。其靛青底和丰富的金银都是十八世纪晚期德干布艺画的典型特征。画面上不同寻常的图案表明,这是为深秋举行的母牛节而制,以庆祝克利须那从看管牛犊者晋升为牛郎。

斧形礼器

印度尼西亚，可能来自苏拉威西岛，青铜与铁器时代，
约公元前100—公元300年
青铜，高41¾英寸（105.1厘米）
购买，乔治·麦克法登捐赠和伊迪斯·佩里·查普曼
基金，1993年（1993.525）

这件引人注目的礼器是概念和工艺上的双重杰作。几乎可以肯定，它曾是一件悬挂起来供人叩击的打击乐器。带突缘的颈部条纹与鳄鱼皮表面突出的纹路相似，它们与菱形图案搭配，可能曾经用于固定悬挂乐器的绳子。器物背面饰有一张人形面孔以及螺旋带和锯齿纹样。此斧可与印度尼西亚国家博物馆所藏的"马卡萨斧"相比拟，后者是一个世纪以前在苏拉威西岛南部发现的。

亚洲艺术　121

诃里诃罗立像

柬埔寨或越南，前吴哥时期，七世纪晚期至八世纪早期
石雕，高35½英寸（90.2厘米）
购买，劳伦斯·S·洛克菲勒捐赠及匿名捐赠，1977年
（1977.241）

现有雕像证据充分显示，在七世纪至八世纪的东南亚大陆湄公河三角洲地区曾流行一种诃里诃罗崇拜；他是将毗湿奴（诃里）和湿婆（诃罗）合为一体的神祇。对于刚刚接受印度教文化的地方统治者而言，在同一种信仰崇拜中包括两位印度教的主要男性神祇，其优点显而易见。这件王室的崇拜圣像是前吴哥时期安德塔寺风格的典范，其表面曾非常光滑。雕像前额上竖着的第三只眼睛及扎起的发髻都是湿婆的标志，而不带装饰的圆锥形法冠（头巾）则是前吴哥时期毗湿奴的显著特点之一。

观音与金刚手菩萨随侍佛陀宝座像

印度尼西亚，爪哇岛，东爪哇时代早期，十世纪下半叶
青铜，11½ × 8⅝ × 5英寸（29.2 × 21.9 × 12.7厘米）
购买，罗杰斯基金和莫蒂默·D·萨克勒医生、特蕾莎·萨克勒及家人捐赠，2004年（2004.259）

这组雕塑由分别浇铸的七个部分构成，是已知现存的爪哇青铜雕像中制作最为复杂精美的一件。中间双手结说法印的人物或是释迦牟尼，即历史上的佛陀；或是毗卢遮那佛，即佛陀的法身。从主座中央钻出的狮子暗指佛陀的家族姓氏。坐在左边的是观音，金毛犼是其坐骑；右边是毗卢遮那佛，身下是他的坐骑摩伽罗（神话中鳄鱼和大象的混合生物）。人物的纤细身姿和棱角分明的容貌特征都表明这件三联雕塑是东爪哇时代早期的产物。

站立神像，可能是湿婆

柬埔寨，暹粒省，吴哥，吴哥时期，十一世纪
青铜镀金，镶银，51½英寸（130.8厘米）
来自沃尔特·H和利奥诺·安那伯格藏，1988年
（1988.355）

这是从吴哥时期流传至今的金属造像中最完整的一件。它属于一小批在柬埔寨高棉地区和泰国东北部发现的金属雕塑，这些雕塑以印度教中的神祇为主题，从前与皇室的崇拜有关。尽管没有显而易见的线索表明此人的身份，因为其手势并不符合标准的手印形象，也看不出重要特征，但这尊雕像可能是湿婆的拟人形态，是高棉艺术中一种不同寻常的表现形式。这尊雕像可能曾经用作两种目的，它主要是皇家神殿中的崇拜圣像，同时也是某位统治者先祖的形象。

伊斯兰艺术

穆罕默德于公元622年创建伊斯兰教。在随后的世世代代中，伊斯兰教从阿拉伯的麦加向西传到了西班牙，向东传至印度和中亚。大都会博物馆收藏的伊斯兰艺术品主要来自七世纪至十九世纪，反映出伊斯兰文化的多元性和范围。博物馆在1891年通过爱德华·C·摩尔的遗赠接受了第一批主要的伊斯兰藏品。自那时起，伊斯兰馆藏因各种捐赠、遗赠和添购而日益丰富，还因赞助了1935—1939年和1947年在伊朗尼沙布尔的考古发掘而获得一批重要文物。大都会博物馆如今在新开放的阿拉伯大地、土耳其、伊朗、中亚及南亚晚期艺术等永久展馆中提供的伊斯兰艺术展可能是全世界最全面的。展览非常重视展品的不同地域背景，以此强调伊斯兰教并没有产生一种完全统一的艺术表现形式，而是通过数个世纪的演变和文化影响将一片广袤的地区连接了起来。本馆收藏中尤其引人注目的文物包括来自整个古代伊斯兰世界的陶器和纺织品，以及出自埃及、叙利亚、美索不达米亚、波斯等地的玻璃制品和金器；波斯和印度莫卧儿王朝的宫廷细密画；还有十六世纪和十七世纪的古典地毯。一间十八世纪早期的叙利亚房间和一座由非斯工匠建造的十五世纪风格的摩洛哥庭院，都进一步为陈列室和学习区增添了风采。

猫形柄执壶

伊朗，七世纪
青铜；浇铸，錾刻，嵌铜。高19⅛英寸（48.5厘米），
直径8¼英寸（21.1厘米）
弗莱彻基金，1947年（47.100.90）

这只执壶以实例说明源自伊朗的早期伊斯兰艺术如何受到了更早期文化的影响。这件作品的形态让人想起帕提亚王朝（公元前247—公元224年）和萨珊王朝（公元224—651年）的金器作品。壶缘上的鸭头纹和覆盖壶身的抽象植物纹样都是纯粹的萨珊式图案。整体的构造和外形展示了早期伊斯兰文化从侧重描绘人物逐渐过渡到青睐有节奏感的重复花纹。执壶的手柄形似一只拉长的猫科动物，它窥视着壶缘的鸭子，仿佛随时准备突袭。

《穆萨夫·哈迪那》对开页面

可能来自突尼斯凯鲁万,约回历410年/公元1019—1020年
墨水,不透明水彩,贴金羊皮纸,17½ × 23⅜英寸
(44.5 × 60厘米)
购买,詹姆士和黛安·伯克捐赠,以纪念玛丽莲·詹金斯-麦地那,2007年(2007.191)

《穆萨夫·哈迪那》(亦称《保姆古兰经》)是日里德统治者阿布马纳德·巴迪斯·伊本·曼苏尔(公元996—1016年在位)的保姆请人制作并捐给凯鲁万大清真寺的。这部经书以一种北非独有的库法体写就,其不同寻常之处不仅在于书法,更在于上面有两处题字以文献证据证明这件作品是中世纪皇室家庭中的一位女仆请人制作的。与日里德宫廷有关系的女性赞助者,不管是公主还是为皇室服务的仆人,都并不罕见。她们请人制作《古兰经》以显示自己的财富和虔诚。原稿系抄写在动物皮纸上,当埃及、伊拉克和伊朗等地都早已普及纸质《古兰经》时,羊皮纸依然在这一地区流行。

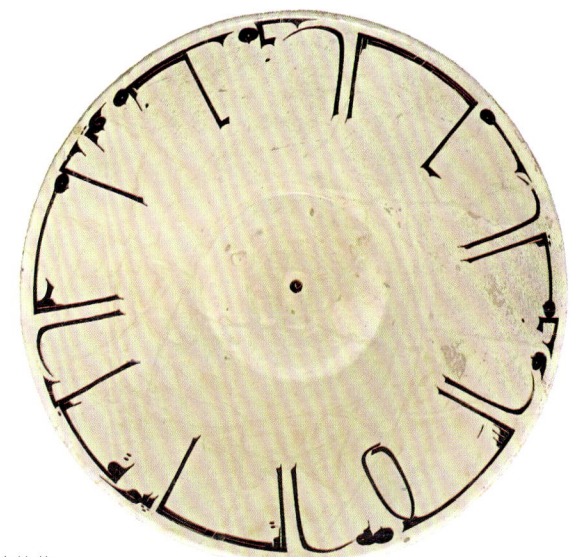

带阿拉伯铭文的碗
伊朗，尼沙布尔，十世纪
陶器；透明釉下黑白陶衣装饰，高7英寸
（17.8厘米），直径18英寸（45.7厘米）
罗杰斯基金，1965年（65.106.2）

在整个伊斯兰艺术史上，铭文在器物和建筑物的装饰中都占有举足轻重的地位。然而，在这种产自伊斯兰世界东部的陶碗上，铭文的使用传达出一种无可比拟的纯洁和力量，它们既是书法作品，又为器物增色不少。这只大得出奇的陶碗是这类器物中制作精良的典范，其上的铭文以优美的库法体写着：**未雨绸缪则无悔；兴旺和平。**

饰板
西班牙，可能来自科尔多瓦，十世纪至十一世纪早期
牙雕，镶嵌带颜料痕迹的石头，4¼ × 8英寸
（10.8 × 20.3厘米）
约翰·斯图尔特·肯尼迪基金，1913年（13.141）

这件饰板由一整块象牙雕制而成，曾装饰一只长方形盒子的一面。它是倭马亚哈里发统治时期（711—1031年）在西班牙制作的一批十世纪和十一世纪的象牙作品之一。这批作品主要是为皇室家族而造，有的在首都科尔多瓦制成，有的在皇城马丁纳特·扎赫拉制成。由于倭马亚家族的叙利亚背景，这些象牙作品上的许多图案都可追溯到叙利亚也就不足为奇了。这块饰板上的叶状阿拉伯式花纹是古典时代晚期流行的藤蔓与爵床叶饰卷轴的风格化表现。

饰有对鸟纹的新月形吊坠
埃及，十一世纪
金质，珐琅彩釉，绿松石；金银丝细工，
1¾ × 1⅜ 英寸（4.5 × 3.5厘米）
西奥多·M·戴维斯收藏，西奥多·M·
戴维斯遗赠，1915年（30.95.37）

法蒂玛王朝时期（909—1171年）开罗出产的艺术品的一大特征就是人和动物图案的显著增多，工艺水平也十分精湛。这枚在金网上做出精致金银丝细工的吊坠就是金器制作的优良典范。法蒂玛人从拜占庭艺术中借鉴了新月形的装饰品及珐琅彩釉工艺，并将珐琅彩釉用于装饰吊坠中央的两只鸟。金匠可能购买了现成的嵌入装饰，然后用黏合剂将它们固定在金器的托底上。

翼马纹虹彩陶碗
伊朗，十二世纪晚期
伊斯兰陶土，不透明单色釉上着光泽彩，高3¼英寸（8.3厘米），直径8英寸（20.3厘米）
罗杰斯基金，1916年（16.87）

在十二世纪，从埃及或叙利亚移居伊朗的陶工把虹彩陶引入了伊朗。因此，伊朗早期的虹彩陶与法蒂玛王朝时期埃及出产的虹彩陶器有许多共同特征。这只陶碗上极为出色的图案就是一例，其上有一只白色的大型翼马置身反差极大的虹彩背景中，陶碗边缘饰有花彩。从前人们认为这只陶碗来自拉伊（靠近德黑兰），但现在的看法是南部的卡尚是当时唯一的虹彩陶出产中心。

加法尔·伊本·穆罕默德·伊本·阿里,
活跃于十二世纪晚期
埃米尔·赛义夫·顿雅·瓦尔丁·穆罕默德·马沃尔迪的香炉
伊朗,标注日期为回历577年/公元1181—1182年
青铜;浇铸,镌刻,錾刻,镂空,33⅓ × 32⅓ × 9英寸
(85.1 × 82.6 × 22.9厘米)
罗杰斯基金,1951年(51.56)

兽形香炉在塞尔柱王朝(约1040—1157年)十分流行。这只狮形香炉的出色之处在于其庞大的体量、镌刻装饰之精细,以及刻在炉身上的阿拉伯文书法所提供的巨大信息量。这些信息包括资助人和艺术家的名字以及作品的制作日期。狮子的头部可以打开,从这里可以把煤和香放入香炉中;狮身和脖颈处有镂空图案,供芳香的烟雾扩散出来。这只香炉的巨大体型说明它是为宫殿而造的。

伊斯兰艺术 129

饰有哈比和狮身人面像的镂空罐
伊朗,可能来自卡尚,标注日期为回历612年/公元1215—1216年
伊斯兰陶土;透雕细工,绿松石釉下彩,高8¼英寸(20.8厘米),直径6⅝英寸(16.8厘米)
弗莱彻基金,1932年(32.52.1)

这件精细雕刻的陶器杰作有雕刻和镂空的外壳罩在结实的内胆上,堪与金属器物媲美。陶器表面的透雕细工包括哈比(神话中的鸟身女妖)、狮身人面像、四足兽和涡卷形饰,它们最初是以黑色点缀在钴蓝色上画成的。一层透明的绿松石釉覆盖整只水罐。罐口的波斯韵文是诗人鲁肯丁·库米的作品,靠近罐底的一首无名爱情诗中注明了水罐的制作日期。

埃米尔·阿伊达金·阿拉伊·本都可达尔陵墓的清真寺油灯
埃及,可能来自开罗,1285年之后不久
淡褐色玻璃;吹制,褶皱圈足,设手柄;瓷釉镀金,高10⅜英寸(26.4厘米),直径8¼英寸(21厘米)
J·皮尔蓬·摩根捐赠,1917年(17.190.985)

马穆鲁克王朝的埃米尔采用与他们在宫廷中的礼仪角色相关的徽章,并以这些徽章装饰他们订制的器物和建筑。此处红色圆形盾牌上的两副金色弓弩表明这盏灯的赞助人在马穆鲁克宫中身居"本都可达尔"(弓弩守护者)的高位。据灯上的铭文记载,此灯是为阿伊达金·阿拉伊的陵墓而作,他于1285年死于开罗。

对兽纹地毯

土耳其,十四世纪
羊毛(经纱、纬纱、绒面);对称结绒,65 × 54½ 英寸
(165.1 × 138.4厘米)
购买,哈里斯·布里斯班·迪克基金,约瑟夫·普利策遗赠,
路易斯·V·贝尔基金,以及弗莱彻、法伊弗、罗杰斯基金,
1990年(1990.61)

这件有高度几何化图案的羊毛地毯代表了一种曾流行于欧洲的早期编织传统,在欧洲十四和十五世纪的教堂及同一时期的绘画里都可以见到类似的地毯。事实上,一幅十五世纪早期的锡耶纳绘画中曾描绘有相同图案的地毯,我们因此可以得知这件作品的制作时期。从如此早的时期流传至今的完整地毯全世界仅有三件,这是其中之一。其大型对面兽中又有小型动物的纹样可能借鉴了同一时期的纺织艺术品。后来十六世纪的土耳其地毯结合了花卉和植物图案,以及独特的风格化星形和团花纹样。

象钟：《精巧机械装置的知识》中的一页
叙利亚，标注日期为回历715年/公元1315年
纸本着墨，不透明水彩，描金，11⅞ × 7¾英寸
（30 × 19.7厘米）
柯拉·铁姆肯·伯内特遗赠，1956年（57.51.23）

这是伊斯梅尔·加扎里写于1315年的机械发明专著中的一页。他的象钟尤其精妙：每隔半小时，圆顶上的小鸟就会鸣叫，下面的人把球抛到龙嘴里，驾象的人则用刺棒赶象。这件自动装置让人想到中世纪欧洲市政厅上精心制作的时钟，时钟上可移动的人物按时出来表演，让时光流逝也成为一件趣事。这是叙利亚保存至今的罕见对开本，那里现存的这一时期的手抄本寥寥无几。

对页
壁龛
伊朗，伊斯法罕，回历755年/公元1354—1355年
伊斯兰陶土胚多彩釉面切割瓷砖马赛克，
以灰浆固定，高11英尺3英寸（3.43米），宽9英尺5⅛英寸（2.89米）
哈里斯·布里斯班·迪克基金，1939年（39.20）

一座清真寺里最重要的部分就是"米哈拉布"，即指明麦加方向的壁龛。麦加是阿拉伯的伊斯兰教朝觐圣地，也是穆斯林做礼拜时朝向的地方。这件壁龛来自伊斯法罕的伊玛米伊斯兰学校，由镶嵌的小釉面砖拼接起来形成各种纹样和铭文。《古兰经》经文从外框的右下角一直延伸到左下角；第二段铭文是先知穆罕默德的箴言，以库法体书写在壁龛拱门的尖顶边上；第三段铭文以草书书就，设在壁龛中心的框里。这些特色共同组成现存最早、最精美的镶嵌瓷砖艺术品的典范。

伊斯兰艺术　133

双扇敏拜尔门

埃及，开罗，约1325—1330年
红木，桑木；雕刻，镶嵌牙雕、乌木及其他木料，
77¼ × 35 × 1¾ 英寸（196.2 × 88.9 × 4.4厘米）
爱德华·C·摩尔收藏，爱德华·C·摩尔遗赠，
1891年（91.1.2064）

"敏拜尔"即讲经台，它包括一个底部带门、可通过台阶抵达的讲台。这对门可能来自开罗埃米尔赛义夫丁·卡瓦位的清真寺里的敏拜尔。开罗清真寺里的陈设常饰有复杂精美的多边形，尤以马穆鲁克时期（1250—1517年）为甚。这对门上展现出各式纹样，其中大多数都可以在石刻、大理石马赛克和灰泥窗格等其他艺术材料上见到。制作这些带纹样的物件所需的精确切割工艺非同凡响，因为每一小块都会影响到整体效果。

约拿与鲸鱼：《史集》中的一页

伊朗，约1400年
纸本着墨，不透明水彩，描金银，
13¼ × 19½ 英寸（33.7 × 49.5厘米）
购买，约瑟夫·普利策遗赠，
1933年（33.113）

《古兰经》里提到的约拿和鲸鱼的故事在伊斯兰世界非常流行，常以插图的形式绘入世界史手稿里，比如这一本——其书名翻译过来就是《史集》。但是这幅插图却没有文字搭配，它可能是供人在背诵经文时举起，也可能作为单独展示之用。其庞大的画面、直接的呈现手法和浓墨重彩都受到壁画的影响。此图中，鲸鱼把约拿吐到岸上，一棵弯曲的葫芦藤在他头上伸展并遮住他的头，葫芦藤也出现在西方中世纪对同一主题的描绘中。

对龙纹剑格

中亚，十四至十五世纪早期
软玉（玉）；雕刻，2 × 4 × 1⅛ 英寸
（5.1 × 10.2 × 3厘米）
希伯·R·毕晓普捐赠，1902年（02.18.765）

帖木儿时期（约1370—1507年）的一些玉器有龙头装饰的末端或手柄。不过这件玉器却借鉴了帖木儿金器的原型。这件十字护手采用了帖木儿人钟爱的深绿色，突出这只神兽风格化的凶猛。帖木儿人对玉的偏爱很可能源于他们相信玉能起到保护作用，他们对龙的看法也是如此。鉴于玉以硬度出名，雕刻起来尤为不易，因此能在这件玉器上刻出如此丰富的细节显明了高超的手工艺。由于剑刃已失传，我们无法得知这柄剑是否曾频繁用于沙场，但我们可以想见它是一柄曾被用过的剑，因为帖木儿时期最具标志性的活动就是不断发生的地区冲突。

上图
"西蒙乃提"地毯
埃及,可能来自开罗,约1500年
羊毛(经纱、纬纱、绒面);不对称结绒,
29英尺5英寸 × 7英尺10英寸
(8.97 × 2.39米)
弗莱彻基金,1970年(1970.105)

这件"西蒙乃提"地毯以前任主人命名,其宏伟的编织工艺是所有马穆鲁克地毯中最为出名的。在同类地板覆盖物中,这是较大的一件,其上有五朵团花纹样而不是传统的一朵或三朵,整件作品的色调也略为明亮、色彩更加丰富。这样的地毯可能是在马穆鲁克王朝时期的埃及制作的,尽管其编织相对粗糙,色调范围也不广,但作品外观却出奇地华美,整体上传达出明亮的马赛克效果。

对页
据传作者为
苏丹·穆罕默德
伊朗,活跃于十六世纪上半叶
塔姆拉斯打败迪弗:《列王纪》中的一页,伊朗,约1525年
不透明水彩,纸本着墨,描金银,
11⅛ × 7⅜ 英寸(28.3 × 18.6厘米)
阿瑟·A·霍顿二世捐赠,1970年(1970.301.3)

此图中,英雄统治者塔姆拉斯骑马奔驰在草地上,他刚击败了"迪弗"(恶魔)。为了保命,几只迪弗向他传授书写的艺术。这页《沙纳玛》(即《列王纪》)的作者据说是本书第一代艺术家中的一位——苏丹·穆罕默德。这本插图叙事书记载了伊朗古代帝王神话般的起源直至651年被阿拉伯征服的故事。迪弗惨白的脸色和手势传达出的幽默感以及对他们布满斑点的皮肤的艺术处理,都是苏丹·穆罕默德的典型风格。风筝形的云朵等细节和极端的前缩透视法都揭示了艺术家的土库曼背景。隐藏在岩石中的动物形状使我们联想到灵性世界,这也是这位艺术家的另一绘画特征。

一段织物

土耳其，可能来自伊斯坦布尔，约1565—1580年
丝绸，金线；彩花细锦缎，48 × 26½ 英寸
(121.9 × 67.3厘米)
购买，约瑟夫·普利策遗赠，1952年 (52.20.21)

绣有大型纹样的华丽丝绸是十六世纪伊斯坦布尔的宫廷上层阶级在制作豪华衣物时青睐的材料，这种材料也常用来制作奥斯曼帝国苏丹那色彩大胆、鲜艳的束腰长袍。在此例中，纵向的植物纹样从风格上可与同时期建筑物上的墙面瓷砖相媲美。这种织法在土耳其语中称为"肯哈"，是在彩花细锦缎上用金线编织而成。奥斯曼帝国的肯哈通常以绸缎为底，其上织以斜纹，并用金箔使其突出。由于捕捉到光线，这些闪闪发光的图案看似浮在闪烁的背景之上。

萨瓦的哈比巴拉
伊朗,活跃于1590—1610年
**鸟的集合:法里德丁·阿塔尔
的《曼提克·塔尔》中的一页,**
伊朗,伊斯法罕,约1600年
纸本着墨,不透明水彩,描金银,
13 × 8¼ 英寸(33 × 20.8厘米)
弗莱彻基金,1963年(63.210.11)

这页插图描绘了神话诗歌《曼提克·塔尔》(即《鸟语》)中的一个场景,诗歌作者是十二世纪的伊朗人法里德丁·阿塔尔。这些鸟象征着寻找"斯摩夫"(传说中代表终极灵性合一的鸟)的各个灵魂,它们聚集在田园诗般的景致中,准备在戴胜鸟(栖息在画面中间偏右的一块岩石上)的带领下开始朝圣之旅。细致和谐的构图与这本手稿中十五世纪晚期的帖木儿细密画有一致的风格,但此图中有三个要素表明这幅插图的年代应该更晚:一是猎人的出现,故事中并没有他的角色;二是猎人的火器在十六世纪中期之后才流行于伊朗;三是十六世纪晚期至十七世纪早期的艺术家哈比巴拉的签名。

苏莱曼大帝的图格拉
土耳其,伊斯坦布尔,约1555—1560年
纸本着墨,不透明水彩,描金,20½ × 25⅜ 英寸
(52.1 × 64.5厘米)
罗杰斯基金,1938年(38.149.1)

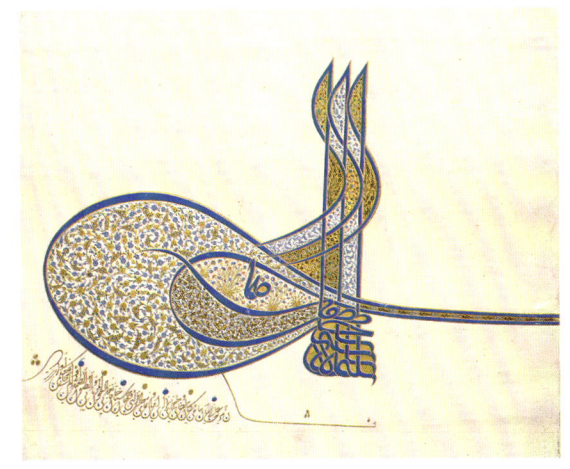

"图格拉"(花押)在奥斯曼宫廷中被提升为一种高级艺术形式,这个图格拉是苏莱曼大帝(于1520—1566年在位)的印章。每件诏书上都能看到这种风格化的签名,它是一种复杂的书法组合,其中包括这位苏丹的名字和头衔、他父亲的名字及"永远得胜"的字样。花押中大胆流畅的线条与装饰印章的精致藤蔓涡卷纹画饰形成鲜明对比。这个花押加在一份又窄又长的卷轴文件的页首,这份文件的首行文字仍保留描金。

带状花云纹样瓷砖

土耳其，伊兹尼克，约1578年
伊斯兰陶土；透明釉下彩，9¾ × 9⅞ × ¾ 英寸
（24.9 × 25.1 × 1.7厘米）
威廉·B·奥斯古德·菲尔德捐赠，1902年（02.5.91）

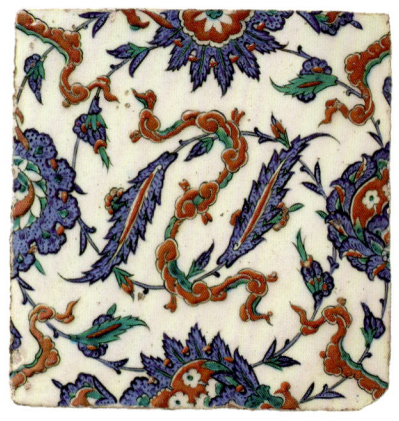

1574年之后，修复伊斯坦布尔的托普卡匹皇宫使用了大量瓷砖。这些瓷砖由伊斯坦布尔的宫廷作坊设计，在著名的伊兹尼克的火窑里烧制。这块瓷砖与同类的其他瓷砖拼接在一起时，就会形成四花棕叶饰纹样，有红色的带状云点缀其间。许多这样的瓷砖依然留在原址，它们装饰奥斯曼帝国的宫墙已超过四百年。

曼诺哈尔

印度，活跃于1582—1624年

巴赫拉姆·古尔与蓝亭公主：阿米尔·库斯拉乌·迪赫拉维所作《卡玛萨》中的一页

印度，1597—1598年
纸本着墨，不透明水彩，描金，9¾ × 6¼ 英寸
（24.8 × 15.9厘米）
亚历山大·史密斯·科克伦捐赠，1913年（13.228.33）

波斯诗人尼扎米写下他的《卡玛萨》（即《五卷诗》）之后约一个世纪，印度诗人阿米尔·库斯拉乌·迪赫拉维也写成一部《卡玛萨》作为回应，其中故事略有差别。此页来自迪赫拉维为莫卧儿帝国的阿克巴大帝（于1556—1605年在位）所作韵文的插图版，其中穆罕默德·侯赛因·扎林·卡拉姆的精密书法以及融合了萨非王朝时期的伊朗和欧化风格影响的金边装饰、画饰、精细绘画等，都体现出这份手抄本的豪华品质。这页由曼诺哈尔绘制的插图描绘了一位公主讲给巴赫拉姆·古尔国王听的故事，故事主角是一位青年和他想象中的仙后，他们每晚在草木繁盛的花园中相见。

帐篷衬里

印度，约1635年

丝绸，金箔；割绒，彩绘，8英尺9¾英寸 × 18英尺5¼英寸（2.69 × 5.62米）

购买，海伦·W·D·米勒汉遗赠（交换），温迪·芬德利捐赠，以及多位捐赠者赠款，1981年（1981.321）

莫卧儿帝国的皇帝为国事或游乐而出行时会搭建壮观的临时营地，其中的帐篷有美丽的织物作衬底。这件来自一个帐篷营地的长形织物见证了这种帐篷城里绚烂的氛围。描金花叶纹样填满了狭窄的边框，主要的大边框里有罂粟植物与袖珍树或风格化树叶的交替纹样。天鹅绒底因闪烁的金箔而得以强化，其工艺是先用一种黏着剂覆盖部分纹样，然后将金箔置于其上，再把金箔揉进绒面里。沙贾汗在位期间（1628—1658年），也就是这块织物所属的时代，这种"花式风格"受到从建筑到织物的所有艺术形式的青睐。

伊斯兰艺术　141

果阿石与金盒

印度,果阿,十七世纪晚期至十八世纪早期
容器:金质;镂空、凸纹饰、铸脚和尖顶饰;果阿石:有机和无机材料混合物。高 2⅝ 英寸(6.7厘米),直径 5⅝ 英寸(14.4厘米)
罗杰斯基金,2004年(2004.244a–d)

"果阿石"是生活在果阿邦的耶稣会神父制作的,果阿邦是印度西海岸的一个小省。果阿石即人造的胃石(在鹿、绵羊和羚羊的胃中找到的胆石与毛发的混合物),人们相信把刮下的胃石与茶或水同服会有医治效果。搭配果阿石的往往有华丽的金银容器,它们一同出口至欧洲。装盛这只果阿石的金容器由两个半圆组成,每一半上覆盖着一层镂空、錾刻、雕凿的植物金纹透雕细工。外表的纹样上还覆盖着各种兽纹,包括独角兽和狮鹫。

对页

大马士革房间

叙利亚,大马士革,注明日期为回历1119年/公元1707年
木头、大理石、灰泥、玻璃、珍珠母、瓷砖、石头、铁、黄铜、釉彩和油漆、黄金,22英尺½英寸 × 16英尺8英寸 × 26英尺2英寸(6.71 × 5.1 × 8米)
哈戈普·凯沃尔基安基金捐赠,1970年(1970.170)

这间大马士革房间来自奥斯曼帝国时代(1516—1918年)叙利亚一个上层阶级的住宅中。跟伊斯兰世界的风俗相符,这样的房间是留给一家之主和他的客人的。前厅处有一座喷泉,置于色彩绚丽的大理石地板上。装饰奢华的木饰板包括百叶窗和橱柜门,其上有凸纹、诗意的阿拉伯文题字及建筑花纹。开放式壁龛用于放置书籍和其他物品。设在高处灰泥墙上的彩绘玻璃窗能让带着色彩的光线进入房间,下面的格子窗户则能让新鲜空气进入。

伊斯兰艺术 143

非洲、大洋洲及美洲艺术

非洲、大洋洲及美洲艺术展览部的近一万两千件藏品来自广泛多样的文化传统，跨越四十个国家、四大洲和数千个岛屿。

大都会博物馆在1882年首次获得来自这些地区的艺术品，并在二十世纪极大地扩展了馆藏范围，其中尤为重要的是从尼尔森·A·洛克菲勒收藏中获得的捐赠和遗赠。馆内展出的艺术品包括人像雕塑和面具、金银装饰品、器皿、纺织品以及纪念性的木雕和石雕。将这些迥然不同的艺术传统联系起来的是一些宏大的主题，其中包括很多作品在宗教中扮演的角色，比如祖先崇拜、神祇崇拜和其他超自然崇拜等，以及作为权威的象征，比如为社会、政治和宗教精英所做的器物。镇馆之作包括尼日利亚贝宁宫殿中艺术家的创作，来自西非和中非的主要雕塑流派，埃塞俄比亚东正教会中的宗教用品，来自新几内亚、美拉尼西亚群岛、波利尼西亚和马来群岛的神灵像和祖先像，来自前哥伦布时期墨西哥和中南美洲的金器、陶器和石器，以及北美原住民的艺术品。

太后胸饰面具

尼日利亚,贝宁王国,埃多人,十六世纪
象牙,铁,铜(?),9 3/8 × 5 × 3 1/4 英寸
(23.8 × 12.7 × 8.3 厘米)
迈克尔·C·洛克菲勒纪念收藏,尼尔森·A·洛克菲勒捐赠,
1972年(1978.412.323)

这件非洲艺术的代表之作曾是贝宁国王在仪式场合佩带的胸饰。它所刻画的人物是伊迪娅,就是"欧巴"(国王)伊塞吉的"伊尤巴"(太后)和顾问。伊塞吉是十六世纪贝宁王国的一位伟大领袖,他以一系列制作精良的肖像来纪念母亲。此雕像饱满的五官周围有一圈以精致的透雕细工刻画的领圈和头饰,其中可见象征权力的微型饰物,包括为贝宁王国带来巨大财富的葡萄牙商人以及泥鱼,后者可同时生存在两种截然不同的环境里,暗喻贝宁统治者半人半神的身份。

下图
夫妻坐像
马里,多贡人,十八世纪至十九世纪早期
木头,金属,高28¾英寸(73厘米)
莱斯特·伟门捐赠,1977年(1977.394.15)

这件作品可观的体量和复杂的形式使学者认为,它或许是在某个多贡大家族中显赫家庭成员的葬礼上用于展示的。其构图形式雄辩地说明了人类的二元性及男女既迥异又互补的伙伴关系。两位人物拉长的身体以一系列平行的垂直线和穿插其中将他们彼此连接的水平线来表达。艺术家用朴素的优雅和简约的细节刻画将男女之间的关系提炼表达为一种完全融洽的结合。

上图
夫妻
马达加斯加,梅纳贝地区,萨卡拉瓦人,十七至十八世纪晚期
木头,颜料,高39英寸(99.1厘米)
购买,莱拉·艾奇逊·华莱士、丹尼尔和玛丽安·马尔科姆、詹姆士·J·罗斯捐赠,2001年(2001.408)

这件夫妻雕像原是一块独立式室外纪念碑的尖顶装饰。在这一同时受到非洲和印度洋美学传统影响的地区中,它代表了最高的艺术成就。男性和女性之间那种根本的互补关系在这里表现得淋漓尽致,这是马达加斯加人精神生活中的重要主题。这件作品安静的力量和富有诗意的平衡对称使它成为影响了西方艺术的少数东南非雕像之一。在二十世纪初,巴黎就已知晓这件作品,英国雕塑家雅各布·爱泼斯坦爵士大约在1922—1923年将其纳入自己的收藏。

精饰福音书

第8r页,三博士来朝
埃塞俄比亚,阿姆哈拉州,十四世纪晚期至十五世纪早期
木头,牛皮纸,颜料,16½ × 11¼ × 4英寸
(41.9 × 28.6 × 10.2厘米)
罗杰斯基金,1998年(1998.66)

这部装饰精美的福音书制作于埃塞俄比亚塔纳湖地区的一个修道中心,它是这个基督教世界的前哨在十六世纪以前制作的灵修物品中流传至今的罕见范例。这部福音书的文字和图案都借鉴了拜占庭和科普特的原型,这些先例在六世纪先被翻译成古埃塞俄比亚语和一种当地的象形方言。精美的福音书是一个教会中心最神圣的财富,它们是王室赞助者赠送的礼物。此例中的插图描绘了"三博士来朝"的故事,这种风格化的绘画方式结合了大胆的人物形象以及对丰富的抽象图案的强调,后人可从这一特征确定那一时期的织物特点以及故事的年代背景。

全套遗骨匣中的雕刻件
加蓬,芳人,贝兹族,十九世纪至二十世纪初
木头,金属,棕榈油,18¼ × 9¾ × 6⅝英寸
(46.5 × 24.8 × 16.8厘米)
迈克尔·C·洛克菲勒纪念收藏,尼尔森·A·洛克菲勒遗赠,
1979年(1979.206.229)

这是已知由赤道非洲的芳人大师在十九世纪制作的独立式头像中最为不朽的一件作品。它与当时的祭祀传统有关:在内盛珍贵遗骸的便携式家族祭坛顶端往往装饰有开宗始祖的人像。在二十世纪早期,脱离其原始背景后,这件雕像成为了西方艺术家的灵感源泉。智利诗人维森特·维多夫罗于1918年抵达巴黎后不久即获得这件作品,他可能正是受其影响而写下了献给毕加索的诗——《赤道》。

布立大师
可能是贡果·雅·青徒
汉巴,刚果民主共和国,约1810—1870年
女像柱权座,十九世纪
木头,金属饰钉,高24英寸(61厘米)
购买,巴克艾信托和查尔斯·B·本纳森捐赠,罗杰斯基金和多位捐赠者的资助款,1979年(1979.290)

卢巴酋长最重要的财产中包括精心雕刻的权座,权座下有女像柱做支撑。女像柱在确定酋长统治权的授职仪式上是必不可少的物品。卢巴人通过女性血缘追溯家承和遗产,因此,王座上的女像柱代表着为酋长提供象征性支持的女性先祖。这件仪式权座被认为是"布立大师"的作品,他是欧洲殖民者到来之前活跃在这一地区的最著名的非洲艺术家之一。人物拉长的五官、突出的颧骨和情绪张力都彰显了这件木雕作品十分具有表现力的风格。

曼嘎卡能量像

刚果民主共和国，希卢安果河地区，刚果人，十九世纪中晚期

木头，颜料，金属，树脂，陶瓷，高46½英寸（118厘米）

购买，莱拉·艾奇逊·华莱士、丹尼尔和玛丽安·马尔科姆医生、罗拉·G和詹姆士·J·罗斯、杰佛瑞·B·索热夫、罗伯特·T·华尔家族、西德尼·G·克莱曼医生及夫人、史蒂文·科萨克捐赠，2008年（2008.30）

中非的"能量钉像"在非洲艺术中是一种比较普遍的艺术种类。这些能量像是刚果雕刻家和仪式专家的共同创造，用于容纳某种神秘力量。它们记录许下的誓言和签订的条约，并且象征消灭邪恶。这件钉像代表卓尔不群的法律力量"曼嘎卡"，据信来自十九世纪末活跃在刚果海岸沿线和安哥拉的一位大师的作坊。嵌入木雕宽阔身躯中的各种金属见证了这尊人像在部落中重大事件上扮演的证人和守护者的中心角色。

男人像

法属波利尼西亚,甘比尔群岛,芒加勒瓦岛,十八世纪至十九世纪早期

木头,高38¾英寸(98.4厘米)

迈克尔·C·洛克菲勒纪念收藏,尼尔森·A·洛克菲勒遗赠,1979年(1979.206.1466)

住在大溪地东南甘比尔群岛中芒加勒瓦岛上的居民曾崇拜各种超自然生灵,包括主要的神灵、祖先和其他实体。有些神灵被刻画为"提基"(人像),这一词语源自波利尼西亚。岛上居民在1835—1836年转信基督教后,摧毁了几乎所有的芒加勒瓦木雕,只有大约十余件作品存留至今。这件提基像的身份未明,但是它与历史上确认为"罗果"的雕像相似,后者是带来雨水灌溉作物的农神,他的出现伴随着彩虹和薄雾。

面具

澳大利亚,托雷斯海峡,可能来自马布亚格岛,
十九世纪中晚期
龟壳,木头,鹤鸵羽毛,纤维,树脂,贝壳,颜料,
高 21½ 英寸(54.6厘米)
迈克尔·C·洛克菲勒纪念收藏;购买,尼尔森·A·洛克菲勒捐赠,1967年(1978.412.1510)

龟壳面具是位于澳大利亚和新几内亚之间的托雷斯海峡群岛上独有的艺术品,其制作方式是把单个龟壳片加热后弯曲至需要的形状,然后刺穿边缘,再用纤维连接起来,制成立体形态。这只面具可能来自马布亚格岛,应该曾用于葬礼和"增加仪礼"(为确保粮食和渔猎丰收而进行的仪式)。在这些仪式上,男人戴上这种叫作"布克"、"克拉尔"或"卡拉"的面具,穿着发出沙沙声的草制舞服,演出原始文化英雄的故事。这只面具可能就是描绘这样一位文化英雄,面具顶上有一只军舰鸟,可能是这位英雄的个人图腾。

先祖夫妇像

印度尼西亚，努沙登加拉群岛，弗洛勒斯岛，
纳吉人，十九世纪晚期至二十世纪早期
木头，高11¾英寸（29.8厘米）
弗雷德和丽塔·瑞奇曼捐赠，2006年（2006.510）

这件引人注目的先祖夫妇木雕的制作者是印度尼西亚弗洛勒斯岛上的纳吉人，这对夫妇可能代表了开创某个村落宗族的先祖。表现祖先灵魂和其他超自然生灵的人像（"阿那德欧"）通常与祖先祠堂相关，这件作品可能曾是一件独立的雕塑，但这对夫妻也可能曾是祠堂里一尊仪式马匹像上的骑手，他们后来被人从那里移走，当作圣物保存下来。不论最早的背景是什么，这对人像中的男人温柔地拥抱他的伴侣，传达出一种无声的尊严，使这件作品极具吸引力。

头骨钩

巴布亚新几内亚，巴布亚湾地区，欧玛提河，拜伊阿村，
科勒瓦人，十九世纪至二十世纪初
木头，颜料，高55⅞英寸（141.9厘米）
迈克尔·C·洛克菲勒纪念收藏，尼尔森·A·洛克菲勒捐赠，1969年（1978.412.796）

新几内亚东南的科勒瓦人曾经有割取敌人首级的习俗，他们最重要的圣物就是"阿吉巴"（头骨钩），即一块用来展示人头骨的扁平透雕木，头骨就挂在底部的凸起上。据说每块"阿吉巴"都代表一位曾在梦中向雕刻工人现身的神灵。科勒瓦人曾居住在大型公共房屋中，每个宗族或小宗族都有单独的隔间，其中有神龛，里面放有至少一件"阿吉巴"及其他圣物。"阿吉巴"管理宗族成员猎取到的越来越多的首级，它象征着这个宗族的活力和力量。

下图
盾牌
所罗门群岛，可能来自新乔治亚岛或瓜达尔卡纳尔岛（盾），可能来自圣伊萨贝尔岛（镶嵌），十九世纪早中期
纤维，姜饼木果糊，鹦鹉螺壳，颜料，高33¼英寸（84.5厘米）
迈克尔·C·洛克菲勒纪念收藏，尼尔森·A·洛克菲勒捐赠，1972年（1978.412.730）

所罗门群岛的镶嵌图案盾牌闪亮而神秘，大多是在普通编织盾牌表面覆盖一层姜饼木果糊，再于其上作画并嵌入珍珠母而成的。至今世界上仅存留了大约二十五件这样的盾牌。这些盾牌上总是描绘有一个中心人像，他可能是位武士或保护神，下面有一条横向的装饰带，常常饰有人面像，正如图中盾牌所示。这种盾牌非常脆弱，以前可能是用来标志社会地位和战场上英勇表现的仪式用品。

上图
毕斯柱
新几内亚，印度尼西亚　巴布亚（伊里安查亚）省，欧马德瑟普村，阿斯马特人，1950年代晚期
木头，颜料，纤维，高18英尺（5.5米）
迈克尔·C·洛克菲勒纪念收藏，尼尔森·A·洛克菲勒遗赠，1979年（1979.206.1611）

新几内亚西南的阿斯马特人有为刚去世的人举办筵席的习俗，一则为了纪念亡者，一则为了助其灵魂去到祖先的世界里；高耸的"毕斯"柱就是为这种筵席而造的。每根柱子都是用整根倒立的木材雕刻而成的，柱顶用一段树根来表现伸出的翅膀。柱身上的大型人物雕像代表筵席所纪念的亡者。柱子的底部有时会雕刻一艘把死者带去阴间的独木舟，正如图中所示。

下图
猫形瓶
秘鲁，瓦里，六至九世纪
陶器，高8英寸（20.3厘米）
购买，阿瑟·M·布洛瓦遗赠及罗杰斯基金，1996年
(1996.290)

在公元一千纪后半叶，以秘鲁阿亚库乔地区为中心的瓦里人主宰着安第斯山脉中南部。瓦里人的文化影响在太平洋沿岸的南部河谷中尤其显著，人们认为许多保存良好、精美、多彩的纺织品和陶器都产自那里。这只漂亮的瓶子在瓶颈处塑造了一只猫科动物的头。该作品结合了瓦里形象和制陶传统中的一些元素，比如丰富的色彩和打磨得极为光滑的表面，这种制陶传统在纳斯卡和周边的山谷中已经盛行了数个世纪。

上图
国王坐像香炉
危地马拉，玛雅，四世纪
陶器，高31½英寸（80厘米）
查尔斯和瓦莱丽·迪克尔捐赠，1999年（1999.484.1a, b）

生活在墨西哥南部及附近危地马拉地区的古玛雅人曾制作烧陶工艺品，其中最为复杂的就属大型陶香炉（装柯巴脂和香的容器）了。这尊由两个部分组成的香炉上塑造了一位呈帝王坐姿的玛雅国王像。他戴着大头饰和耳饰，捧着一只供盘。玛雅人认为烟雾能把祭品带给超自然界的神灵，因此烟雾是一切玛雅神圣仪式中必不可少的元素。

饰有神话巨蛇纹样的束腰外衣

秘鲁，纳斯卡-瓦里，九世纪
驼毛，高21½英寸（54.6厘米）
乔治·D·普拉特捐赠，1929年（29.146.23）

古代秘鲁男性的主要装束就是束腰外衣，即一件未经裁剪的上衣，袖子可有可无，双肩处有垂直的袖孔，顶部脖颈处也有一道开口。这些束腰外衣展示出丰富多样的编织技术和纹样，以及炫目的色彩搭配。除了实际功用以外，这些衣服也表现出各人的民族属性、社会地位和宗教信仰。制作这件束腰外衣使用了一种挂毯编织法，就是纬线（水平的纱线）被紧紧下压，完全遮住经线（垂直的纱线）。大胆的图案描绘出两只神话中的巨蛇，它们曲折的身躯布满斑点，在衣服的接缝处彼此对看。两条蛇的头部硕大，眼睛呈双色，龇牙咧嘴，有腮须或触须，还有耳朵或鳍。目前的观点认为这件束腰外衣属于混合式风格，其中纳斯卡特征体现在它的形状和编织工艺，但两只怪兽眼睛和牙齿的表现手法则是典型的瓦里风格。

左图
神像
多米尼加共和国（？），泰诺人，十世纪至十一世纪早期
铁木，贝壳，高27英寸（68.5厘米）
迈克尔·C·洛克菲勒纪念收藏，尼尔森·A·洛克菲勒遗赠，
1979年（1979.206.380）

在西班牙人于十五世纪晚期来到加勒比群岛以前的几个世纪，居住在大安的列斯群岛的泰诺人创造了用于各种礼仪的独特艺术形式。这些作品大小不一，使用的材料也不同，有木头、黏土、石头、贝壳、骨头等。它们展现出一种强壮有力、引人注目的形象，常常突出人物的眼和嘴。这座叫作"则米"（偶像）的雕像描绘了一位蹲伏在地的消瘦男子，正抓住双膝，令人印象深刻。则米是泰诺社会最重要的崇拜物，用于需要吸入"蔻侯巴"（一种鼻吸类致幻药物）的仪式。

右图
人像吊饰
哥伦比亚，泰罗那人，十世纪至十六世纪
金，高 5½ 英寸（14厘米）
H.L.巴切基金会捐赠，1969年（69.7.10）

泰罗那人生活在哥伦比亚北部的圣玛尔塔内华达山脉中，他们曾制作出美洲史上最豪华、最复杂的黄金浇铸艺术品。这件强调体量感和立体形态的吊饰刻画了一位肩膀宽阔的男性，可能是位贵族或酋长，他戴着一顶巨大的头饰，螺旋纹和编结纹的元素装饰着头饰两侧，帽子上栖息着两只有夸张鸟喙的鸟。刻画得细致精确的微型鼻饰、耳饰及下唇上的唇饰都可与泰罗那坟墓中实物大小的雕像媲美。

女跪像

墨西哥，阿兹特克，十五至十六世纪早期
石头，高21½英寸（54.6厘米）
大都会博物馆购买，1900年（00.5.16）

在十六世纪被西班牙征服时，阿兹特克人以特诺奇提特兰为首都，控制着墨西哥中部的大部分地区。当时的特诺奇提特兰城有许多宏伟的神庙、宫殿、五光十色的市场和繁忙的运河。

阿兹特克人骁勇善战，尤善于建设帝国，他们也制作出一批古代墨西哥最精美的石雕。这件石雕像没有阿兹特克女性神灵的特征，比如特别的发型和头饰等，这位跪着的妇人穿着传统裙装，裙子在腰上用双结皮带固定住，耳饰和发带亦清晰可见。她可能代表一位阿兹特克贵族妇女。

武器和盔甲

数千年来，武器和盔甲在几乎所有文化中都扮演着至关重要的角色。其中最优秀的代表常常展示了那个社会和时代最高的艺术和技术实力，形成了艺术史和物质文化中的独特一笔。1890年代，大都会博物馆获得了首批武器和盔甲藏品。1904年，本馆收入了大量的日本和欧洲武器精品并因此获得国际认可，遂于1912年成立了单独的武器与盔甲部门，至今在美国同类收藏中仍是独一无二的。本部门的收藏全面而丰富，其广博程度在全世界位居前列。我们致力于收藏、保护、研究、出版和展出盔甲匠、铸剑师和枪械匠制作的最杰出的艺术品，并且侧重于那些因出色的设计和装饰而不是纯粹因军事或技术上的重要性而闻名的作品。本部门大约有一万四千件收藏，主要来自欧洲、近东和远东地区。大约有一千件艺术品在永久展区展出，它们来自公元五世纪至十九世纪晚期的欧洲、美国、日本、印度及一些伊斯兰文化地区。

盔甲

日本,十四世纪早期
铁,皮革,涂漆,丝,铜,金,颜料,高(如图装设)
37½英寸(95.3厘米)
巴什福德·迪恩捐赠,1914年(14.100.121a–e)

这件盔甲叫"大铠",是日本在大约十世纪到十四世纪使用过的一种骑士铠甲。今日尚存的大铠寥寥无几,在全美国的收藏中这是仅有的一件。这件盔甲重38磅(17.2公斤),是把数百块小铁甲和皮革片涂上漆,再以丝绳串连而成。盔甲的前胸部分以皮革覆盖,上有用镂花模板印制的佛教神灵不动明王的形象,他勇猛和不可撼动的特征与武士精神十分契合。这件盔甲在京都附近的一座神社里保存了几个世纪,据说是日本军事统治者、足利幕府的创始人足利尊氏捐赠的。

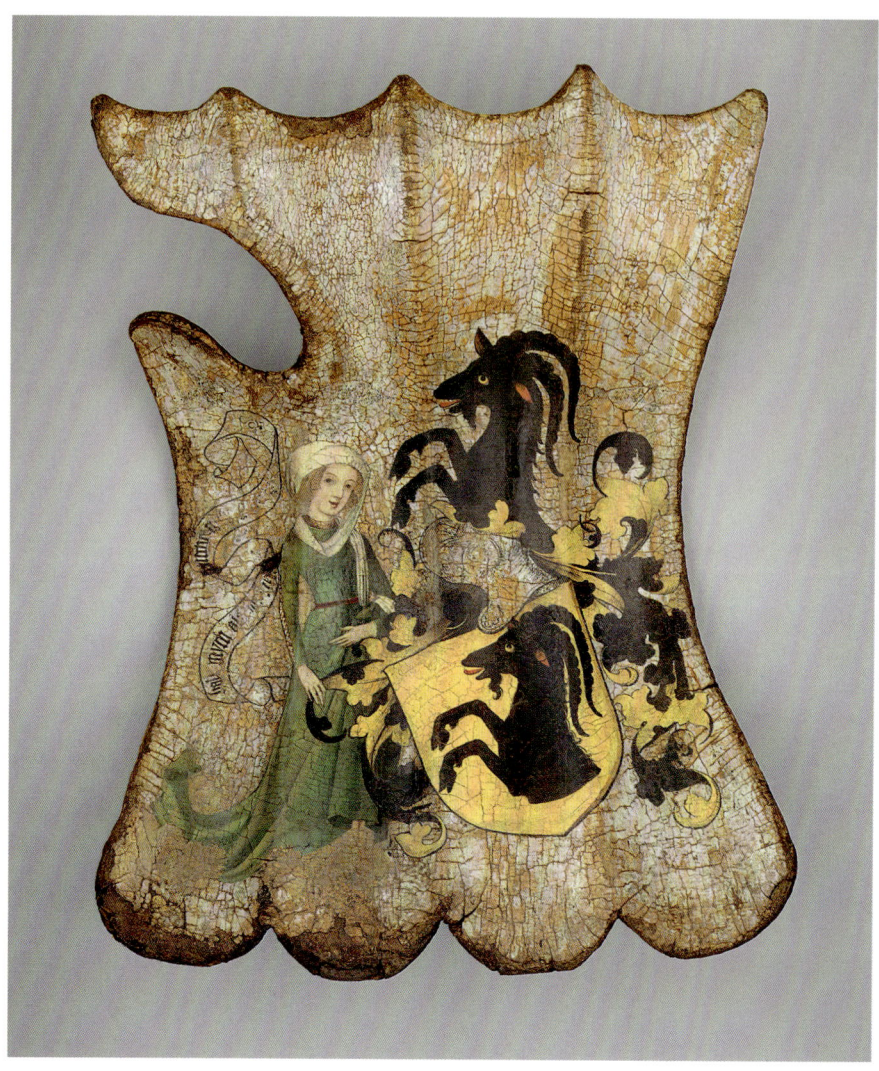

骑兵盾

德国,约1450年
木,皮革,亚麻布,石膏粉,颜料,银箔,22×16英寸
(55.9×40.6厘米)
弗罗伦丝·布鲁门塔尔夫人捐赠,1925年(25.26.1)

这种形状优美的骑士盾牌名叫"塔格",曾经用于比武大赛或用作哥特晚期的德国轻骑兵装备。这件盾牌上有精心绘制的盾徽,可能属于法兰克尼亚的哥兹曼家族。盾徽一侧的女性人物握着飘带,上面刻有格言:HAB MYCH ALS ICH BIN(迎接真实的自我)。盾徽装饰以银箔为底,上面有鲜艳的图案,由于几个世纪以来都隐藏在后来涂抹的数层颜料之下,所以仍保存得非常完好。盾牌背面的皮革衬里上绘有圣克里斯托弗小像,意在为持盾牌的人提供精神保护。

左图
头巾头盔
安纳托利亚或伊朗,十五世纪晚期
钢和银,高13⅝英寸(34.6厘米)
罗杰斯基金,1950年(50.87)

在伊斯兰世界里使用过的最稀有、最具视觉冲击力的头盔中有一种名叫"头巾头盔"。这个现代名称暗指这种头盔的球茎旋涡状形态让人想起穆斯林头巾的形状和缠裹方式。虽然这种头盔似乎早在十四世纪就已出现,但多数现存范例,比如图上这顶,都来自十五世纪晚期至十六世纪早期。阿塞拜疆和伊朗的白羊王朝和希尔凡诸王朝都使用过这种头巾头盔,奥斯曼土耳其人也是。这顶头盔的表面密集覆盖着雕花和波状银花装饰,突出阿拉伯铭文。

右图
狮首头盔
意大利,约1460—1480年
钢,铜,金,玻璃,颜料,织物,高11¾英寸(29.8厘米)
哈里斯·布里斯班·迪克基金,1923年(23.141)

这顶头盔是现存最早的文艺复兴时期的"all'antica"(复古风格)盔甲。它代表涅墨亚狮子的头,其皮毛被神话中的英雄赫拉克勒斯当作头饰和披风穿戴。文艺复兴时期的艺术品中经常可见赫拉克勒斯披着狮皮的形象,狮皮象征不屈不挠的力量、勇气和毅力。这件头盔的重量超过8磅(3.6公斤),铜鎏金外壳上有精巧打造的浮雕形成狮头状,罩着下面名叫"撒里特"的轻便钢盔。雕刻般的外形精美绝伦,这也是文艺复兴早期金匠作品中的杰作。

组合盔甲

英格兰，格林威治，1527年
钢，金，皮革，铜合金，高6英尺1英寸（1.85米）
购买，威廉·H·瑞格斯捐赠和罗杰斯基金，1919年
（19.131.1, .2）

亨利八世于1514年在格林威治建立了皇家军械厂，专为他和他的宫廷制造盔甲；这套重达65磅（29.5公斤）的盔甲是其中注明日期的作品中最古老的一件。这也是格林威治组合盔中现存最古老的一件，这种盔甲由一系列可置换和加固的部件组成，可以为战场和比武大赛的不同用途而进行调整。此外，覆盖整套盔甲的蚀刻和鎏金使它脱颖而出，成为格林威治盔甲中装饰最为华美的一件。装饰物的设计师据信是德国艺术家小汉斯·霍尔拜因，他曾于1526年至1528年为英国宫廷服务。

162 世界文化

菲利波·尼格洛立
意大利，约1510—1579年
复古面甲头盔，1543年
钢，金，高9½英寸（24.1厘米）
J·皮尔蓬·摩根捐赠，1917年
(17.190.1720)

这件面甲头盔是文艺复兴时期金属工艺品中的杰作，其上有米兰的菲利波·尼格洛立的签名。出自他手中的浮雕盔甲被十六世纪的史家称赞为"超凡脱俗"之作，配得上"永恒的荣誉"。这件头盔的盔体由一整块钢片制成，并饰以复古高浮雕（受古典艺术启发的图案），表面涂以一层铜绿，使它看起来好像青铜。头盔两侧覆盖着围绕小天使的涡卷形爵床叶，这种图案可能借鉴于尼禄金宫里的罗马湿壁画，后者在十五世纪晚期被重新发现，极大地影响了文艺复兴时期的艺术图案。

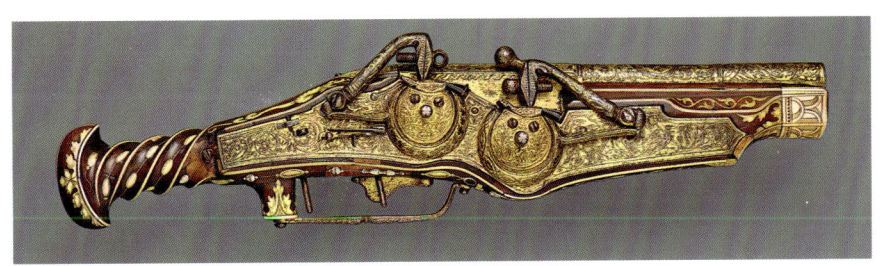

彼特·佩克
德国，1503—1596年，以及
安布罗修斯·杰姆里克
德国，活跃于约1520—1550年
查理五世皇帝的双管簧轮手枪，
约1540—1545年
钢，金，木，兽角，长19¾英寸（49.2厘米），口径0.46英寸（12毫米）
威廉·H·瑞格斯捐赠，1913年（14.25.1425）

这支簧轮手枪将机械上的智巧与精致的图案相结合，是慕尼黑钟表匠、枪械匠彼特·佩克的杰作。其带蚀刻与鎏金的枪管以及其他金属部件则由艺术家安布罗修斯·杰姆里克设计装饰，上面还有神圣罗马帝国皇帝查理五世的徽章。簧轮装置是在十五世纪晚期或十六世纪早期的意大利或德国发明的，这是第一种真正的自动打火系统，使枪支能预先装好弹药进入待触发状态，立即就能投入使用。一批身居高位的人最早开始定制这种有精美装饰的火器，查理五世就是其中的顾主之一。

左图
法国国王亨利二世的盔甲(局部)
法国,约1550年
钢、金、银、皮革、织物,高6英尺2英寸(1.9米)
哈里斯·布里斯班·迪克基金,1939年(39.121a–n)

这是现存最精致和最完整的法国游行盔甲之一。盔甲表面以浮雕细致表现出密集的植物涡卷纹,有古典人物和神兽居于其间,借鉴了意大利文艺复兴后期和风格主义的装饰手法。亨利二世钟爱的新月也被融入在装饰图案里。这套盔甲最初的二十件设计图至今尚存。其中之一出自老让·库桑之手,余下的是艾提安·德罗纳或者巴蒂斯特·佩勒林的作品,他们都是十六世纪中叶巴黎杰出的艺术家。

右图
伊斯雷尔·胥赫
德国,活跃于1590—1610年,以及
胡安·马丁内斯
西班牙,活跃于十六至十七世纪
萨克森选侯克里斯蒂安二世的轻剑
(局部),1606年
钢、青铜、金、珠宝、玻璃、小珍珠、珐琅,长48英寸(121.9厘米)
弗莱彻基金,1970年(1970.77)

这柄剑上用复杂工艺浇铸并錾花的铜鎏金剑柄是德累斯顿铸剑师伊斯雷尔·胥赫唯一有记载的一件作品。交织带状装饰和神话人物形象与人造宝石相搭配,其上曾有瓷釉,堪与当时风靡于萨克森宫中的绚丽金器媲美。装配在剑柄上的是来自托莱多的刀刃,这座城市因高质量的刀刃闻名,成品出口至全欧洲。这柄剑的铸造者是胡安·马丁内斯,他在自己的作品上签名为"皇家铸剑师"。

坎伯兰伯爵三世乔治·克利福德的组合盔甲

英格兰，格林威治，约1585年
钢，黄金，皮革，织物，高5英尺9½英寸（1.8米）
罗杰斯基金，1932年（32.130.6a-y）

坎伯兰盔甲是格林威治皇家军械厂制作的盔甲组合中保存最完好并且配件最多的一件，它代表了这一流派在技术和装饰工艺上的巅峰水平。这套为战场和比武场设计的装备是在盔甲大师雅各布·哈尔德的指导下制作的。它包括一件人的盔甲[重达60磅（27.2公斤）]，与其搭配的有几件可置换或加固的部件，以及含一件马头甲和数块鞍甲在内的马盔甲。乔治·克利福德受到女王伊丽莎白一世宠爱，在1590年被任命为"女王护冕者"。这套盔甲上饰有都铎玫瑰、鸢尾和伊丽莎白女王的花押——两个背靠背的字母"E"。

皮埃尔·勒·布尔热瓦
法国,卒于1627年
法国国王路易十三世的燧发枪(局部),约1620年
钢、黄铜、银、金、木、珍珠母,长55英寸(139.7厘米),口径0.59英寸(15毫米)
罗杰斯和哈里斯·布里斯班·迪克基金,1972年(1972.223)

这是最早配备燧发装置的枪之一,这种击发装置在此后两百年内主导着火器制造工艺。这柄枪是法国利雪的皮埃尔和马汉·勒·布尔热瓦兄弟为路易十三所造,传统上认为正是他们发明了燧发枪。枪上除有加冠的国王花押,还饰有精致的金属丝和镶嵌珍珠母,搭配以雕刻精美的木枪托以及黄铜鎏金装置。路易十三嗜好收集枪支,他自己也是位业余枪械匠。这柄枪上镌刻着库存号码134,表明它曾属于皇家收藏,也就是路易十三的"武器房"。

对页
塞缪尔·柯尔特
美国,1814—1862年
柯尔特龙骑兵三型击发左轮手枪, 序号:12406,约1853年
钢、金、木(胡桃木),长14英寸(35.6厘米),口径0.44英寸(11毫米)
乔治和布托纳·热派尔捐赠,1995年(1995.336)

柯尔特左轮手枪深受士兵和拓荒者的青睐。图中这样的豪华柯尔特火器是在标准工厂型号的基础上镌刻华丽的装饰,使其摇身一变成为艺术精品。柯尔特工厂位于康涅狄格州的哈特福特市,其中许多定制雕刻师都是德国新移民,他们的作品为1850年代和1860年代美国火器装饰树立了标杆。大都会博物馆收藏的这支左轮手枪是极少数有奢华黄金镶嵌的典范,也是现存最精美的柯尔特左轮手枪之一。这支手枪原有一对,另一支由柯尔特在1854年赠送给俄国沙皇尼古拉一世,目前保存在圣彼得堡的国立艾尔米塔什博物馆里。

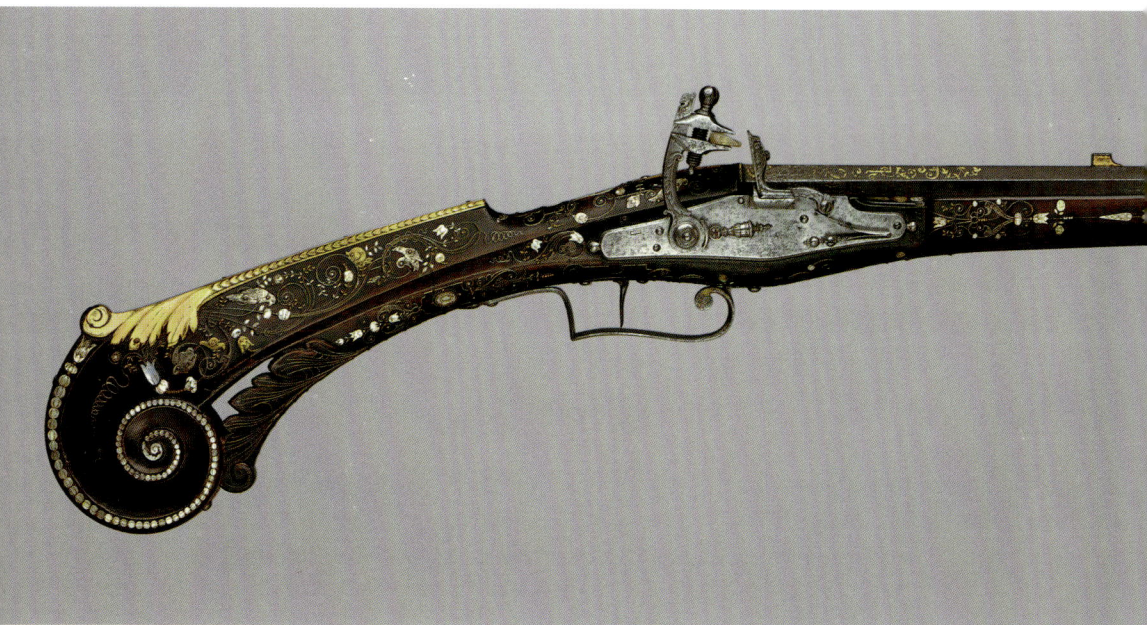

少将约翰·E·伍尔的国会授剑（局部）

美国，可能来自巴尔的摩，1854年
钢、金、黄铜、钻石、红宝石，长39¼英寸（99.6厘米）
购买，亚瑟·奥克斯·苏兹伯格和罗伯特·A·戈伊莱特夫妇捐赠，2009年（2009.8a–c）

这柄剑保存得几乎完好如新，它是美国历史上最悠久、制作最精良的剑之一。美国国会于1854年1月23日将这柄剑授予伍尔将军，以表彰他在1846—1848年美墨战争中布耶那维斯达战役上的英勇表现。大部分美国授剑都是直接以欧洲或古典范例为原型，但这柄伍尔剑却与众不同，它在概念和装饰上都表现出明显的美国特色。把剑授予战功卓著的军事将领这一习俗可追溯至美国独立战争时期。

乐器

乐器部门在大都会博物馆中的独一无二之处在于,这里展出的艺术品曾经既为悦目又为悦耳而造。本馆藏有约五千件来自六大洲和太平洋群岛的作品,上至公元前三百年,下迄今日。本馆的收藏始于1889年,以实例展现出所有文化和时代中乐器的发展情况,涉及范围之广,无可匹敌。乐器藏品的甄选标准是工艺上与社会上的重要性,同时也有音色与视觉上的赏心悦目。这些乐器可以被视作艺术品,视作民族志记录,视作音乐和表演的历史证据。乐器的基本类型包括通过空气振动发声的气鸣乐器(管乐器),通过弦振动发声的弦鸣乐器(弦乐器),通过紧绷的膜发声的膜鸣乐器(打击乐器),用自然发声的材料制作、无需其他张力发声的体鸣乐器。第五种是电鸣乐器,即通过电子或扩音方式发声的乐器。虽然本馆最大的实力在于百科式的馆藏范围,但仍有一批极具特色的乐器,如明代琵琶、文艺复兴和巴洛克风格的乐器、斯特拉迪瓦里小提琴、巴托罗密欧·克里斯多佛利制作的最早的钢琴(1720年)、英国国王乔治三世的银定音鼓、非洲竖琴和鼓,以及西班牙大师安德烈斯·塞戈维亚拥有的吉他。

五角斯频耐琴

意大利,威尼斯,1540年
木头及各种其他材料,长57¼英寸(145.4厘米)
购买,约瑟夫·普利策遗赠,1953年(53.6a, b)

为乌尔比诺公爵夫人艾琳娜·德拉·诺维制作的这架斯频耐琴上有精致的镶嵌细工、绘画、雕花和嵌花装饰。雕花键盘架上点缀着神话人物,键盘两侧的镶嵌海豚图案可能出自一位德国工匠之手。键盘和音孔上方的对称窗花格有精美的哥特式图案。镌刻在琴键上方的箴言翻译出来是"吾金也丰,音也富;汝若无德,速速去吾"。这架斯频耐琴是最早的可弹奏的键盘乐器之一,它使用乌鸦羽管拨黄铜弦,发出一种类似于琵琶的声音。

安德烈·阿玛蒂
意大利，约1505—约1578年
小提琴，约1560年
枫木，云杉，各种其他材料，长22⅝英寸（57.4厘米）
购买，罗伯特·阿隆佐·雷曼遗赠，1999年（1999.26）

安德烈·阿玛蒂是第一位克雷莫纳弦琴工匠，正是他造就了小提琴优雅的外形并为他的后继者设定了风格的标杆。这些人包括他的两个儿子，他的孙子尼科洛·阿玛蒂以及安东尼奥·斯特拉迪瓦里。这是现存年代最久远的小提琴之一，琴面饰有瓦卢瓦王室的百合花，一句拉丁文箴言"那宗教是，且将永是唯一的堡垒"，还有一个看似属于西班牙腓力二世的盾徽。这把小提琴可能是凯瑟琳·德·美第奇和法国国王亨利二世在他们的女儿伊丽莎白·德·瓦卢瓦于1559年嫁给腓力二世时赠送的礼物之一，以祝贺这段为了巩固法国与西班牙的和平而缔结的婚姻。

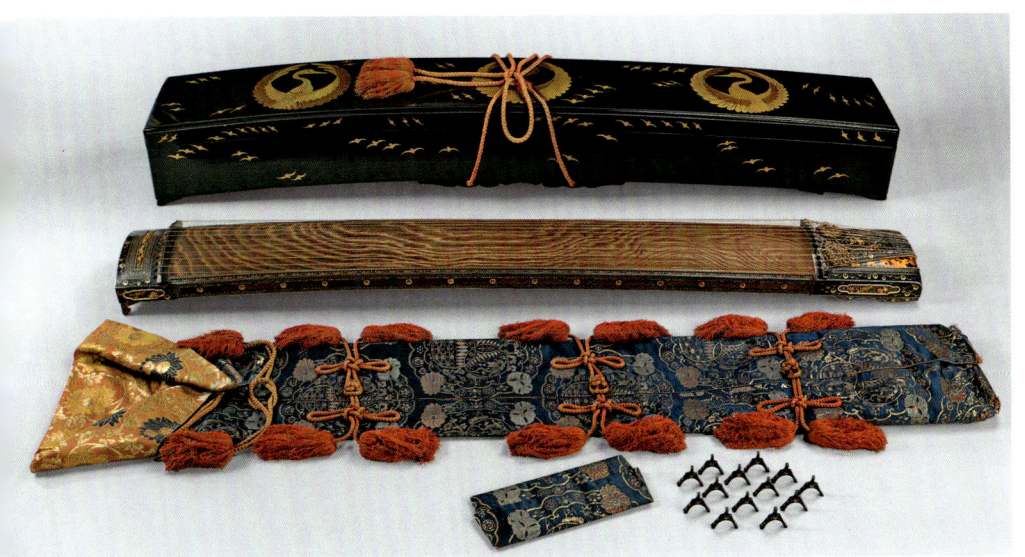

后藤佑乘作坊
日本，1440—1512年
后藤程乘制金工
日本，1603—1673年
筝，十七世纪早期
各种木材，象牙与玳瑁镶嵌，金银镶嵌，金工，
5⅛ × 9½ × 74⅝ 英寸（13 × 24.2 × 189.5厘米）
购买，阿玛蒂捐赠，2007年（2007.194a–f）

这把罕见的筝（一种齐特琴）是日本装饰和音乐艺术的巅峰之作。现代日本筝乐的基础形成于十七世纪，但在那以前也存在丰富的传统。

这把筝上大量的镶嵌和出色的装饰出自程乘之手，他是闻名遐迩的金属工匠后藤家族第九代大师，或许也是技艺最精湛的一位；这件作品就忠实记录了这种重要的音乐发展。这把筝也反映出主人的地位（有权有势的乌丸家族）以及筝作为一种日本象征的角色。装饰精美的漆琴盒制作于十九世纪早期，上面有描金的鹤（乌丸家族的纹章）与鹅。

J.B.甘
德国，活跃于1698—1711年
F调中音竖笛，约1700年
象牙，长19⅛ 英寸（48.6厘米）
克罗斯比·布朗乐器收藏，1889年（89.4.909）

约翰·本尼迪克特·甘在1698年被接纳为纽伦堡木旋工工会的师傅。他的专长是制作乐器，他的作坊一直营业到1711年他去世时为止。大约有十六支竖笛和几支象牙或黄杨木质地的双簧管存留至今。出自他手中的一些竖笛（比如这支）上有雕刻的爵床叶饰和一个面部雕像，这种有纽伦堡特色的图案也出现在其他工匠制作的乐器上，比如著名的木管乐器工匠老约翰·威廉·奥博兰德的作品上。1700年以后，中音竖笛的尺寸就成了所有竖笛中最受人青睐的。象牙是种可塑性较强且具有异国情调的材料，长期以来都被用作珍贵乐器的制作原料。

乐器 171

长笛

德国，萨克森，1760—1790年
瓷与金属，长24⅝英寸（62.6厘米）
R·桑顿·威尔逊捐赠，以纪念弗洛伦斯·埃尔斯沃思，1943年（43.34a-g）

1708年，约翰·弗里德里希·波特戈重新发现了一种在中国已经流行的硬瓷制作工艺，从而开创了一项新的奢侈品产业。瓷质乐器制作尤其不易，因为干燥和烧制过程中瓷器会极大地收缩。为此工匠不得不制作大型模具来确保成品的准确规格。木笛很容易通过钻音孔来精调和整音，但瓷笛的后期调整却困难重重。这支长笛的瓷质部分烧制完成后，一位金匠会接着完成金工，包括制作接合处、插孔、笛头帽和音键。瓷质长笛和钟琴都很稀少，陶笛则较为普遍。像这样的长笛在贵族中普遍受到青睐。

米凯莱·托蒂尼

意大利，受洗于1616年，卒于1689年
拨弦键琴与塑像，约1670年
木头，各种材料；拨弦键琴盒：118 × 38 × 14¾英寸（299.7 × 96.5 × 37.5厘米）
克罗斯比·布朗乐器收藏，1889年（89.4.2929a-e）

这件鎏金琴盒是罗马巴洛克式装饰艺术中出类拔萃的典范，其中放置的拨弦键琴有不同寻常的宽广音域，达到了五个八度。这件乐器最初是托蒂尼位于罗马的"和音展馆"（一个乐器博物馆）中的一部分，他在1676年的展览目录中对其作了描述。两侧的塑像分别是吹奏风笛的波吕斐摩斯和受到惊吓的伽拉忒亚，他们曾与拨弦键琴一同放置在布景前展出。波吕斐摩斯坐在一座"大山"上，山中藏着的音管能模拟出他手中风笛的声音。这一时代的音乐环境不仅孕育出托蒂尼的独出心裁，也使钢琴在1700年左右诞生。

巴托罗密欧·克里斯多佛利
意大利,1655—1731年

钢琴, 1720年

柏树,黄杨木,黄铜,各种其他材料,长90英寸
(228.6厘米)

克罗斯比·布朗乐器收藏,1889年(89.4.1219)

这架钢琴是从巴托罗密欧·克里斯多佛利的作坊中保存下来的三架钢琴之一,也是现存最古老的钢琴。巴托罗密欧·克里斯多佛利大约于1700年在佛罗伦萨的美第奇宫中发明了钢琴。大都会博物馆的这架钢琴造于1720年,至今仍可弹奏。它的复杂机制是现代钢琴的原型,但其键盘更短,也没有踏板提供音色对比。不过这架琴的音域包括三个独特音区:温暖深沉的低音,更加鲜明的中八度,亮丽清脆的高音。克里斯多佛利的发明主要用作伴奏,被人称为"刚柔相济的拨弦键琴",指其新颖的灵活性。

弗朗茨·彼特·本生
德国，约1725—1795年
定音鼓，1779年
银，铁，小牛皮，织物，高16⅛英寸（41厘米），直径20⅞英寸（53厘米），重52.9磅（24公斤）
购买，罗伯特·阿隆佐·雷曼遗赠，添购基金，弗雷德里克·M·雷曼遗赠，2010年（2010.138.1–.4）

这对华丽的银质定音鼓是在汉诺威为乔治三世的皇家近卫骑兵团而造。乔治三世是大不列颠和爱尔兰的国王，也是汉诺威的选帝侯；鼓上有他的盾徽。在十七世纪至十九世纪之间，这样的仪式鼓通常在马背上演奏，一旁有伴奏的号手为皇家仪仗队开道。很多这样的鼓都被人们溶解掉以获得贵重金属，留存至今的只有屈指可数的几套。这一藏品是为汉诺威王朝（1714—1901年）的英国君主所造的四对定音鼓中最古老的一对。原本在使用中装饰于鼓下方的深红色旗帜也流传了下来。

萨山都琴
印度尼西亚，帝汶岛，十九世纪晚期
棕榈叶，竹子，金属丝，高22½英寸（57厘米）
克罗斯比·布朗乐器收藏，1889年（89.4.1489）

大洋洲上最引人注目的弦乐器就要属萨山都琴了，这是用扇形棕榈叶制作的一种管式竹齐特琴。这件从帝汶岛上收集到的萨山都琴可能出自当地罗蒂群落的成员之手，他们最初来自邻近的罗蒂岛。人们认为萨山都音乐有超自然的能力。乐师用右手拨低音弦，同时左手拨高音弦。琴马和调音的琴轸可调节萨山都琴的音高。有一类当地歌曲描绘了充满无法避免的命运和无常的人生，萨山都琴就最常为这类歌曲伴奏。

女像柱定音鼓

加纳，阿散蒂传统地区，阿坎族，二十世纪早期
木，颜料，宽21英寸（53.4厘米）
老雷蒙德·E·布瑞特捐赠，1977年（1977.454.17）

加纳南部的阿坎群落里流行着一种由世俗乐队表演的传统娱乐节目，其中这种壶状的主音鼓是乐队表演时音乐上和视觉上的焦点。用于合奏的一套鼓被人们视为一个大家庭，其中，主音鼓则是母亲，强调传统母系氏族的重要性。抬着鼓的两位女像柱象征这件乐器的女性化。母亲喂养小孩暗指女性的繁殖力以及阿坎文化中母系的重要性。正在书中写字的女性则反映了阿坎人对教育的重视。这些形象说明了与主音鼓相关的常见家庭、社会与政治象征。

欧洲

中世纪艺术

大都会博物馆在1873年获得第一件中世纪藏品,但博物馆主馆里的中世纪核心收藏要到1917年才形成,那年金融家、收藏家J·皮尔蓬·摩根的儿子将父亲收藏的两千余件艺术品捐赠给大都会博物馆。今日,本馆的中世纪藏品之丰富在世界位居前列,涵盖从公元四世纪新罗马(君士坦丁堡)的诞生起直至十六世纪早期文艺复兴萌芽期间地中海地区和欧洲的艺术,包括了从古典晚期到早期拜占庭世界的丰富艺术品。大量中世纪早期艺术,包括盎格鲁-撒克逊人、法兰克人和西哥特人的珠宝首饰等,突出了同一时期西欧的艺术成就。本馆展出的圣像和其他教堂用品,包括来自今日伊斯坦布尔圣索菲亚大教堂的一部经文选,都表明大都会博物馆拥有大量从公元800年至1500年的拜占庭艺术品馆藏。在同一时期的西方,崛起的拉丁教会成为最重要的艺术赞助者,本馆几个展厅的收藏都见证了西方修道院和教堂曾经拥有的辉煌。来自巴黎城外的圣德尼皇家修道院、巴黎圣母院、亚眠大教堂等重要建筑的彩绘玻璃窗唤起人们对教堂建筑鼎盛时期的记忆。其他哥特时期的佳作包括奢华的餐具以及轮流展出的挂毯,使人仿佛置身中世纪晚期贵族的宫廷社会。

持书卷的妇女半身像

拜占庭，可能是君士坦丁堡，四世纪晚期至五世纪早期
大理石，20⅞ × 10⅞ × 8¾ 英寸（53 × 27.5 × 22.2厘米）
修道院分馆收藏．1966年（66.25）

这件精心雕刻的半身像描绘出一位面带沉思表情、目光炯炯的成年女子；她右手握着的书卷表明她对古典学问的欣赏，也说明她是精英阶层的一员。她身穿披风、束腰外衣，头戴发巾，完全是一位贵族妇女的典型装束。这种头巾从四世纪开始流行。这件半身人像可能曾是一组纪念陈列品中的一件，或许见证了一次公共捐赠，也可能曾用于室内装饰。

左图
金纳迪奥斯肖像圆雕饰
罗马,可能来自亚历山大,约250—300年
金玻璃,1⅝ × ¼英寸(4.1 × 0.6厘米)
弗莱彻基金,1926年(26.258)

这一栩栩如生的精致肖像是在深蓝色玻璃上用黄金打造的,描绘了一位来自著名海港城市亚历山大的教养良好的年青人。这块圆雕饰原本是安装在吊坠上佩带的,可能是要庆祝他在音乐比赛中胜出,因为其上以希腊文镌刻着:
最精通音乐艺术的金纳迪奥斯。

右图
安提阿"圣餐杯"
拜占庭,约500—550年
银,银鎏金,7¾ × 7⅛ × 6英寸(19.6 × 18 × 15.2厘米)
修道院分馆收藏,1950年(50.4)

这件作品在二十世纪初被发现时,许多人认为内部那只质朴的银杯就是基督在最后的晚餐中使用过的圣杯。后来的学术研究表明,这其实是盏直立灯。包裹在银杯外的藤蔓涡卷纹外壳里有两个年轻的宝座上的基督像。在其中一边,他握着手卷,即他的"道";在另一边,他坐在一只羔羊旁边,在一只展翅的雄鹰之上。这都是他作为人类救主的象征。

"克提西斯"的化身地板马赛克残片

拜占庭，约500—550年；现代重建
大理石，玻璃，59½ × 78⅝ × 1 英寸
(151.1 × 199.7 × 2.5厘米)
哈里斯·布里斯班·迪克基金和弗莱彻基金，1998年（1998.69）；购买，莱拉·艾奇逊·华莱士捐赠，道奇基金，罗杰斯基金，1999年（1999.99）

晚期罗马和拜占庭艺术常把抽象的概念拟人化。图上这位戴满珠宝的妇女拿着测量罗马一尺长度的工具，根据修复的希腊铭文记载，她是"克提西斯"，即慷慨捐赠或建造的人形化身。"克提西斯"的左右两侧原有一对男子，现存这位捧着丰饶之角的男子头边有希腊文"善"，可能原本是"善愿"二字的一半。这块残片由大理石和玻璃镶嵌物（小块的彩色材料）制成，它是六世纪广见于整个拜占庭世界的杰出马赛克作品中的典范。

下图
玻璃爪状杯
法兰克，发现于德国南部贝伦伯格-弗林根，
公元五至六世纪
玻璃，7⅜ × 4¼ 英寸（18.7 × 10.8厘米）
亨利·G·马昆德捐赠，1881年（81.10.189）

大部分法兰克玻璃器皿都有简约的形状和颜色，一般来说仅以玻璃上添加的条纹作为装饰。在许多有创新图案的玻璃器皿中，制作最精巧的就要属有凸出爪状结构的爪状杯了。只有极少数这样的玻璃杯流传了下来，那些流传下来的爪状杯通常是在贵族们陈设豪华的坟墓里找到的。

上图
胸针扣
罗马晚期，约400—450年
银质涂金片与镶嵌石榴石，6⅝ × 2½ × 1⅜ 英寸（16.7 × 6.2 × 3.5厘米）
弗莱彻基金，1947年（47.100.19）

这是公元三至四世纪居住在多瑙河沿岸的东日耳曼妇女佩带的胸针的豪华版。它无疑曾属于一位有较高社会地位的妇女，这件胸针扣与臂镯、戒指和带吊坠的项圈等诸多金首饰一起，是这位妇女下葬时所穿戴的。

大卫与歌利亚之战圆盘

拜占庭,君士坦丁堡,约629—630年
银,直径19½英寸(49.4厘米),深2⅝英寸(6.6厘米)
J·皮尔蓬·摩根捐赠,1917年(17.190.396)

在圆盘中部的场景中,大卫挑战歌利亚。他们进入战斗后,大卫看似处于防守状态,但他的人正在前进,歌利亚的士兵则在后退,预示了大卫最终的胜利。下面,得胜的大卫割下巨人歌利亚的头(《撒母耳记上》17:41—51)。

这是所谓的"塞浦路斯宝藏"中的九件圆盘之一,以古典风格刻画出大卫的人生故事。这些圆盘是希拉克略在位期间(610—641年)在君士坦丁堡制作的,其中六件在大都会博物馆,三件在塞浦路斯博物馆。它们的主题可能是把这位皇帝等同于新的大卫王,因为他刚在628至629年击败波斯人,重新夺回耶路撒冷。

真十字架圣物箱（菲斯奇摩根真十字架遗物）

拜占庭，可能来自君士坦丁堡，约800年
掐丝珐琅，银鎏金，金，黑金镶嵌，
1⅛ × 4⅛ × 2⅞ 英寸（2.7 × 10.3 × 7.1厘米）
J·皮尔蓬·摩根捐赠，1917年（17.190.715a, b）

这只用来装盛"真十字架"残片的盒子盖上描绘了基督被钉死在十字架上的场景。基督穿着一件符合早期基督教传统的紫色无袖长袍。他挺直的身躯和张开的双眼表明他已战胜死亡，圣母玛利亚和神学家圣约翰站在他两侧哀悼。二十七位圣徒的半身像围住十字架受难场景，并分布在盒子四周。盒盖内侧有四个宣告基督为救世主的场景：天使报喜、耶稣诞生、十字架受难、耶稣复活（下降至地狱）。带有雕刻的盒底好似书籍封面，可能是暗指记载了耶稣在十字架受难的四福音书。

饰板：基督从奥托一世大帝手中接受马格德堡大教堂

奥托时代，可能来自米兰，约962—968年
象牙，5⅛ × 4½ × ⅜ 英寸（13 × 11.3 × 0.8厘米）
乔治·布鲁门塔尔捐赠，1941年（41.100.157）

位于萨克森（德国）的马格德堡大教堂于968年举行献堂礼。奥托一世大帝（于962—973年在位）在图中比陪同他的圣徒身型略小，他向基督献上这座大教堂的模型请求祝福。奥托身后是奥托皇帝和马格德堡市的保护圣徒——圣莫里斯。据说，这块饰板和其他十六块描绘耶稣生平的饰板是在意大利雕刻的，曾是大教堂的某件陈设品的一部分，比如讲道坛、通往唱诗班的门或祭坛。经历1008年和1049年的两次火灾之后，这些饰板被拆除，各件饰板被单独用于圣骨盒以及书的封面。

左图
饰有十字架受难图和福音书作者符号的珐琅

法国,孔克,约1100年

铜鎏金上内填珐琅和掐丝珐琅,福音书作者符号每件约 4 × 2⅜ × ⅛ 英寸(10.1 × 6.1 × 0.3厘米),十字架受难图直径4⅛英寸(10.3厘米),厚⅛英寸(0.3厘米)
J·皮尔蓬·摩根捐赠,1917年(17.190.426–.429);
购买,米歇尔·大卫-威尔捐赠和2006福利基金,
2007年(2007.189)

修道院院长贝恭二世(丁1087 1107年在位)为他在孔克的修道院委托制作了宝贵的艺术品。这组因不同寻常的工艺、风格和色调而脱颖而出的作品可能曾是一本书的封面,几乎可以肯定就是这批委托制作的艺术品之一。金匠在每一块珐琅上都放置了一张铜片,下面部分以掐丝(金属丝)工艺刻画出人物形象和衣饰,上面部分则经过切割,以表现人物和十字架的轮廓。

右图
贾哈里斯拜占庭经文选

君士坦丁堡,约1100年

蛋彩画,金,墨水,羊皮纸,第43r页:14⅛ × 21¼ 英寸(36 × 54厘米)
购买,玛丽和迈克尔·贾哈里斯捐赠,莱拉·艾奇逊·华莱士捐赠,2007年(2007.286)

这份手稿中细腻刻画的四幅福音书作者肖像都带有精致的边框,使人想起掐丝珐琅,它们代表了十一世纪晚期至十二世纪早期拜占庭艺术的巅峰。此图上,白发苍苍的福音书作者马太坐在一面城墙之前,上方写有他的希腊文名字。有证据显示这份手稿是为拜占庭帝国的主教教堂——圣索菲亚大教堂而作,它体现出拜占庭人对书籍艺术的浓厚兴趣。扉页上的文字说明,这份手稿在十八世纪初依然在君士坦丁堡,曾是耶路撒冷的大主教克里桑索斯·诺塔拉斯的财产,他是"希腊启蒙运动"早期的重要成员之一。

下图
宝座上的圣母与圣婴
法国，奥弗涅，约1150—1200年
胡桃木，颜料，石膏粉，亚麻布，31⅜ × 12½ × 11½ 英寸（79.5 × 31.7 × 29.2厘米）
J·皮尔蓬·摩根捐赠，1916年（16.32.194）

在这件木雕作品中，圣母紧紧搂住坐在她腿上的耶稣，这一构图反映了这不仅仅是一位母亲与儿子的雕像，还强调了圣子作为神的智慧化身的角色。为了表明这一要旨，耶稣原本可能手捧着一册书。圣母衣服上有节奏的纹路、框住脸颊的精致面纱以及存留下来的颜料痕迹，尤其是绿坐垫上的颜料，都使这件雕像传达出一种严峻的美。这种雕像曾是敬奉物品，被人抬着行进在教会的游行队列中。这件雕像可能曾是装圣骨的容器，它有两处中空的地方，一处在圣母的肩膀后，另一处在她的胸腔。

上图
去以马忤斯的途中及耶稣向抹大拉的玛利亚显现饰板
西班牙，可能来自莱昂，约1115—1120年
象牙，10⅝ × 5¼ × ¾ 英寸（27 × 13.4 × 1.9厘米）
J·皮尔蓬·摩根捐赠，1917年（17.190.47）

这块饰板再现了福音书所载耶稣复活后向他的追随者显现的两个故事。在上面的场景中，没被认出的耶稣加入两位门徒的行列，从耶路撒冷往以马忤斯去。两位门徒因耶稣被钉死在十字架上而愁苦，耶稣就向他们解释这件事的意义。在下面的场景中，耶稣向抹大拉的玛利亚显现，玛利亚却以为他是一名园丁。当玛利亚终于认出耶稣后，耶稣说不要摸他，因为他还没有升上天国。这块饰板上刻画着涡卷状的衣饰、修长的肢体、生动有力的姿势。它原属于一整套作品，可能是某圣物盒的一部分，与莱昂出产的艺术品有渊源。莱昂是去圣雅各遗骨埋葬地朝圣路上的一个皇城。

国王圆柱像

法国，来自圣德尼皇家修道院，约1150—1160年
石灰石，45½ × 9 × 9½ 英寸（115.6 × 22.9 × 24.1厘米）
购买，约瑟夫·普利策遗赠，1920年（20.157）

圣德尼皇家修道院的回廊如今已被损毁，从中流传下来的唯一完整的雕像就是这件无名国王的圆柱雕像。头部后方的光环说明这是一位圣人。在立意革新的院长絮热的带领下，这个作为法国国王埋葬地的修道院于1122年至1151年间重建，其建筑风格在中世纪被赞誉为"法国风格"，后来被称作"哥特风格"。把直立人像与圆柱结合是新哥特风格的突出特征之一。

大卫王头像

法国，来自巴黎圣母院西立面南门（圣安妮门），约1145年
石灰石，11¾ × 8⅜ × 8⅜ 英寸（29.7 × 21.1 × 21.3厘米）
哈里斯·布里斯班·迪克基金，1938年（38.180）

人们曾经以为巴黎圣母院上的这些国王纪念雕塑代表了法国古代的统治者，于是在法国大革命期间这些雕塑被下令摧毁。这件作品在纹理细密的石灰石上雕刻而成，富有表现力的面部原本镶嵌有铅质眼睛。它来自巴黎圣母院的西立面，这一立面专门用于描绘圣母玛利亚的母亲圣安妮的人生及耶稣的家谱和早期人生，人们认为耶稣是圣经中大卫王的后裔。

中世纪艺术

《圣约翰启示录注释》中的一页
西班牙,卡斯蒂利亚-莱昂,来自圣佩罗德尔卡尔迪尼亚的本笃会修道院,约1180年
蛋彩画,金,墨水,羊皮纸,17½ × 11⅞英寸
(44.5 × 30厘米)
购买,修道院分馆收藏,罗杰斯和哈里斯·布里斯班·迪克基金,约瑟夫·普利策遗赠,1991年 (1991.232.10)

带插图的"贝徒斯手抄本"是中世纪西班牙独有的艺术形式,它们见证了西班牙修道院文化中的艺术高度和智识水平。这些手抄本把圣约翰在《启示录》中记录的世界末日景象通过八世纪亚斯都里阿斯修道士——列巴拿的贝徒斯的视角表现得栩栩如生。在这页插图上,第五位天使的号角所预示的事情既可怕又超脱尘世:从坑里往上冒的烟使日头都昏暗了,带条纹的凶恶蝗虫用蝎子式的尾端蛰人,未死的人苦苦乞求怜悯。这页插图来自一部在1870年代拆开的手抄本。

圣托马斯·贝克特圣骨匣
英国,约1173—1180年
银鎏金,黑金镶嵌,玻璃,2¼ × 2¾ × 1⅞英寸
(5.5 × 7 × 4.7厘米)
J·皮尔蓬·摩根捐赠,1917年 (17.190.520)

坎特伯雷大主教圣托马斯·贝克特于1170年被亨利二世宫廷中的骑士杀害,这是与圣托马斯·贝克特有关的最早也最精美的圣骨匣之一。银底与镶嵌的黑金形成鲜明对比,使人仿佛身临贝克特遇刺的现场。匣子背部保存下来的铭文似乎指出,匣内曾装过贝克特的圣血遗物;顶上的红玻璃宝石也增加了这种说法的可能性。

圣伊里耶半身圣骨盒

法国，来自利摩日附近的圣伊里耶-拉佩尔什教堂，
约1220—1240年
银，银鎏金，水晶石，宝石，玻璃，15 × 9¼ × 10¼ 英寸
（38.1 × 23.4 × 26.1厘米）
J·皮尔蓬·摩根捐赠，1917年（17.190.352a, b）

圣伊里耶的头骨曾经就放置在这个圣骨盒里，他是六世纪一座修道院的创始人，这座修道院坐落在利摩日南部一个如今以他命名的小镇里。中世纪的利摩日地区发展出一种以当地圣人的头像为外形的圣骨盒崇拜，这种特殊的崇拜方式一直延续至今。在节日期间，这类肖像会被带到游行队伍中穿过大街，然后放在祭坛上供信徒瞻仰。圣骨盒所使用的宝贵材料使人想起这位圣人属天的面容，他的头骨传达出他永恒的权威。

《萨拉戈萨的圣文森传说及其遗骨史》中的场景

法国，来自巴黎圣日耳曼德佩修道院中的圣母小堂（现已摧毁），约1245—1247年
熔色玻璃，玻璃漆，铅，147 × 43½ 英寸
（373.4 × 110.5厘米）
乔治·D·普拉特捐赠，1924年（24.167a-k）

圣日耳曼德佩修道院的修道士特别崇敬圣文森（卒于304年），他们的修道院就是为接受这位圣人的一件束腰外衣遗物而修建的。这件遗物由墨洛温王朝的国王希尔德贝尔特（卒于558年）从西班牙带来，即图中左边骑马的人，与他同来的还有他的兄弟，即图中骑白马的洛塔尔。这扇窗户的其余场景原属于一组更大的场景，描绘了圣文森与罗马地方总督达契安的对峙。与同一时期著名的路易九世皇家教堂——圣礼拜堂的玻璃相仿，这些装饰玻璃清楚地显示出，到十三世纪中期，巴黎已成为一种新的、极富表现力的玻璃绘画风格的中心。

耶稣遭背叛与逮捕浮雕

法国，皮卡第，来自亚眠大教堂，约1264—1288年
石灰石及颜料痕迹，39¼ × 43 × 9 英寸
(99.7 × 109.2 × 22.9厘米)
艾萨克·D·弗莱彻夫妇收藏，艾萨克·D·弗莱彻遗赠，
1917年（17.120.5）

在中世纪的教堂里，唱诗班席隔屏将教堂正殿与唱诗班分隔开来。到十三世纪，这种隔屏上常装饰着华丽的叙事图案，尤其是耶稣受难的故事，即他在世上经历的最后一些事件。这件浮雕以极戏剧化的方式压缩呈现了四个重要事件：彼得拔刀削掉大祭司的仆人马勒古的耳朵；耶稣奇迹般地复原了他的耳朵；犹大用亲吻的暗号背叛耶稣；罗马士兵逮捕耶稣。由于这些隔屏阻碍了做礼拜的人参与教堂仪式，所以大多数欧洲教堂最终都把唱诗班席隔屏拆除了，亚眠大教堂的隔屏也于1755年被摧毁。这块浮雕是存留下来的最大、保存最完好的叙事雕塑之一。

马上骑士形中世纪水罐

日尔曼，下萨克森，可能来自希尔德斯海姆，约1250年
铜合金，14¾ × 12⅝ × 5⅝ 英寸（37.5 × 32 × 14.2厘米）
欧文·昂特迈捐赠，1964年（64.101.1492）

中世纪水罐（aquamanilia）一词由拉丁文"水"和"手"两字组成，这种水罐是在餐桌上给就餐者倒水用的，或者由神父准备弥撒时所用。这件作品代表了理想化的骑士身份，这种风度优雅的形象遍及西方的中世纪文化，并且影响了为日常所用而造的器皿。这位骑士身着的铠甲到1250年至1275年左右就消失了。他手中的盾牌和长矛都不幸失传，盾牌上原本可能有其主人的盾徽。马身上的交叉排线圆圈表明这是一匹灰底带斑点的战马，这种马在中世纪极受珍视。

饰有传奇故事的盒子

法国，巴黎，约1310—1330年
象牙，4¼ × 10 × 6¼ 英寸
（10.9 × 25.3 × 15.9厘米）
匣子：J·皮尔蓬·摩根捐赠，1917年
（17.190.173a, b）；前饰板：修道院分馆收藏，1988年（1988.16）

这件盒子的盒盖上装饰着亚瑟王和其他宫廷传说中的故事场景，描绘出骑士以比武大赛和投掷玫瑰攻下象征性的"爱的城堡"。前饰板再现了皮拉摩斯和提斯柏悲剧故事中的两个辛酸场景（右边），另外两个场景是亚里士多德在教导亚历山大大帝和菲莉丝骑在亚里士多德背上（左边）。两侧描绘了特里斯坦与伊索尔德的故事，猎人杀死独角兽，骑士救下一位女士，加拉哈德接受进入城堡的钥匙。饰板背面的场景中有兰斯洛特和高文，以及少女欢迎她们的拯救者。

作者传为
康斯坦茨的海因里希师傅
德国，活跃于约1310—1320年
圣母往见
日耳曼，来自瑞士凯瑟琳撒尔的多明我会女修道院，
约1310—1320年
胡桃木，颜料，镀金，水晶凸圆形宝石，
23¼ × 11⅞ × 7¼ 英寸（59.1 × 30.2 × 18.4厘米）
J·皮尔蓬·摩根捐赠，1917年（17.190.724）

就在童贞女玛利亚得知她已怀上耶稣之后不久，她造访了同样有身孕的表亲以利沙伯；以利沙伯的儿子就是后来的施洗约翰。玛利亚和以利沙伯雕像上的原漆和镀金几乎完好如初，她们有水晶覆盖的体腔，原本可能可以从这里看到她们腹中的胎儿。在这件作品中，玛利亚温柔地将手放在以利沙伯的肩上，以利沙伯则将手放在胸前，这一动作是暗指她的呼喊："我主的母亲到我这里来，这是从哪里得的呢？"（《路加福音》1:43）与这件雕塑相似的"圣母往见"像也出现在同一时期的其他日耳曼语大地上。

下十字架浮雕
法国，可能来自巴黎，约1320—1340年
象牙粘在鲸须上，颜料和镀金痕迹，9 1/8 × 7 1/4 × 7/8 英寸（23.2 × 18.3 × 2.1厘米）
J·皮尔蓬·摩根捐赠，1917年（17.190.199）

这件"卸下圣体"象牙浮雕是五件现存的贴花饰板之一，这五件作品描绘了耶稣受难的场景，目前分散在安特卫普、伦敦、奥斯陆和巴黎的博物馆里。这些饰板原本在一座祭坛的后部（坛后板架）组成连续的雕带，但是这五块饰板应该不是来自同一组坛后板架。与同一时期的石雕和木雕一样，这些饰板下面可能曾有支撑的底座。这件细腻刻画的"卸下圣体"饰板后来安装在一大块鲸须板上，其上有优雅而富有张力的姿势，圆凸的额头，飘逸的服饰，这些都体现出十四世纪上半叶巴黎的象牙雕刻艺术水平。

对页
天使报喜挂毯
荷兰南部，约1410—1430年
羊毛经纱，羊毛纬纱，镀金线，11英尺6英寸 × 9英尺9英寸（3.5 × 2.97米）
哈丽特·巴恩斯·普拉特捐赠，以纪念她的丈夫哈罗德·欧文·普拉特（生于1877年2月1日，卒于1939年5月21日），1949年（45.76）

童贞女玛利亚坐在装饰华丽的房间里，大天使加百列的突然造访让她吃惊，使她的视线从读经台上的书本移开。天使拿着的纸卷上写着：AVE GRATIA PLENA（万福[玛利亚]！充满恩宠者）。空中，天父把带着十字架的婴儿耶稣送往童贞女玛利亚处，前面有象征圣灵的鸽子引路。他们朝童贞女的耳朵降去，她就是通过这样的方式受孕的。圈起来的花园强调玛利亚的童贞，精美陶瓶里的一支白色的百合花突出她的纯洁。

克劳斯·德·韦尔弗
法国，活跃于1396—1439年

圣母与圣子
法国，来自勃艮第玻利尼的方济各会贫穷修女会，
约1415—1417年
石灰石，最初的颜料与镀金痕迹，53⅜ × 41⅛ × 27英寸
（135.5 × 104.5 × 68.6厘米）
罗杰斯基金，1933年（33.23）

勃艮第公爵"无畏的约翰"（卒于1419年）和他的妻子巴伐利亚的玛格丽特（卒于1424年）在玻利尼建立了"贫穷修女会"，这件艺术杰作可能就是这位丈夫或妻子委托制作的。卷发的耶稣抬头看自己的母亲，玛利亚搂着他，腿上放着一本书。这幅温柔的画面代表一个复杂的神学主题，由长凳上的铭文点明，那是一句来自《西拉书》的颂扬智慧的经文：从起初，在万世以先，我就已被造……（24:14）到十三世纪的时候，天主教就已认为这句话指的是玛利亚。

左图
亚历山大的圣凯瑟琳
法国,十五世纪早期
金,圆雕珐琅,珠宝,3⅞ × 2⅛ × 1⅛英寸
(9.8 × 5.4 × 2.8厘米)
J·皮尔蓬·摩根捐赠,1917年(17.190.905)

这里的圣凯瑟琳手握一只车轮,根据传说,她就是在轮子上遭受酷刑,成为广受尊敬的童女殉道者。这位美丽博学的贵族妇女后来在法国宫廷信仰中占据一个特别的位置。据说这件雕像来自克勒蒙菲朗,但黄金上的精细珐琅、圣人的发型和以宝石点缀的宝贵装饰都是巴黎金匠作品的标记。这件人像可能来自一个圣殿,这件作品在那里和其他圣人肖像一起与建筑融为一体。

右图
圣婴摇篮
尼德兰南部,布拉班特,约1400—1500年
木、颜料、铅、银鎏金、彩绘羊皮纸、丝绣与镶嵌小珍珠、金线、半透明珐琅,14 × 11⅜ × 7¼英寸
(35.4 × 28.9 × 18.4厘米)
露丝·布拉姆卡捐赠,以纪念利奥波德·布拉姆卡,1974年(1974.121a–d)

迷你圣婴摇篮在十五至十六世纪是流行的敬奉物品,尤其是在女修道院中。它们常被当作礼物赠予宣誓的女修士。这件精美的摇篮来自比利时鲁汶的大贝居安会院,这是在十二世纪为俗家妇女而建的。摇篮的两端雕刻着"耶稣诞生"和"三博士来朝"的画面。基督的宗谱出现在刺绣的床罩上。

修道院分馆

大都会博物馆修道院分馆坐落在曼哈顿北部的崔恩堡公园内，占地1.6公顷，俯瞰哈德逊河，专用于收藏中世纪欧洲的艺术品和建筑物。起名为"修道院分馆"是因为这里融入了现存于法国的中世纪修道院回廊中的建筑雕塑——主要来自圣米歇尔·德·库克萨、圣吉扬-勒德塞尔、巴伊斯河畔特里修道院以及一些曾被认为来自科曼日的博纳丰修道院的建筑元素，它们形成了修道院分馆的核心收藏。修道院分馆简约的中世纪建筑风格是查尔斯·科伦斯设计的，他还设计了纽约市的河滨教堂。在美国慈善家、收藏家小约翰·D·洛克菲勒的慷慨资助下，曼哈顿北部的这块土地被转变成公园以容纳新博物馆，修道院分馆因此得以于1938年向公众开放。这里有三个特色花园是依据中世纪文集、诗歌、园艺资料和植物志中的园艺学信息种植的。修道院分馆最终呈现出的整体效果不是某个中世纪建筑的翻版，而是为两千余件艺术品、物件和建筑元素提供一个和谐融洽、能使观者如同置身中世纪的展出氛围。这些作品大部分来自十二至十五世纪的中世纪西方，其中包括许多出色的彩绘玻璃窗。修道院分馆的"宝库"展厅展出包括牙雕、金器、珐琅和插图手抄本在内的富丽堂皇的小件艺术品。同时展出的还有中世纪的私人礼拜物品以及闻名遐迩的《天使报喜三联画》（又称梅罗德祭坛画），这幅作品出自荷兰大师罗伯特·康平的作坊。尤其受到观众喜爱的是七件挂毯系列——《猎捕独角兽》。

回廊

加泰罗尼亚,来自法国佩皮尼昂附近的圣米歇尔·德·库克萨本笃会修道院,约1130—1140年
大理石,90 × 78英尺(27.4 × 23.8米)
修道院分馆收藏,1925年(25.120.398-.954)

回廊在修道院生活中扮演着至关重要的角色。它是一条有遮盖的通道,围绕着一个露天庭院,为修道士提供一处冥想、朗读和每日盥洗的地方。回廊也连接着教堂和修道士使用的其他建筑,其上的雕刻既有简单的块状图案,也有繁复的狮子、野兽、人鱼和涡卷叶柱头饰,取自当地的粉红色大理石的暖色调使这些雕饰更显协调。有些雕刻图案的内容表现寓言故事,有些则象征善恶之争。不管是何种内容,库克萨的艺术家都乐于通过各种形式表现出张力和活力。建成九个世纪之后,圣米歇尔·德·库克萨修道院的许多雕塑都在法国大革命中散失。最初的回廊可能是院长格雷戈里在位时(1130—1146年)修建的,比现在重建的回廊大出几乎一倍。

下图
五旬节饰板

尼德兰南部,默兹河谷,约1150—1160年
铜鎏金上内填珐琅和半透明珐琅,4⅛ × 4⅛英寸
(10.3 × 10.3厘米)
修道院分馆收藏,1965年(65.105)

超过十二种璀璨的色调使这件微型杰作充满活力。这幅作品表现的是根据《新约·使徒行传》所载,圣灵使耶稣的使徒得着传道能力的那一刻。复活节后第五十天,忽然从天上有响声下来,好像一阵大风吹过,又有舌头如火焰呈现,分开落在使徒的头上,使徒就能说别国的话了。此图上,圣彼得坐在使徒中间,上帝之手出现在他头上,其中握着通往天堂的钥匙。这块饰板原属于在默兹地区(今日法国和比利时交界处)制作的一系列艺术品,可能曾是祭坛或讲道坛的一部分。

上图
宝座上的圣母子

法国,勃艮第,1130—1140年
桦木,颜料,玻璃,高40½英寸(102.9厘米)
修道院分馆收藏,1947年(47.101.15)

虽然耶稣的头部和大部分宝座都已遗失,但这件木雕作品依然传达出强大的雕塑力量。该作品原本有丰富的色彩;残留的颜料痕迹表明,圣母曾戴着天青石色的面纱,身穿一件森林绿的束腰外衣,袖口呈朱红色。圣子则穿着黄色的束腰外衣,罩着里面的红色衬衣。他手上的书有蓝色的封面,两侧分别呈白色和黑色。圣母瘦削的脸颊和飘逸的衣饰与欧坦的圣拉扎尔大教堂中的雕塑风格十分相似。

十字架

英国,约1150—1160年
牙雕(海象牙),22⅝ × 14¼ 英寸(57.5 × 36.2厘米)
修道院分馆收藏,1963年(63.12)

这件十字架的正反两面都有精美雕刻,包括近一百个人物形象和数目相当的铭文。其复杂的设计、具体的文字和一些人物的衣着显示,它是为一个修道院制作的。正面几块方形饰板中的场景以耶稣升天达到高潮。在十字架背面,先知握着的卷轴上刻着他们自己的话,预言耶稣将被钉死在十字架上。其他铭文则反映出基督徒和犹太教徒之间的神学争论。不管是为辩论还是为抨击而造,这件十字架反映出在十二世纪呈上升趋势的反犹太人情绪。

毕堆纽斯的作坊
活跃于十二世纪晚期
大门
意大利，托斯卡纳，来自马萨附近的圣利奥纳多·阿尔·弗里吉多教堂，约1175年
卡拉拉大理石，13英尺2英寸 × 6英尺3英寸（4 × 1.9米）
修道院分馆收藏，1962年（62.189）

这扇门是献给囚犯的守护圣徒——圣利奥纳德的，它曾是位于托斯卡纳的小教堂圣利奥纳多·阿尔·弗里吉多教堂的正门。一件古代石棺饰板被重新用作大门两边的支撑侧柱；左侧的雕刻分别是天使报喜和圣母往见，右边则是圣利奥纳德举着一个囚犯标记。横楣上的"进入耶路撒冷"石雕模仿了一件早期的基督教墓碑浮雕，反映出十二世纪的意大利开始重新流行对那个时代的兴趣。

202 欧洲

耶稣受难

西班牙，卡斯蒂利亚-莱昂，约1150—1200年
身体：白橡木，颜料，镀金，镶嵌石；十字架：红松木，颜料；8英尺6½英寸 × 6英尺9¾英寸 × 1英尺3⅜英寸（2.6 × 2.1 × 0.4米）
塞缪尔·D·李基金，1935年（35.36a, b）

这件作品表现基督的手法属于典型的十二世纪风格：基督的双眼睁开，头戴王冠，已经战胜死亡。大胆的纹路刻画出基督的胡须、肋骨和缠腰布，大部分涂有颜料和镀金的装饰都是原来就有的。十字架背面中央饰有"上帝的羔羊"（拉丁文：*Agnus Dei*）图案，四端有四位福音书作者的符号，表明该十字架的最初设计是让人能从两面观看的。关于这件作品最初放置的地点有不同的说法，一说它来自帕伦西亚附近阿斯图迪略的圣克拉拉女修道院，但资料来源不甚可靠。

回廊

法国，来自蒙彼利埃附近的圣吉扬-勒德塞尔本笃会修
道院，十二世纪晚期至十三世纪早期
石灰石，30英尺3英寸 × 23英尺10英寸（9.2 × 7.3米）
修道院分馆收藏，1925年（25.120.1–.134）

804年，亚奎丹公爵、图卢兹伯爵、查理曼大帝
的宫廷成员——吉扬放弃了自己的世俗特权，
在蒙彼利埃郊外崎岖的山间建立了一座本笃
会修道院。修道院所在的法国地区有大量古典
遗迹，这些回廊的艺术元素也显示出它们曾受
过相当大的古典影响（例如爵床叶饰和回纹
波形饰雕刻），其风格在十二世纪末至十三世
纪初创作的雕塑作品中非常典型。这座修道院
是去西班牙西北部的圣地亚哥·德·孔波斯特
拉朝圣之旅中的一站，它在宗教战争和法国大
革命期间曾遭受严重破坏。重建这道回廊使用
了大约一百四十件建筑元素，包括圆柱、壁柱
和柱头。

半圆形后殿

西班牙，卡斯蒂利亚-莱昂，来自塞哥维亚附近弗恩提顿尼
亚的圣马丁教堂，约1175—1200年
石灰石，高（至筒形拱顶）29英尺8½英寸（9.1米），
宽（内部最宽处）22英尺½英寸（6.7米）
来自西班牙政府的交换出借展品（L.58.86）

弗恩提顿尼亚的圣马丁教堂几乎不为人知。到
十九世纪时，只有半圆形后殿（教堂东端祭坛
之后的半圆形空间）存留了下来，无甚损坏。
重建后的半圆形后殿属于典型的十二世纪塞
哥维亚教堂样式。这个半圆形后殿上有筒形
拱顶和半个穹顶，墙上有三扇小窗户。两侧的
圆柱上雕刻着图尔的圣马丁和"天使报喜"
图案。在凯旋门下有装饰着"三博士来朝"
和"但以理在狮子坑中"浮雕图案的柱头。

圣尼古拉指控罗马执政官

法国，皮卡第，来自苏瓦松的圣杰维圣波蝶大教堂，
约1200—1210年
熔色玻璃，玻璃漆，21½ × 16¼ 英寸 (54.6 × 41.3厘米)
修道院分馆收藏，格伦凯恩基金会捐赠，1980年
（1980.263.3）

这是以圣尼古拉的故事为原型的两件饰板之一。此图上，圣尼古拉身着玫瑰色的长袍，头戴主教冠，他在当地罗马执政官面前请求释放两位被误指犯了叛国罪的骑士。一名宫廷侍卫在旁观看。这块饰板可能来自苏瓦松大教堂中带回廊的圣尼古拉礼拜堂。1190年代，苏瓦松大教堂的唱诗班席还在建设中。这种将每个叙事元素用拱廊框住的构图是典型苏瓦松风格中最早的示例之一。古典风格的优雅人物形象和飘逸的服饰都是这一时期法国北部的典型风格。

狮子

西班牙,卡斯蒂利亚-莱昂,来自布尔戈斯附近圣佩罗德阿兰萨修道院中的会堂,1200年以后
从湿壁画转移到帆布上,10英尺11英寸 × 11英尺
(3.3 × 3.4米)
修道院分馆收藏,1931年(31.38.1a, b)

这头狮子紧绷的肌腱、目不转睛的神情、直立的鬃毛都体现出它极强的爆发力。它和另一头狮子原本伫立在圣佩罗德阿兰萨修道院会堂二楼的门口两侧,该会堂是修道院的修道士开会的地方。这幅湿壁画是十三世纪的作品,它后来被覆盖在十八世纪的整修之下,直到1894年修道院遭到一场大火后才重见天日。后来这幅画被卖给一位私人收藏家,最终由大都会博物馆买下。修道院分馆还展出了一件来自同一个会堂的龙图湿壁画。

左图
圣母
阿尔萨斯，（今日法国的）斯特拉斯堡，约1250年
带原色和原镀金的砂岩，高58½英寸（148.6厘米）
修道院分馆收藏，1947年（47.101.11）

这件庄严的圣母雕像是哥特式雕塑精品中的代表作，它曾经伫立在斯特拉斯堡大教堂雄伟的唱诗班席隔屏上。靠近中央位置的主位可由华盖认出，其上有天使持王冠飞在圣母头上。如今已遗失的圣婴曾站在玛利亚身边的一棵玫瑰树上，可能是暗指圣母是"不带刺的玫瑰"；或者，由于玫瑰呈暗红色，这也可能暗指基督在十字架上受难时涌出的鲜血。1680年，由于教会仪式的变更，这块隔屏也被拆除。

右图
圣餐杯、圣餐盘和麦秆
德国，弗莱堡附近蒙斯特塔的圣忒鲁德皮尔特本笃会修道院，约1230—1250年
银，银鎏金，黑金镶嵌，珠宝，圣餐杯高8英寸（20.3厘米），圣餐盘直径8¾英寸（22.2厘米），麦秆长8½英寸（21.6厘米）
修道院分馆收藏，1947年（47.101.26–.29）

这组为弥撒而造的作品拥有华丽的纹样、精致的缠丝以及凸纹雕花和黑金镶嵌图案。圣餐盘用来盛面包，圣餐杯和麦秆则用来盛酒和喝酒。麦秆通常是成对的，有时使用它们是为了防止喝酒时溅出来，因为这里献上的酒代表基督的血。在圣餐杯和圣餐盘上装饰着基督一生中的故事，与其搭配的有《旧约》中预示这些事件的场景。十二门徒像环绕圣餐杯的杯体。圣忒鲁德皮尔特是这座位于弗莱堡附近的修道院的守护圣徒，这组作品正是出自那里，圣餐盘上对这位圣徒有突出的刻画，将他置于顶端圆形浮雕中基督肖像的对面。

门道

法国，勃艮第，来自第戎附近的蒙提耶圣约翰修道院，约1250年

石灰石，带颜料痕迹，15英尺5英寸 × 12英尺7英寸（4.7 × 3.8米）

修道院分馆收藏，1932年（32.147）；修道院分馆收藏，1940年（40.51.1, .2）

克洛维一世和他的儿子克洛泰尔一世是法国最早的两位基督徒国王，也是传说中蒙提耶圣约翰修道院的建立者。此处，这两位国王手持各自的登基宪章站在大门两侧。夹道的小壁龛中是预言耶稣将在十字架上受难的圣经人物形象。在上面的门楣中心，基督给圣母玛利亚戴上王冠，让她做"天国之后"。这道大门可能来自修道院回廊的北走廊，曾经通往修道院的教堂。它在十六世纪的法国宗教战争期间遭到严重破坏，两位国王的头部可能是在十七世纪修复的。

左图
宝座上的圣母子
英国,可能来自伦敦,约1300年
象牙,10¾ × 5⅜ × 3⅞ 英寸(27.3 × 13.5 × 9.6厘米)
修道院分馆收藏,1979年(1979.402)

这件作品代表了英国象牙雕刻艺术的巅峰,从重要性来说,它与之前提及的修道院分馆所藏十二世纪的十字架(见201页)并驾齐驱。尽管这件作品在风格上与大教堂雕塑相关,但这件小型人物肖像大约是这一时期随着圣母崇拜达到顶峰而出现的一种亲密风格肖像的典范。巴黎因制作这种象牙雕刻而闻名;只有一小部分出自英国人之手。工匠可能根据十二世纪著述《论诸艺》中的建议使用了胡桃油来加深象牙表面的颜色,但现在象牙所呈现的颜色也有可能是暴露在高温下的结果。圣婴像只有圣母左膝上的一部分存留至今。

右图
圣母加冕与最后的审判双联板
法国,可能来自巴黎,约1260—1270年
象牙,5 × 5⅛ 英寸(12.7 × 13厘米)
修道院分馆收藏,1970年(1970.324.7a, b)

这件双联板中刻画的两处场景常成对出现在教堂雕塑中,它用异常高的浮雕把这些富有戏剧张力的画面搬到了一个微型舞台上,微小的人物栩栩如生,似乎能自如活动。在"圣母加冕"浮雕下,一位修道士正被天使带领着走向通往天堂的梯子,他的身后是一位国王和一位教皇。在右图中,圣母和施洗约翰跪在基督面前,基督则坐在审判的宝座上;天使在下方吹响号角唤醒死者,恶魔则把罪人降入地狱之口。

乌赫尔伯爵厄蒙哥七世之墓碑石肖像

加泰罗尼亚,莱里达,圣玛利亚-德贝尔普奇-德勒斯阿瓦亚内斯的普雷蒙特雷修会修道院,西班牙,约1300—1350年
石灰石,带颜料痕迹,89 × 79½ × 35英寸
(226.1 × 201.9 × 88.9厘米)
修道院分馆收藏,1928年 (28.95a–i)

这组纪念雕刻作品呈现出来的多样风格和迥然不同的尺寸说明,这是用原本为几个不同坟墓打造的雕刻件组合起来的。碑石上的伯爵(卒于1184年)头枕在带流苏的褥垫上,双眼紧闭,双手交握,放在一柄鞘中剑上。紧挨的后方有一队哀悼的人刻在同一块石板上,现已损坏。下面的拱门之下,十二使徒像环绕着"庄严基督"像。碑石雕像上方有一块单独的浮雕,描绘了三位司仪神父正在主持一场葬礼。在顶端,天使正把一个灵魂带往天堂。

三博士来朝

奥地利，来自维也纳南部埃布赖希斯多夫的城堡礼拜堂的唱诗班席，约1390年
熔色与无色玻璃上着银和玻璃漆；图示部分27¼ × 13英寸（69.2 × 33厘米），27⅜ × 12⅞英寸（69.4 × 32.8厘米）；每件尖顶窗11英尺8¾英寸 × 12⅛英寸（357.2 × 30.8厘米）
修道院分馆收藏，1986年（1986.285.1, .2）

这件彩绘玻璃的故事细节、绚烂的色彩和平面图案都使制造这件彩绘玻璃的皇家作坊脱颖而出。圣母玛利亚在图中身着紫色衣服，她与圣婴一同坐在稻草席上，牲畜在她身边吃草。衣着华丽的国王献上黄金礼品；一位国王谦恭地跪下，摘掉自己的王冠。埃布赖希斯多夫城堡在维也纳南部，当初是为抵御蒙古人入侵而建的；在和平时期，鲁道夫·冯·蒂尔纳（卒于1406年）为城堡增添了一座礼拜堂，并配以整套彩绘玻璃。这座城堡在1683年被土耳其人掠夺，从那以后就再也没能恢复中世纪时期的辉煌。除了仍在维也纳的一块饰板外，只有收藏在修道院分馆的这几块彩绘玻璃窗存留至今，包括基督人生中的七个场景和建筑华盖。

尤利乌斯·恺撒和侍者

尼德兰南部,1400—1410年
羊毛经纱与纬纱,13英尺9½英寸 × 7英尺9英寸
(4.2 × 2.4米)
小约翰·D·洛克菲勒捐赠,1947年(47.101.3)

这件挂毯是最古老也是最精美的中世纪挂毯之一,它原属于一组纪念九位英雄的挂毯。这九位英雄有三位来自希伯来传统,三位是外邦的古人,还有三位来自基督教世界。此处的尤利乌斯·恺撒头戴皇帝的开放式王冠,双头鹰帝国徽悬挂在他的宝座上。乐师和宫廷人物围绕在他身边;左上角深色皮肤的男子可能象征恺撒的非洲土地。九位英雄是智慧和勇气的双重象征,他们最早出现在一首十四世纪早期的诗歌《孔雀之誓》里。修道院分馆所藏的这件九英雄图曾经属于贝里公爵——法兰西的让·德·贝里,他是著名的艺术赞助者。

罗伯特·康平的作坊
尼德兰南部,图尔奈(今属比利时),约1375—1444年
《天使报喜三联画》(梅罗德祭坛画)
约1427—1432年
橡木油画;中央饰板25¼ × 24⅞英寸(64.1 × 63.2厘米),
双翼板各25⅜ × 10¾英寸(64.5 × 27.3厘米)
修道院分馆收藏,1956年(56.70a-c)

大天使加百列显现在圣母玛利亚的家中,光线载着一个极小的圣婴从窗口飞入。他们的到来熄灭了桌上的蜡烛,但正在专心阅读的圣母似乎毫无察觉。在三联画的右翼板上,圣约瑟正在他的木匠铺里忙碌。在左翼板上,捐赠人彼得·恩格布雷茨(据中央饰板里彩绘玻璃窗上的纹章符号可知)和他的妻子见证了天使报喜的场面。这幅三联画是早期的油画杰作,它将一个常见的主题用迷人的新颖手法和精妙的细节刻画出来,从约瑟窗外的城市景观就可见一斑。

上图
让·普塞勒
法国，活跃于1319—1334年
法国女王让娜·德芙勒的时祷书
法国，巴黎，约1324—1328年
灰色装饰图案，蛋彩画，犊皮纸着墨，第154v页：3⅝ × 2½ 英寸（9.2 × 6.2厘米）
修道院分馆收藏，1954年（54.1.2）

精美的灰色调（灰色装饰图案）赋予这本小书中的场景以一种奇特的雕塑感。这本书中描绘了基督和圣路易人生中的故事。此图上，身陷囹圄的圣路易奇迹般地收到了自己的祈祷书。此书的页边空白处有七百多幅装饰图，描绘了中世纪巴黎的主教、乞丐、舞者和音乐家，以及猿猴、兔子、狗和各种想象中的动物。艺术家敏锐的观察力、精湛的技艺和丰富的想象力使这些画面栩栩如生。这本时祷书是为女王每日私下按时祷告之用而制作的。让娜·德芙勒在1371年将其作为遗产传给了查理五世国王。国王去世后，这本时祷书就进入了他的兄弟贝里公爵让的收藏。

下图
赫曼、保罗、让·德·林堡
法国-尼德兰，活跃于法国，活跃时期1399—1416年
贝里公爵的美丽时祷书
法国，巴黎，1405—1408/1409年
蛋彩画，金箔，犊皮纸着墨，第168r页：9⅜ × 6¾ 英寸（23.8 × 17厘米）
修道院分馆收藏，1954年（54.1.1）

这本"美丽时祷书"（法文：Belles Heures）是个人礼拜用书，它是贝里公爵委托林堡弟兄制作的几部华丽手抄本中的第一部。这或许是从这位公爵庞大的图书馆中存留下来的几乎完好如初并且风格上最一致的祈祷书。其94幅全页插图和54幅段落插图描绘了一些不同寻常的故事场景，反映出公爵的个人兴趣。此插图描绘出圣尼古拉行奇迹拯救海上的旅客。艺术家用明亮的色彩把丰满的意大利式人物形象与细致刻画的北方自然景观结合在了一起。

蒂尔曼·里门施奈德
德国，1460—1531年
主教坐像
德国，下法兰克尼亚，维尔茨堡，约1495—1500年
椴木与灰黑颜料，35½ × 14 × 5⅞英寸
（90.2 × 35.6 × 14.9厘米）
修道院分馆收藏，1970年（1970.137.1）

里门施奈德是德国南部最具天赋的中世纪晚期椴木雕塑家之一。他有时会选择不给一些用作祭坛装饰的大型雕塑上色，而只给个别细节上黑色，例如这件雕像的双眼，最后再给雕像表面上一层透明釉。这位主教的身份不明，但从他的坐姿可以猜测，他可能代表圣奥古斯丁或圣安布罗斯，而且可能来自一件表现四位早期"教会之父"的祭坛装饰。微妙刻画的长者面部表情传达出精神深度和信仰热情，两者都是这一时期德国艺术中的常见特征。

猿猴杯

尼德兰南部，可能来自勃艮第领地，约1430—1440年
银，银鎏金，着色珐琅，高7⅞英寸（20厘米），
直径4⅝英寸（11.7厘米）
修道院分馆收藏，1952年（52.50）

这是现存为王侯的餐桌制作的中世纪珐琅作品中最精美的大口杯之一。杯身上描绘了一个流行的传说故事，讲述了人类的愚蠢行为：一个沉睡的小贩被一群猿猴洗劫，他躺在杯子底座的上方，猿猴已脱去他的衣服，他却还在酣梦中。其他猿猴已经掳去他的货物，在杯子上方的树枝间腾跃。这种罕见的灰色装饰图案珐琅工艺也出现在其他几件现存作品上，它们都与勃艮第公爵的宫廷有关。

带野人尖顶饰的执壶

德国，可能来自纽伦堡，十五世纪晚期
银鎏金，珐琅，颜料，高25英寸（63.5厘米）
修道院分馆收藏，1953年（53.20.2）

在这只执壶顶端有一位长满胡须的男子挥舞着一根木棍。这种"野人"是中世纪晚期艺术和文学作品中的传说人物，他们居住在森林里，遵从原始直觉行事，极具阳刚之气。这是一对作品中的一只，长期以来人们认为这两只执壶就是条顿骑士团在1526年和1585年的清单中列出的那对执壶；条顿骑士团是十字军东征时期建立的军事和宗教团体。两只执壶上都没有印记，但通过将其与纽伦堡金匠老塞巴斯蒂安·林德纳斯特的作品做风格上的比较，可认定这两只执壶应该来自繁华的纽伦堡。

寻获独角兽

尼德兰南部，1495—1505年
羊毛经纱和羊毛、丝、银、镀金纬纱，
12英尺1英寸 × 12英尺5英寸（3.7 × 3.8米）
小约翰·D·洛克菲勒捐赠，1937年（37.80.2）

这是修道院分馆收藏的描绘传说中的独角兽的七件挂毯之一。图上神话中这只好似马一样的动物跪在喷泉前，把带螺旋纹的长角伸入下方流淌的溪水中。一对野鸡和一对金翅雀栖息在喷泉边上。鹿和兔子与野兽一同在草木间休息，一头狮子尤其引人注目。十二位猎人和他们的猎犬围住这些动物，正计划进攻。鼠尾草和橙树等被视为有解毒效果的植物在小溪边茂盛生长，溪水则因独角兽神奇的角而得到净化。修道院分馆收藏的这七件挂毯上都有结在一起的字母"A"和"E"标记，可能是最初拥有这些挂毯的那对夫妇的名字缩写，他们的身份现在已经不为人知。

素描和版画

大都会博物馆拥有全美国最大的西方素描、版画和绘本收藏之一，藏品上至十五世纪，下迄今日。素描收藏始于1880年，那年，科尼利厄斯·范德比尔特赠送给博物馆六百七十件欧洲早期绘画大师的作品，后来博物馆又添加了达·芬奇、米开朗基罗、伦勃朗和戈雅的主要作品，丰富了这方面的馆藏。数十年来，素描藏品的范围愈加广泛，涵盖了从十五到十九世纪最伟大的欧洲艺术家的作品。素描和版画部门还收藏了丢勒、伦勃朗、凡·戴克、德加和卡萨特的版画作品，并已发展为世界上涵盖范围最广的版画宝库之一。装饰和建筑制图、版画、书籍以及大量一次性印刷品收藏进一步丰富了本部门的馆藏，这里同样还收藏有一批来自所有时代的重要印刷版和木版。本部门的馆藏总计有超过一百二十万幅版画、一万六千余件素描以及一万两千余本绘本，另设有研究室供学者使用。

安德烈亚·曼特尼亚
意大利，约1430/1431—1506年
酒神节的狂欢与酒瓮， 约1475年
雕版画，11¾ × 17¼英寸（29.8 × 43.8厘米）
购买，罗杰斯基金，查尔斯·安格哈特基金会捐赠，以及以利沙·怀特尔赛收藏，以利沙·怀特尔基金，1986年（1986.1159）

文艺复兴时期著名的艺术家安德烈亚·曼特尼亚以雕版画的形式创作出他最知名的一些作品。曼特尼亚的《酒神节的狂欢与酒瓮》创作于1470年代，其画面感仿似建筑物中楣上的雕带；与其配对的是《酒神节的狂欢与西勒诺斯》，两幅作品都受到罗马石棺图案的启发。在《酒神节的狂欢与酒瓮》中，曼特尼亚用多层斜排线和曲排线加上少许交叉排线制造出丰富的色调效果，这在当时的意大利版画中是前所未有的。这里的阴影画法和熟练勾勒的轮廓在广度和深度上变化无穷，堪与这一时期的钢笔画媲美。

素描和版画　　219

列奥纳多·达·芬奇
意大利,1452—1519年
圣母四分之三右侧面头像, 1508—1512年
黑粉笔,炭笔,红粉笔,以及白粉笔痕迹(?),8 × 6⅛英寸(20.3 × 15.6厘米)
哈里斯·布里斯班·迪克基金,1951年(51.90)

这幅诗意般美丽的素描可能是巴黎卢浮宫所藏达·芬奇油画《圣母子与圣安妮》中圣母玛利亚的头部试作,两者在大小和外观上都十分相似。达·芬奇综合运用了多种创作媒介,轻柔地涂抹开黑粉笔、红粉笔和炭笔的笔触,以实现他在笔记本中描述的一种表现立体感的细腻造影法——"晕涂法"(意大利语:sfumato)。出色的柔和意境、精细的形态转换以及微妙的光影渐变都反映出达·芬奇对视觉现象的深刻理解是建立在科学基础之上的。

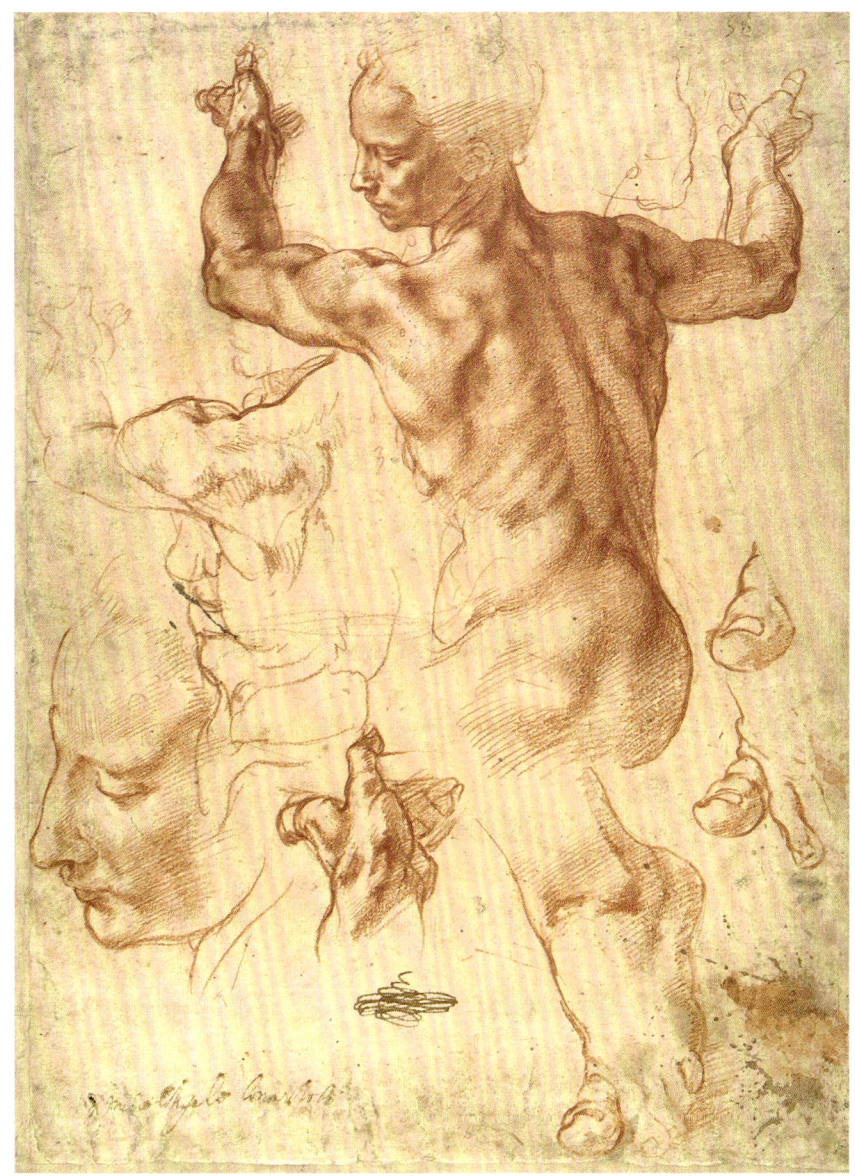

米开朗基罗·博那罗蒂
意大利,1475—1564年
《利比亚女先知》试作,约1511年
红粉笔,主画人物左肩上有少量白粉笔点缀,
11⅜ × 8⅜ 英寸(28.9 × 21.4厘米)
购买,约瑟夫·普利策遗赠,1924年(24.197.2)

这件米开朗基罗的素描杰作是依据一位摆好姿势的男性画室助手或模特画成的,它表现的是一位优雅转身的健壮人物,描绘了他的头部、身躯和上举的双手。这是为《利比亚女先知》这幅画准备的试作;她是异教世界中的一位女先知,出现在梵蒂冈宗座宫殿里西斯廷教堂的拱顶湿壁画中。在一系列辅助草图中,米开朗基罗单独勾勒出一些细节,比如人物优美的侧面像、竖趾旋转的脚指头以及上举的手,这只手在湿壁画中托起了这位女先知的预言书。米开朗基罗去世后,这幅素描作品被他的后人保存下来,这是米开朗基罗最重要、也是最著名的素描作品之一。

阿尔布雷希特·丢勒

德国，1471—1528年

忧郁I，1514年

雕版画，9½ × 7½ 英寸（24.1 × 19.1 厘米）

哈里斯·布里斯班·迪克基金，1943年（43.106.1）

大都会博物馆藏有著名版画家阿尔布雷希特·丢勒的五百余件版画作品。《忧郁I》作为他最令人费解的版画作品之一，描绘了丢勒的智识境界，延伸开来说，它也是一幅丢勒对自己精神面貌的自画像。中世纪哲学认为每个人的气质和体质都被四种体液中的一种所主导，而忧郁质最不受欢迎，人们认为忧郁的人最有可能陷入疯狂。但文艺复兴时期的观念则认为，忧郁同样与创造性的天才有关。此图上，"忧郁"的人形化身长着翅膀，拿着一只测径器，周围散落着其他与几何学相关的工具；几何学是"自由七艺"中艺术创作的基石。

卢卡斯·凡·莱顿

尼德兰，约1494—1533年

大天使加百列宣布基督诞生

钢笔与棕色墨水，黑粉笔方形线条痕迹，8¼ × 6½ 英寸（21.1 × 16.5厘米）

利昂·D与黛布拉·R·布莱克许诺捐赠，购买，莱拉·艾奇逊·华莱士捐赠和2007福利基金，2008年（2008.253）

许多人认为卢卡斯·凡·莱顿是尼德兰第一位重要的艺术家，他几乎完全依靠自己的版画作品赢得了国际上的知名度。现存能确认的卢卡斯素描作品只有不到三十幅，而这一幅是其中最晚创作的。这幅画与藏于柏林版画与素描博物馆的一幅画互为补充，两者在大小和作图手法上都很相似，那一幅上表现了圣母听到大天使的话后惊讶地抬起头，卢卡斯在那幅画中同样将人物带来的视觉冲击感与丰富细腻的线条、排线和交叉排线紧密融合在了一起。

乌尔斯·格拉弗

瑞士，约1485—1529/1930年

举着格拉鲁斯州旗的雇佣兵

钢笔与棕色墨水，11⅜ × 7½ 英寸（28.8 × 19厘米）

利昂·D与黛布拉·R·布莱克许诺捐赠，购买，哈里斯·布里斯班·迪克基金，2003年（2003.323）

这幅素描是瑞士邦联十三个州的掌旗官系列之一，它刻画出一位雇佣兵举着格拉鲁斯州旗，旗上绘有六世纪爱尔兰修士圣弗里多林，当初就是他带领这一地区归信基督教的。画家对这位圣人的着重刻画使他看起来栩栩如生，但圣人柔和的表情与掌旗官那充满活力的站姿和时髦的衣着形成鲜明对比。乌尔斯·格拉弗自己就曾做过雇佣兵，他在选材上经常独树一帜，并配以华丽的、书法式的素描手法。

阿尔布雷希特·阿尔特多费尔
德国，1480—1538年
双云杉风景图
蚀刻画，4⅜ × 6⅜ 英寸（11.1 × 16.2厘米）
购买，侯斯顿捐赠（交换），以利沙·怀特尔赛收藏，以利沙·怀特尔赛基金，法伊弗基金，1993年（1993.1097）

在一块数寸大小的蚀刻板上，阿尔特多费尔创作出辽阔的多瑙河河谷风景，图上有起伏的山峦、半隐半现的村庄，一条蜿蜒的河流消失在两棵占据前景的杉松之后。这些充满生气的图像没有对任何传统的历史或宗教题材的指涉，它们是首批以风景为主题而不是背景的西欧版画，提高了风景画的地位。阿尔特多费尔似乎为一小群鉴赏家制作了这些如今罕见的作品，这些鉴赏家欣赏那些私密而又不同寻常的主题。这幅蚀刻画所体现的制图上非凡的洒脱和自由与艺术家其他众多的风景素描相似。

彼得·保罗·鲁本斯
佛兰德斯，1577—1640年
着汉服的耶稣会士金尼阁，1617年
黑、红及白粉笔，蓝蜡笔，钢笔与棕色墨水，浅棕色罗纹纸，17½ × 9¾ 英寸（44.6 × 24.8厘米）
购买，卡尔·塞尔登信托、主席理事会的几位成员、盖尔和帕克·吉尔伯特、莱拉·艾奇逊·华莱士捐赠，1999年（1999.222）

这件华丽的服装试作也是金尼阁的动人肖像，他是佛兰德斯耶稣会派往中国的一位传教士。鲁本斯与安特卫普的耶稣会学院关系密切，金尼阁到安特卫普募集资金并招募新传教士时，鲁本斯就创作了这幅素描作品。这件服装结合了一顶朝鲜无边帽和汉人学者的长袍，表达出耶稣会士既希望融入汉人文化，同时又承认并保持自己与这种文化之间存在的一定距离。鲁本斯出色地捕捉了长袍的剪裁、质地和重量感，同时在拉丁文的铭文中详细注明了长袍上的各种颜色。

佩里诺·德尔·瓦加
意大利，1501—1547年
朱庇特与朱诺——"费尔蒂·迪·乔弗"挂毯的试作，约1532—1535年
钢笔、墨水与棕色晕染，白色加强效果，灰色纸，
17 × 15¾ 英寸（43.1 × 40厘米）
购买，添购基金，安妮特和奥斯卡·德·拉·任塔捐赠，
2011年（2011.36）

佩里诺·德尔·瓦加是拉斐尔的得意门生，也是十六世纪最重要且最有影响力的艺术家之一。这幅精美的试作描绘出朱庇特和朱诺斜倚在床上的情景，它是为一幅现已失传的挂毯设计的图案，这幅挂毯属于一个叫作"费尔蒂·迪·乔弗"的系列，描绘朱庇特秘密的浪漫幽会。这些挂毯是海上英雄、热那亚统治者安德烈亚·多里亚委托制作的，佩里诺曾在1520年代晚期和1530年代为他效力。这幅作品的巨大规模、几乎臻于完美的程度以及墨、晕染和白色加亮的丰富结合令人过目难忘，充分展现了这位艺术家大师级的素描天赋。

克劳德·洛兰（克劳德·热莱）

法国，活跃在意大利，1604/1605?—1682年

王后以斯帖接近亚哈随鲁王的宫殿， 1658年

钢笔和棕色墨水，棕色晕染，黑粉笔为底，白色加强效果，11 7/8 × 17 1/2 英寸（30 × 44.4厘米）

购买，安那伯格基金会捐赠，1997年（1997.156）

这件宏伟的构图试作描绘了《圣经·旧约》中以斯帖的故事，她是波斯国王亚哈随鲁王的王后。亚哈随鲁王在不知道她的犹太血统的情况下，命令处死所有犹太人，以斯帖去王宫里恳求亚哈随鲁王怜恤他们。据推测，这幅画可能是呈现给蒙彼利埃主教弗朗索瓦·鲍斯凯的展示素描，他委托这位艺术家为自己的《登山宝训》制作一幅搭配画作，他的《登山宝训》现藏于纽约弗里克美术收藏馆。虽然克劳德的许多油画作品都描绘了圣经和神话中的主题，但他主要还是一位风景画家，因此他把以斯帖求王开恩这一通常在室内表现的主题置于虚构的景致中，幻想中的建筑和漫射的自然光线赋予了画面以生命力。

伦勃朗(伦勃朗·凡·莱因)
尼德兰,1606—1669年
基督在两个盗贼中间被钉十字架:三个十字架,1653年
直接刻线和推刀,印刷在牛皮纸上,15 × 17¼英寸(38.1 × 43.8厘米)
费利克斯·M·沃伯格及其家庭捐赠,1941年(41.1.31)

《三个十字架》是伦勃朗所有创作媒介中最精美的作品之一,它代表了伦勃朗在版画制作方面的最高技艺。他完全用直刻法在铜板上作画,因此可利用由工具(直刻针)在金属板表面划画而形成的毛刺,这些毛刺可通过印刷在作品上形成一种柔和的润泽感。伦勃朗独具创意地给他的底板上墨并印刷在不同的材料上,因此他的每件印刷品都是独一无二的。此处,他刻意将右边十字架脚下的人物上墨较轻,形成半透明的效果;而将画面右下边缘处的灌木丛施以浓墨,使它们看起来较为昏暗模糊。此画印在牛皮纸(动物皮纸)上,为整个构图注入了暖色调。牛皮纸的吸收性不如纸张,它会把墨留在表面,因此线条更柔和,同时也增加了画面的饱满度。

让·奥诺雷·弗拉戈纳尔
法国,1732—1806年
丛林边缘的聚会
红粉笔,14¾ × 19⅜ 英寸(37.5 × 49.2厘米)
购买,莱拉·艾奇逊·华莱士捐赠,1995年(1995.101)

这幅作品所体现的绘画感以及对红粉笔的娴熟运用表明这是一件独立的作品,可能是在画室中以一幅露天写生试作为基础画成的。一片繁茂的树林,枝头布满遍洒阳光的叶簇,守护着进入森林的幽暗入口。弗拉戈纳尔以他独特的绘画技巧控制比例,画出较小的几组优雅人物,其中半数都被阴影遮盖,以克制的方式呼应着繁茂风景所表达的活力和多产。鲜明的自然主义总是与荷兰风景艺术家(尤其是雅各布·凡·雷斯达尔)相关;此图则把这种自然主义与欢迎贵族前来消磨时光的自然风景融合起来,继承了让·安托万·华托的"雅宴体"。

对页上图
约瑟夫·马洛德·威廉·透纳
英国,1775—1851年
楚格湖
石墨与水彩,11¾ × 18⅜ 英寸(29.8 × 46.6厘米)
马昆德基金,1959年(59.120)

休·门罗·诺伐尔(1797—1864年)于1843年委托透纳作了这幅画。这幅画的基础是透纳在一次漫长的瑞士阿尔卑斯之旅中作的诸多草图,它后来成为欣赏此画作的艺术批评家约翰·罗斯金(1819—1900年)的收藏。仙女般的女性人物在前景中沐浴,远处是楚格湖畔的小镇,太阳正从大山背后探出头来。对光和氛围的熟练处理是通过相继运用微妙的湿干彩色涂层,再以刮擦修饰完成的,这是透纳最杰出的作品所展现的特征,表现出他要把神话般的氛围注入风景画中的决心。

卡斯帕·大卫·弗里德里希
德国，1774—1840年
吕根岛东岸风景与牧羊人，
1805—1806年
深褐色墨，深褐色晕染，白树胶水粉，
石墨，米色布纹纸，24¼ × 39英寸
（61.6 × 99厘米）
购买，主席理事会的几位成员捐赠，
弗莱彻基金，利昂·D与黛布拉·R·布
莱克许诺捐赠，2002年（2002.260）

在卡斯帕·大卫·弗里德里希于1807年开始创作油画以前，他已经创作出在他的时代最具魅力的一批风景素描。这张尺幅格外大的画绘于1805—1806年，是以他在吕根岛上画的草图为基础画成的；吕根岛在波罗的海中，离弗里德里希的出生地不远。岛上荒芜的景象激发弗里德里希创作出他最好的一些作品，在这些作品中，他把对自然的细致观察与一种无处不在的浪漫主义相结合。一个孤独的人凝视广袤的自然成为弗里德里希作品中反复出现的一个主题。

素描和版画 229

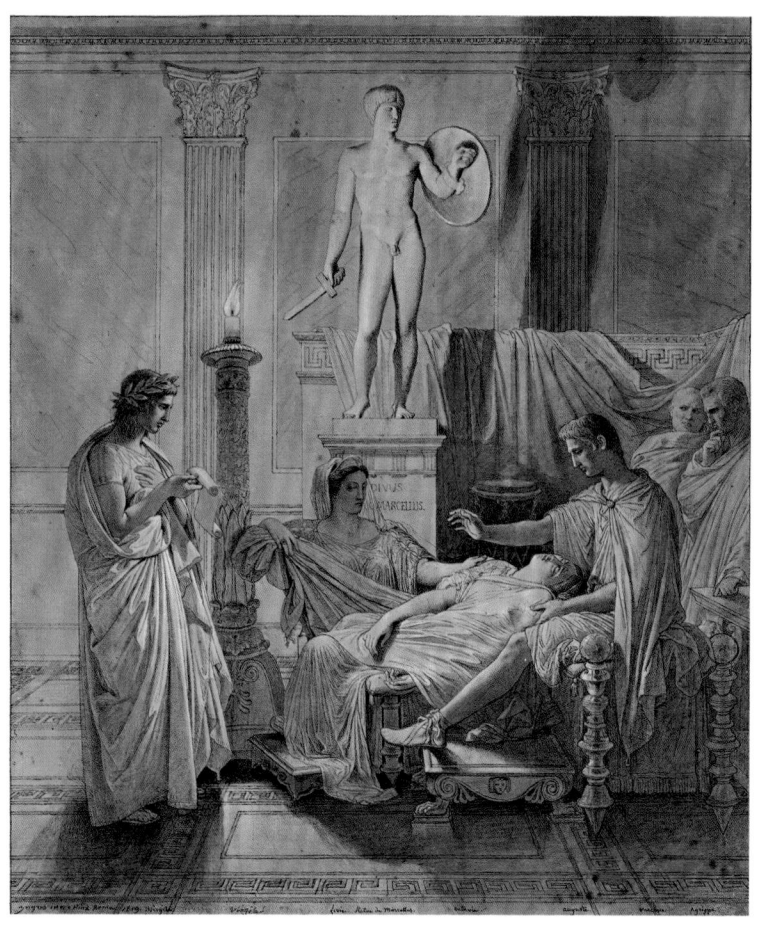

让·奥古斯特·多米尼克·安格尔
法国，1780—1867年
维吉尔为奥古斯都、莉薇娅、屋大维娅阅读《埃涅阿斯纪》，1809/1819（？）年
钢笔与黑色墨水，石墨，灰色水彩晕染，白树胶水粉加亮，孔特蜡笔，蓝色纸，15 × 12¾英寸（38.1 × 32.3厘米）
购买，罗杰斯基金，利昂·D与黛布拉·R·布莱克许诺捐赠，2009年（2009.423）

安格尔是他这一代人中最伟大的新古典主义艺术家。他对古典主题有独一无二的诠释，往往将考古学上的精准与仔细拿捏的感人戏剧场面相结合。此图上，诗人维吉尔正给罗马皇帝奥古斯都、他的妻子莉薇娅和他的姐姐屋大维娅阅读《埃涅阿斯纪》。当诗人朗读到"你将成为马塞卢斯"（拉丁文：*Tu Marcellus eris*）时，屋大维娅昏倒在皇帝腿上。马塞卢斯是她死去的儿子，他的裸身塑像主导着这个夜间场景，在墙上投下幽灵般的阴影。米奥利斯将军（1759—1828年）于1811年委托安格尔作的一幅油画与这幅素描有关，他曾在意大利为拿破仑一世服务。

戈雅（弗朗西斯科·德·戈雅-卢西恩特斯）
西班牙，1746—1828年
巨人，不迟于1818年
蚀刻凹版画，11¼ × 8¼英寸（28.5 × 21厘米）
哈里斯·布里斯班·迪克基金，1935年（35.42）

这幅稀有的版画描绘了一位神秘巨人坐在地球边缘，它是戈雅最令人不安又难忘的作品之一。这位凄凉无助的怪物越过肩头看向夜空，照亮夜空的只有月亮那最惨白的银光，这图景既引人怜悯又让人恐惧。戈雅采用了一种与镂刻铜版术类似的雕刻法，在事先用颗粒状的色彩弄得粗糙的金属版上刮出高亮，其结果就是一种不祥的黑色图像，类似于年老的戈雅在他位于马德里附近的房屋墙壁上作的"黑色画"。

詹姆斯·麦克尼尔·惠斯勒
美国，1834—1903年
大门，来自威尼斯的一组十二幅蚀刻画
蚀刻与直刻法，14/20，11½ × 7⅞英寸（29.2 × 20厘米）
哈里斯·布里斯班·迪克基金，1917年（17.3.90）

惠斯勒于1879年和1880年在威尼斯旅行时创作了这幅版画的铜版，这是伦敦美术学会委托他制作的十二幅风景画之一。他先是小心翼翼地蚀刻出线条，并以直刻法加深，然后在印刷的过程中运用了两种颜色的墨水。黑色墨水用于描绘装饰拉法瓦运河上古索尼宫大门的线条。棕色墨水则以一种类似单版画的手法极富表现力地涂抹在金属板上只有寥寥几笔线条的地方，创造出前景中流水瞬息变幻的意境，以及台阶后面昏暗作坊中引人遐想的映像。

素描和版画 231

文森特·凡高
荷兰，1853—1890年
精神病院的走廊，
1889年9月
油画颜料和精油覆于黑粉笔画上，粉红色罗纹（"安格尔"）纸，25⅝ × 19⅜英寸（65.1 × 49.1厘米）
艾比·奥德利奇·洛克菲勒遗赠，1948年（48.190.2）

法国圣雷米一座精神病院中的一条长廊骤然远去，一个微小的男子形象在画面中朝一道门走去。这个让人萦绕于心的画面是凡高对这个机构最有力的描绘，他从1889年5月到1890年5月在这里生活了一年，此后不久就结束了自己的生命。凡高把这幅大得不同寻常而且色彩斑斓的画送到他弟弟提奥那里去，用图画告诉他自己的周遭环境。明亮的酸性色彩以大胆的排线形式表现出来，创造出一种不断回响的共振；大幅度缩窄的透视点好像一把钳子，正要逼近画面中心的人物。

乔治·修拉
法国，1859—1891年
阿曼·让肖像，1882—1883年
孔特蜡笔，米沙莱纸，24½ × 18¾英寸（62.2 × 47.5厘米）
斯蒂芬·C·克拉克遗赠，1960年（61.101.16）

修拉给他的朋友——艺术家埃德蒙·弗朗索瓦·阿曼·让（1860—1936年）所作的肖像试作是十九世纪伟大的肖像素描之一。阿曼和修拉都在巴黎学过艺术，他们在1879年曾共用一个画室。这幅画作在1883年的巴黎沙龙中展出，也是这位23岁的艺术家第一次公开展示画作。修拉的特色就是在有纹路的纸上运用孔特笔作画，这种手法赋予这幅作品一种光度和色调上的和谐。画面上这位艺术家古典风格的平衡侧姿传达出一种超越时间的不朽特质。

安迪·沃霍尔
美国，1928—1987年
玛丽莲，1967年
丝网印刷，6 × 6英寸（15.2 × 15.2厘米）
纽约安泰丝网版画产品公司印刷，纽约工厂附属公司出版
工厂附属公司捐赠，1967年（67.855）

这件玛丽莲·梦露的肖像虽小却引人注目，它被当作传单寄出，以宣传沃霍尔的《玛丽莲》——一组十件大型丝网印刷画作品的出版。在其中，沃霍尔改动了玛丽莲为1953年的电影《飞瀑怒潮》所拍摄的宣传照，在她的脸部加入了幻彩荧光漆色彩。这组作品中的每一件都有不同的色彩搭配，层次叠加用了一种丝网印刷的商业印刷工艺，沃霍尔同时还采用了不对齐套印的手法，并且每次印刷数量巨大。沃霍尔使用商业印刷手段将玛丽莲的图像从遥不可及的性感女神转变成一项消费品，任何能支付合理价格的人均可获得。

欧洲绘画

大都会博物馆举世闻名的欧洲绘画收藏涵盖了十三至十九世纪的艺术品,上至乔托,下抵高更。除了藏有扬·凡·艾克、卡拉瓦乔、德加等不同流派艺术家的许多杰作以外,大都会博物馆还拥有西半球最广博的十七世纪荷兰艺术收藏,包括弗兰斯·哈尔斯、伦勃朗和维米尔等人的艺术精品。这里收藏的埃尔·格列柯和戈雅的作品是西班牙之外最优秀的,而这里对法国绘画从新古典主义到后印象派的全面介绍也仅次于巴黎的博物馆。本部门的收藏可以追溯到大都会博物馆1870年成立之初,当时博物馆从三个私人渠道获得了174幅画。自那时起,有公民意识的收藏家们又陆续通过众多捐赠和遗赠丰富了本部门的馆藏。近年来,本部门自行添购的作品和接受的捐赠使我们建立了一个颇具规模的十七世纪意大利绘画收藏,同时也以一批丰富的外光派油画速写扩增了庞大的印象派作品收藏。这些对现有馆藏的补充折射出我们对历史遗产的看法正在不断变化。

杜乔·迪·博尼塞尼亚
意大利，活跃于1278—1318年
圣母与圣婴，约1300年
蛋彩画，描金，木板；带框11 × 8¼英寸（27.9 × 21厘米），
画作表面9⅜ × 6½英寸（23.8 × 16.5厘米）
购买，罗杰斯基金，沃尔特和利奥诺·安那伯格及安那伯格基金会捐赠，莱拉·艾奇逊·华莱士捐赠，安妮特·德·拉·任塔捐赠，哈里斯·布里斯班·迪克·弗莱彻、路易斯·V·贝尔、道奇基金，约瑟夫·普利策遗赠，主席理事会的几位成员捐赠，伊连·L·罗森伯格和史蒂芬森家庭基金会捐赠，2003福利基金，以及来自多位捐赠者的其他捐赠和资金，2004年（2004.442）

锡耶纳画派大师杜乔的这幅精美作品用现实生活中的关系来表现圣母与圣婴的神圣形象，因而确定了西方艺术的一个转型时刻。与拜占庭时期将绘画作品视为神圣人物的象征性图像这一概念不同，杜乔赋予他的画中人物以一种新的人性，探索母与子之间的心理关系。一道栏杆将图上的虚构世界与观者的现实世界连接起来，这是这种图像手法最早的应用之一。原本的画框上显示出被蜡烛烧灼的痕迹，表明这幅画前曾燃点过敬拜用的蜡烛。

乔托·迪·邦多纳

意大利，1266/1267—1337年

主显节，可能作于1320年

木板蛋彩画，金粉，17¾ × 17¼ 英寸（45.1 × 43.8厘米）

约翰·斯图尔特·肯尼迪基金，1911年（11.126.1）

乔托作为意大利视觉艺术中一位影响深远的艺术家，其地位从他的时代至今几乎没有受到过挑战。他的作品中所展现出的智识特征是在他之前从未与绘画艺术联系起来过的。这块饰板描绘了圣婴的化身向东方三博士显现的场景，它与其他六幅已知的作品一样，都属于一系列刻画基督人生的作品。这块饰板的精彩之处在于人物似乎可在一个精巧描绘出来的空间中自如行动，同样值得注意的是国王伸手把圣婴从马槽上抱起来的这一动作，以及圣母脸上担忧的神情。

皮埃特罗·洛伦采蒂

意大利，活跃于1320—1344年

耶稣受难，1340年代

木板蛋彩画，金箔；带框16½ × 12½ 英寸（41.9 × 31.8厘米），画作表面14⅛ × 10⅛ 英寸（35.9 × 25.7厘米）

购买，莱拉·艾奇逊·华莱士捐赠和格温·安德鲁斯基金，2002年（2002.436）

这块饰板有不同寻常的戏剧张力和人物刻画，它与另一块已知的饰板一样，同属一件可移动的祭坛装饰画。皮埃特罗·洛伦采蒂在锡耶纳学画，师从于杜乔。皮埃特罗和他的兄弟安布洛乔一样，都是意大利艺术的真正创新者。这块饰板强调了故事情节的戏剧化，充分证明了这位艺术家丰富的想象力。这幅画原本是供人敬拜用的，但其中每一处细节，包括晕厥的圣母和正要打断其中一个盗贼双腿的精力充沛的人物，都表现出皮埃特罗将人性视角渗透入圣经主题的能力。

扬·凡·艾克和画室助手
尼德兰，约1390—1441年
耶稣受难与最后的审判，约1440年
布面油画，从木板上转移而来，每块22¼ × 7¾英寸
（56.5 × 19.7厘米）
弗莱彻基金．1933年（33.92ab）

这两幅画并列展示了基督为拯救人类而作出的牺牲与"最后的审判"，它们是十五世纪欧洲最知名的画家——布鲁日艺术家扬·凡·艾克的晚期作品。《耶稣受难》以观者现场目击的角度，在远景的衬托下描绘了这一场景。与之形成对比的是，《最后的审判》则按属灵的地位分三个层次构图，巧妙地通过改变人物比例来突出相互的重要性。原画框上的文字在画面中得到了非凡的逐一诠释，因此在文字和图像之间建立起一种互动。《最后的审判》的上半部分是由画家的一位助手参与创作的。

左图
彼得勒斯·克里斯蒂
尼德兰，活跃于1444—1475/1476年
加尔都森派教徒肖像， 1446年
木板油画；带框11½ × 8½ 英寸（29.2 × 21.6厘米），
画作表面11½ × 7⅜ 英寸（29.2 × 18.7厘米）
朱尔斯·贝克收藏，1949年（49.7.1）

扬·凡·艾克于1441年去世以后，彼得勒斯·克里斯蒂就成了布鲁日最主要的画家。这幅肖像画可以说是他所有注明日期的作品中最精美也最早的一件，克里斯蒂突破了当时流行的以单调的中间色为肖像背景的画法，将画面主体置于一个似是房间一角的位置中。画家以错视法为整个画面添加了一个带铭文的假边框，边框上还停歇着一只苍蝇，进一步提高了作品的逼真度。

右图
弗拉·菲利波·利比
意大利，约1406—1469年
女子与窗扉边的男子肖像， 约1440年
木板蛋彩画，25¼ × 16½ 英寸（64.1 × 41.9厘米）
马昆德收藏，亨利·G·马昆德捐赠，1889年（89.15.19）

这幅作品是那一时代最伟大的佛罗伦萨画派肖像画之一。它是存留至今最早的意大利双人肖像画，也是以室内场景为背景的同类肖像画中最早的一件。这幅画可能是为纪念图中两个人物的婚约或是婚礼而绘制的。女子左腕上有"lealt[a]"（忠诚）字样，仿佛刺绣在她红色长袍的袖口上。她身着一位新妇的华丽衣装，佩戴着奢华的珠宝。细致描绘的服装和首饰以及背景中表现出的房屋和花园都表明了这个家庭的财富。

安德烈亚·曼特尼亚
意大利，1430/1431—1506年
牧羊人的朝拜，1450年之后不久
布面蛋彩画，从木板上转移而来；带框15¾ × 21⅞英寸
（40 × 55.6厘米），画作表面14⅞ × 21英寸
（37.8 × 53.3厘米）
购买，匿名捐赠，1932年（32.130.2）

曼特尼亚是意大利绘画史上的一位奇才，他在二十岁出头时创作的这幅作品展示出他在细节描绘上令人称奇的天赋已完全成熟。植物从前景的岩石缝隙中钻了出来，水面上泛起的涟漪一直荡漾到河岸边。虽然这幅画表现的是传统题材，但曼特尼亚在其中融入细节的手法突显了他在艺术上的成就。画家对人物极富表现力的刻画似乎是对当时宫廷中人文主义思想兴起的一种回应。对风景一丝不苟的描绘反映了曼特尼亚对尼德兰绘画的尊崇。

汉斯·梅姆林
尼德兰,活跃于1465—1494年

托马索·迪·弗克·波提纳利（1428—1501年）和玛利亚·波提纳利（玛利亚·玛达莲娜·巴龙切利,生于1456年）,可能作于1470年

木板油画；《托马索》,带框17⅜ × 13¼ 英寸（44.1 × 33.7厘米）,画作表面16⅝ × 12½ 英寸（42.2 × 31.8厘米）；《玛利亚》,带框17⅜ × 13⅜ 英寸（44.1 × 34厘米）,画作表面16⅝ × 12⅝ 英寸（42.2 × 32.1厘米）

本杰明·奥特曼遗赠,1913年（14.40.626–27）

从1465年开始,汉斯·梅姆林就一直是布鲁日首屈一指的画家,直至他1494年去世。这

两幅肖像画描绘了托马索和玛利亚·波提纳利,他们是布鲁日大型意大利商业行会中的成员；托马索从1465年至1478年在那里管理着美第奇银行的一个分行。这两幅肖像画是北方文艺复兴艺术中的杰作,它们可能是为这对夫妻在1470年举行的婚礼而委托制作的,那年玛利亚大约只有十四岁,而托马索大约四十二岁。这两幅画原本是一件便携式三联画的两翼,夹在中间的是一幅礼拜用的圣母子像。

罗吉尔·凡·德尔·维登
尼德兰,约1399—1464年

弗朗切斯科·德·艾斯特（生于约1430年,卒于1475年以后）,约1460年

木板油画；带框12½ × 8¾ 英寸（31.8 × 22.2厘米）,画作表面,每边11¾ × 8英寸（29.8 × 20.3厘米）

弗里德萨姆收藏,麦克·弗里德萨姆遗赠,1931年（32.100.43）

罗吉尔·凡·德尔·维登是位很受青睐的肖像画家。这幅肖像画的主角是费拉城的统治者的私生子——弗朗切斯科·德·艾斯特,他被送往尼德兰接受教育和军事训练。罗吉尔于1460年左右在布鲁塞尔为他画了这幅肖像画。他手上拿着的锤子和戒指可能是他在马上长枪比武大赛中获得的奖品,也可能是权威的象征。

乔凡尼·贝利尼
意大利(威尼斯),活跃于1459—1516年
圣母子, 1480年代晚期
木板油画,35×28英寸(88.9×71.1厘米)
罗杰斯基金,1908年(08.183.1)

乔凡尼·贝利尼出自一个著名的艺术家庭,他的父亲雅各布和哥哥真蒂莱都赫赫有名。乔凡尼的一生都在威尼斯艺术家中享有盛誉。他创作的小型礼拜画表现出他具有将宗教虔诚与文艺复兴早期的自然主义和美学相结合的能力。不同寻常的是,人物身后的布景画布被拉到一边,露出了远处的风景,这种对光线和氛围的处理影响了后来乔尔乔内和提香的作品。画中描绘的风景包含寓意,带领观者的视线从贫乏的前景移动到繁荣的背景中,意喻着从死亡走向重生。

波提切利（亚历山德罗·迪·马里亚诺·菲利佩皮）

意大利，1444/1445—1510年
圣耶柔米最后的圣餐，1490年代早期
木板蛋彩画，金箔。13½ × 10英寸（34.3 × 25.4厘米）
本杰明·奥特曼遗赠，1913年（14.40.642）

师从菲利波·利比的波提切利或许是文艺复兴早期最著名的画家了。这幅画描绘了圣耶柔米的死亡，图上的他在自己位于伯利恒附近的卧室中由主内弟兄们搀扶着。这是为佛罗伦萨的羊毛商人弗朗西斯科·德尔·普格列斯所画的，他是激进的传教士萨伏纳洛拉的支持者，选择这一主题可能是因为他被其中透露出的强烈虔诚所吸引。异常精美的画框是在朱利安诺·达·马亚诺的作坊里制作的，弧形窗上的彩绘则出自巴托罗密欧·迪·乔凡尼之手，他有时会与波提切利合作。

皮耶罗·迪·科西莫(皮耶罗·迪·洛伦佐·迪·皮耶罗·迪·安东尼奥)
意大利,1462—1522年
狩猎图,约1485—1500年
蛋彩画和油画转移到美森耐纤维板上,27¾ × 66¾ 英寸(70.5 × 169.5厘米)
罗伯特·戈登捐赠,1875年(75.7.2)

这幅引人注目的画作描绘了人和萨梯(半人半羊的森林之神)正在捕捉狮子、熊和其他生物的场面,它是文艺复兴时期最出色的作品之一。它可能是作者受到古罗马作家卢克莱修和维特鲁威的作品影响而创作的一系列画作之一,也是最能使人联想到原始人生活的一幅极富想象力的作品。卢克莱修曾写道,原始人就像野兽一样生活。这幅画中的原始人挥舞着粗糙的棍棒,远处的动物正为避开森林大火而奔跑。

菲利皮诺·利比
意大利,约1457—1504年
圣母子,约1485年
木板蛋彩画,油画,金箔,32 × 23½ 英寸(81.3 × 59.7厘米)
朱尔斯·贝克收藏,1949年(49.7.10)

菲利皮诺·利比是佛罗伦萨画派中最有天赋也最有成就的画家之一,他先是师从自己的父亲——弗拉·菲利波·利比,后来又进入了波提切利的画室,因此他的风格受到了这两位大师的启发。画面中透过左边凉廊看到的风景以及蜡烛在墙上投下阴影的静物描绘风格,都揭示出他所受到的佛兰德斯画派的影响。明亮的色彩,尤其是圣母那以昂贵的群青色绘制的蓝色披风,可能是根据赞助人菲利浦·斯特罗兹的要求画的。

汉斯·巴尔东·格里恩（汉斯·巴尔东）
德国，1484/1485—1545年
圣约翰在拔摩岛，约1511年
木板油画；带框35¼ × 30¼ 英寸（89.5 × 76.8厘米），
画作表面34⅜ × 29¾ 英寸（87.3 × 75.6厘米）
购买，罗杰斯和弗莱彻基金；文森特·阿斯特基金会、狄龙基金、查尔斯·安格哈特基金会、劳伦斯·A·弗莱施曼、亨利·J·海因兹二世夫人、威拉德·T·C·约翰逊基金会公司、信诚集团控股公司、H·H·提森-博内米萨男爵、查尔斯·赖茨曼夫妇捐赠；约瑟夫·普利策遗赠；特别基金；其他捐赠和遗赠（交换），1983年（1983.451）

巴尔东来自一个律师和医生世家，他自己是一位极富独创性的油画家、版画家和彩绘玻璃窗设计者。十八岁时，他进入丢勒位于纽伦堡的画室。这块饰板原本属于一幅三联画，它描绘出使徒约翰在拔摩岛上写作《启示录》的场景；老鹰是约翰的象征。这件祭坛画是斯特拉斯堡附近莱茵河畔沃尔特城的耶路撒冷圣约翰会委托制作的，并曾记载于一份1510—1511年左右的文献中，那是巴尔东离开丢勒的画室差不多五年以后。

维托雷·卡尔帕乔
意大利，约1466—1525/1526年
关于耶稣受难的默想，约1480—1510年
木板油画和蛋彩画，27¾ × 34⅛英寸（70.5 × 86.7厘米）
约翰·斯图尔特·肯尼迪基金，1911年（11.118）

卡尔帕乔除在威尼斯创作了一系列著名的叙事画之外，他还运用复杂的符号象征画了一批敬拜图像。这就是其中令人印象最深刻的作品之一。图上右边，约伯坐在一块刻有希伯来文的石块上，铭文写着："我知道我的救赎者活着。"左边的圣耶柔米被刻画为一位隐士，他认为这段经文指的是基督的复活，而基督的尸体就展示在一个残缺的宝座上，座基上靠着那顶荆棘之冠。画中左边的风景一片荒凉，而右边却是田园风光，也是暗指生与死这两大主题的鲜明对比。

吉拉德·大卫
尼德兰，约1455—1523年
在逃往埃及的途中小憩，约1512—1515年
木板油画，20 × 17英寸（50.8 × 43.2厘米）
朱尔斯·贝克收藏，1949年（49.7.21）

这幅作品代表了尼德兰绘画中最流行的主题之一，它采用一种连续的叙事方式，意在让观者能感同身受。画家在背景处以较小的尺寸描绘了耶稣一家在森林中出现，正向左边山谷中一个半隐半现的同时代小镇走去。圣母和圣婴的金字塔状构图以及用明暗对照法所传达的体积感都表现出大卫对意大利文艺复兴时期的绘画惯例有了新的认识。

约阿希姆·帕提尼尔
尼德兰,活跃于1515—1524年
圣耶柔米的忏悔, 约1518年
木板油画;中央饰板,带边框,46¼ × 32英寸
(117.5 × 81.3厘米);各侧翼,带边框,47½ × 14英寸
(120.7 × 35.6厘米)
弗莱彻基金,1936年(36.14a–c)

这幅三联画是欧洲风景绘画史上的里程碑式作品,它可能是为德国南部的一座教堂制作的。帕提尼尔颠覆了当时常见的人物与背景的比例。画面从左到右分别描绘了施洗约翰在约旦河中为基督施洗、圣耶柔米、隐士圣安东尼和攻击他的怪物,三个场景均处于一片广袤壮丽的全景中,让观者不禁神游其间,如同踏上朝圣之旅。

阿尔布雷希特·丢勒
德国,1471—1528年
圣母子与圣安妮, 可能作于1519年
木板油画,23⅝ × 19英寸(60 × 49.8厘米)
本杰明·奥特曼遗赠,1913年(14.40.633)

丢勒旅居威尼斯时十分欣赏威尼斯画派画家乔凡尼·贝利尼的作品。丢勒可能正是受到他的启发而创作了圣母崇拜沉睡圣子这一主题。在旁观看的是圣母的母亲圣安妮,她在德国尤其受到尊崇。在此画中,圣安妮的原型是丢勒的妻子阿格妮丝。这幅画是供私人礼拜用的。

洛伦佐·洛托
意大利，约1480—1556年
维纳斯和丘比特，1520年代中期
布面油画，36⅜ × 43⅞英寸（92.4 × 111.4厘米）
购买，查尔斯·赖茨曼夫人捐赠，以纪念玛丽埃塔·翠里，1986年（1986.138）

这幅画的作者是文艺复兴时期威尼斯画派中最与众不同的一位天才，其主题受到古典婚恋诗歌的启发，几乎可以肯定是为庆祝一场婚礼而作的。图上的维纳斯或许正是新娘的肖像。维纳斯头上的贝壳和她腿上散落的玫瑰花瓣都是这位女神的传统标志。常春藤象征夫妻间的忠诚，桃金娘花环和悬挂在上面的小火盆都是洞房内的装饰。维纳斯戴着十六世纪新娘的耳环和王冠。丘比特朝桃金娘花环中撒尿的举动是多产的吉兆，同时也将一种轻松俏皮的气氛注入这幅十分私密的画作。

布龙齐诺（阿尼奥洛·迪·科西莫·迪·马里亚诺）

意大利，1503—1572年

年轻男子肖像， 1530年代

木板油画，37⅝ × 29½ 英寸（95.6 × 74.9 厘米）
H.O.哈弗梅耶收藏，H.O.哈弗梅耶夫人遗赠，
1929年（29.100.16）

这幅在佛罗伦萨绘成的作品是布龙齐诺最引人注目的画作之一。画中人物是谁现已不可考，但他想必属于布龙齐诺的文学界朋友圈，这个圈子里有历史学家贝尼狄托·瓦尔奇和诗人劳拉·巴蒂菲利，他们两位都曾为布龙齐诺当过模特。布龙齐诺自己也写过诗，既有严肃的，也有粗鄙的。图中一些充满幻想的俏皮装饰，比如刻在桌上和椅子上的怪诞头像以及由年轻男子的马裤褶皱形成的面具式脸庞，都可能因为对肖像画和自我展示的嘲讽而得到文学圈人士的欣赏。

安德烈亚·德尔·萨托
（安德烈·达尼奥洛）
意大利，1486—1530年
圣家庭与年轻的施洗约翰， 约1530年
木板油画，53⅞ × 39⅝英寸（135.9 × 100.6厘米）
玛利亚·德维特·吉萨普基金，1922年（22.75）

虽然萨托的风格以文艺复兴时期的艺术理想为根基，包括将比例自然的人物融合到一个界限清楚的空间中，但他富有表现力的色彩运用以及作品中人物多样且复杂的姿势都启发了第一代风格主义画家。这幅宏大的作品广为艺术家们模仿，人们认为它标志着佛罗伦萨将对这座城市的守护圣徒——施洗约翰的忠诚转移到了对基督的忠诚上。萨托以"毫无瑕疵的画家"而闻名，这一声誉在他精彩的人物刻画、人物高贵而复杂姿势的表现以及华丽的色彩运用方面得到了充分体现。

老卢卡斯·克拉纳赫
德国，1472—1553年
帕里斯的裁判， 可能作于约1528年
木板油画，40⅛ × 28英寸（101.9 × 71.1厘米）
罗杰斯基金，1928年（28.221）

出身于艺术世家的老卢卡斯·克拉纳赫后来成为一位闻名遐迩的宫廷画家，曾效力于维滕堡的萨克森选帝侯。图上的帕里斯正在思考密涅瓦、维纳斯和朱诺这三位女神中究竟谁最美丽。墨丘利站在一旁，手中拿着三位女神渴慕的奖品——一只金苹果（这里以玻璃球表示），丘比特在上方用箭头对准维纳斯。这一神话是成熟时期的克拉纳赫及他的宫廷赞助者最为钟情的主题。克拉纳赫还有一幅与此非常相似的画作，现藏于巴塞尔公共艺术收藏，通常也被认为是约1528年的作品。

提香（提齐安诺·维伽略）
意大利，1485/1490—1576年
维纳斯与阿多尼斯，1560年代
布面油画，42 × 52½ 英寸（106.7 × 133.4厘米）
朱尔斯·贝克收藏，1949年（49.7.16）

提香是文艺复兴时期威尼斯画派最伟大的画家。这个场景取材于奥维德的《变形记》，提香曾画过两个版本，一幅为西班牙的腓力二世而作，另一幅为罗马的法尔内塞家族而作；法尔内塞版现已失传。此图上，女神维纳斯徒劳地阻止她的人间恋人阿多尼斯去狩猎。图中嬉戏的享乐氛围隐藏着一个具有悲剧意味的讽刺：阿多尼斯命中注定要在这次狩猎中被一头野猪杀死。提香晚期的一些最有力的作品常突出表现古典神话中情欲享乐与残酷氛围的鲜明对比。

小汉斯·荷尔拜因
德国，1497/1498—1543年
一名魏吉家族成员的肖像，可能是赫曼·魏吉（卒于1560年），1532年
木板油画，16⅝ × 12¾ 英寸（42.2 × 32.4厘米），下面添加的横条为½英寸（1.3厘米）
爱德华·S·哈克尼斯遗赠，1940年（50.135.4）

这位画中人的戒指上有科隆魏吉家族的纹章，他可能是赫曼·凡·魏吉三世——伦敦钢院商站的成员之一。插入礼拜小书内的纸上写有古罗马剧作家泰伦提乌斯的喜剧《安德罗斯女子》中的一句话："真理滋生仇恨。"这些文字既暗示这本书的内容，也可能是这位画中人的座右铭。

老彼得·勃鲁盖尔
尼德兰，约1525—1569年
收割者，1565年
木板油画；整体（包括添加在上、下、右边的横条）
46⅞ × 63¾ 英寸（119 × 162厘米）；原作表面
45⅞ × 62⅞ 英寸（116.5 × 159.5厘米）
罗杰斯基金，1919年（19.164）

这幅画描绘了八九月的收割场景，农民在树荫下午餐休息，远处有人在玩耍，船只正从港口扬帆出发。勃鲁盖尔对自然形态的出色细腻观察使他成了西方艺术史上的一道分水岭——风景画为宗教服务的目的减弱，更趋向于表现新的人文主义。勃鲁盖尔对当地景色的描绘不是理想化的，而是建立在对自然和人物活动的观察之上。在构图的其余部分对风景以广袤的全景形式来表现，说明勃鲁盖尔笔墨的重点不在于描绘所处季节的相应农活，而在于景色本身营造的氛围及风景变化。这件作品属于六件描绘不同时节的作品系列，是由安特卫普的商人尼古拉斯·琼吉林克委托勃鲁盖尔所画。

欧洲绘画 251

保罗·委罗内塞（保罗·卡里亚利）
意大利，1528—1588年
战神与维纳斯因爱结合， 1570年代
布面油画，81 × 63⅜ 英寸（205.7 × 161厘米）
约翰·斯图尔特·肯尼迪基金，1910年（10.189）

这幅图上，丘比特用爱之结将战神（玛尔斯）与维纳斯绑在一起。维纳斯乳房中流出的乳汁和拴住战神之马的绳子都表明，这幅画颂扬了爱情具有滋养和驯服的效果。在十七世纪早期，这幅画与委罗内塞的其他神话和寓言场景画悬挂在一起，被神圣罗马帝国皇帝鲁道夫二世收藏在布拉格。这是委罗内塞最著名的绘画之一，在他创作高峰时期完成。这位威尼斯画派的画家是位善于运用光线和色彩的顶级大师，他的作品对从安尼巴莱·卡拉齐和委拉斯凯兹到提埃波罗的后世艺术家产生了深远的影响。

安尼巴莱·卡拉齐
意大利,1560—1609年
圣母加冕, 1595年以后
布面油画,46⅜ × 55⅝ 英寸(117.8 × 141.3厘米)
购买,阿德莱德·米尔顿·德·格鲁特小姐
(1876—1967年)遗赠(交换),曼纽尔·
波特医生和夫人及公子捐赠,以纪念莎拉·
波特,1971年(1971.155)

安尼巴莱·卡拉齐和卡拉瓦乔是十七世纪意大利最具影响力的两位画家。安尼巴莱于1595年抵达罗马后不久,就为红衣主教皮耶特罗·阿尔多布兰蒂尼画了这幅关键作品;直到1800年以前,这幅画都属于阿尔多布兰蒂尼家族的收藏。在这幅画中,安尼巴莱结合了意大利绘画中的两种潮流,一是意大利北部画风中对光线和色彩效果的细腻描绘,一是文艺复兴盛期巧妙的空间布局和理想化的人物类型。在这幅作品中,安尼巴莱开始为十七世纪重新定义古典主义风格。

埃尔·格列柯(多米尼克·提托克波洛斯)
希腊,活跃于意大利和西班牙,1540/1541—1614年
红衣主教的肖像,可能是红衣主教唐费尔南多·尼尼奥·德·格瓦拉(1541—1609年),
约1600年
布面油画,67¼ × 42½ 英寸(170.8 × 108厘米)
H.O.哈弗梅耶收藏,H.O.哈弗梅耶夫人遗赠,1929年
(29.100.5)

这幅著名的肖像画是欧洲肖像史上里程碑式的作品,它不仅与埃尔·格列柯成了同义词,也与西班牙和宗教裁判所成了同义词。画中人物是尼尼奥·德·格瓦拉,他在1596年成为红衣主教,并且因担任宗教裁判所长一职而著名。1600年2月和3月,格瓦拉身在托莱多,此后,他又于1601年和1604年两次造访这座城市;在这两段时间都住在托莱多的埃尔·格列柯一定就是在其中某段时间给他画了这幅肖像画。

埃尔·格列柯（多米尼克·提托克波洛斯）
希腊，活跃于意大利和西班牙，1540/1541—1614年
托莱多风景，约1597—1599年
布面油画，47¾ × 42¾ 英寸（121.3 × 108.6厘米）
H.O.哈弗梅耶收藏，H.O.哈弗梅耶夫人遗赠，1929年（29.100.6）

这幅画是格列柯最伟大的风景作品，它属于一种象征性城市风景的艺术传统。与格列柯的上乘肖像作品一样，这幅画的切入角度也是诠释性而非写实性的。它追求的是捕捉这座城市的精髓，而不是真实记录其表象。画中描绘了从北边看到的城市东面部分的景象，从这一角度本不应该包括大教堂，但在格列柯的虚构中，大教堂被移到了巍然屹立的城堡左侧。一系列建筑沿着陡峭的丘陵下降至一座罗马阿尔坎塔拉拱形桥边，太加斯河对岸屹立着圣塞尔万多城堡。格列柯去世时，这幅画依然在他位于托莱多的画室里，后来被阿尔克斯伯爵购去。这位伯爵是一位大收藏家，拥有起码十七件格列柯的绘画作品。

卡拉瓦乔
（米开朗基罗·梅里西）
意大利，1571—1610年
圣彼得的否认，1610年
布面油画，37 × 49⅜ 英寸（94 × 125.4厘米）
赫尔曼与莱拉·希克曼捐赠；购买，莱拉·艾奇逊·华莱士捐赠，1997（1997.167）

这幅画的叙事手法和简洁的画面令人赞叹，它是卡拉瓦乔在其动荡人生中的最后几个月画成的，标志着他那具有革命性的绘画风格中一个极端的阶段。在图中，他避免表现色彩的微妙和美丽，转而将精力集中在戏剧性的人物身上。图中的彼得站在大祭司的院子里，一个使女指认他和耶稣是一伙的。士兵伸出的一个指头和使女伸出的两个指头暗指三次指控和彼得的三次否认。卡拉瓦乔晚期的作品主要依靠明亮部分与黑暗背景之间形成的强烈对比来表现戏剧性效果。

弗兰斯·哈尔斯
荷兰，1582/1583—1666年
忏悔节的寻乐者，约1616—1617年
布面油画，51¾ × 39¼ 英寸（131.4 × 99.7厘米）
本杰明·奥特曼遗赠，1913年（14.40.605）

这是哈尔斯的重要早期画作，其色彩、笔触和饱满的构图让人想起同时代的佛兰德斯艺术家雅各布·约尔丹斯的作品。这幅画的主题是荷兰狂欢节（即忏悔节或嘉年华），这是四旬斋前一场以愚蠢的行为而闻名的盛宴。两位来自滑稽剧场的人物分别是"腌鲱鱼"（Peeckelhaering）和"香肠约翰"（Hans Wurst），他们穿戴着相应的食物，向一位年轻"淑女"（实际上是男扮女装）展开不得体的攻势："她"脖子粗壮，头戴一顶桂冠。

圭尔奇诺（乔万尼·弗朗切斯科·巴尔别里）
意大利，1591—1666年
参孙被非利士人捕获，1619年
布面油画，75¼ × 93¼ 英寸（191.1 × 236.9厘米）
查尔斯·赖茨曼夫妇捐赠，1984年（1984.459.2）

圭尔奇诺的画作以大型、逼真的人物形象描绘了《旧约》中参孙和大利拉的故事高潮——在参孙诡诈的情人大利拉的帮助下，非利士人突袭参孙，将他捆住，并剜去了他的眼睛。此画的构图纷繁有力，极具创新，其焦点是参孙那健壮的后背，圭尔奇诺通过遍满画布的众多人物勾勒出一幕极具张力的场景。戏剧性的光线体现出典型的圭尔奇诺早期自然主义明暗对照画风。这幅画是红衣主教贾科莫·赛拉托委托正处在创作高峰期的圭尔奇诺画的数幅作品之一。这位主教是驻费拉拉的教皇使节，同时也是一位有名的收藏家。

右图
亨德里克·德·布吕根
荷兰，1588—1629年
耶稣受难与圣母和圣约翰，约1624—1625年
布面油画，61 × 40¼ 英寸（154.9 × 102.2厘米）
来自多位捐赠者的资金，1956年（56.228）

这幅作于约1624—1625年的油画是一幅祭坛画，可能是为一个位于乌得勒支的天主教堂所画；那里尚能容忍天主教，但并不加以鼓励。这幅画具有显著的古风特点，比如瘦骨嶙峋的基督身躯、较浅的空间感和星空等，这些特点让许多观者想到中世纪晚期丢勒制作的木版画和雕版画，以及位于法国科尔马，由马蒂亚斯·格吕内瓦尔德所作的《伊森海姆祭坛画》。大都会博物馆收藏的这幅画可能是为了取代一幅已经受损或被彻底毁坏的祭坛画而作。由于这幅画使用了一种易褪色的颜料（大青），其中描绘的天空曾经比现在要蓝。

左图
安东尼·凡·戴克
佛兰德斯，1599—1641年
卢卡斯·凡·乌菲尔（卒于1637年），约1622年
布面油画，49 × 39⅝ 英寸（124.5 × 100.6厘米）
本杰明·奥特曼遗赠，1913年（14.40.619）

凡·乌菲尔是一位富裕的佛兰德斯商人和船主，他居住在威尼斯，并在那里认识了凡·戴克，当时正是凡·戴克在意大利停留期间（1621—1627年）的早期。图中的凡·乌菲尔被描绘为一位有学识的绅士，他桌上的测径器、竖笛、六弦古提琴的琴弓、古人头像、素描和星象仪等物件均暗示出他的广博兴趣。这幅布面油画于1730年代首次记录在黑森·卡塞尔领地伯爵的收藏中。

欧洲绘画 257

瓦伦丁·德·布隆涅

法国，1591—1632年

弹鲁特琴的人，约1626年

布面油画，50½ × 39英寸（128.3 × 99.1厘米）

购买，沃尔特和利奥诺·安那伯格添购捐赠基金；来自多位捐赠者的资金；添购基金；詹姆士和黛安·伯克捐赠及马克·菲西夫妇捐赠；路易斯·V·贝尔·哈里斯·布里斯班·迪克·弗莱彻·罗杰斯基金及约瑟夫·普利策遗赠，2008年（2008.459）

瓦伦丁是卡拉瓦乔的追随者中最伟大的法国画家，也是十七世纪罗马杰出的艺术家，他的整个创作时期都是在罗马度过的。他最常画的主题总与寻欢作乐有关，如奏乐、饮酒和算命等。这些画面总是有一种直接感和鲜活感，唯一能与之相提并论的只有委拉斯凯兹的早期作品。这幅画中，一位富裕的士兵唱着情歌，这在瓦伦丁的所有作品中都是独一无二的。它可能象征瓦伦丁的绰号"阿马多尔"（西班牙语"爱情男孩"之意），瓦伦丁于1624年在罗马的时候给自己取了这个绰号，

那年他加入了一个外国艺术家协会，叫作"同羽鸟"（Bentveughels）。瓦伦丁去世时年纪尚轻，正值其名声鼎盛之时，只留下区区几件作品。

乔治·德·拉图尔

法国，1593—1652年

算命者，可能作于1630年代

布面油画，40⅛ × 48⅝英寸（101.9 × 123.5厘米）

罗杰斯基金，1960年（60.30）

天真的少年在听一位干瘪的吉普赛老妇给他算命，而她的同伙正在偷窃他身上的财物。这一主题在十七世纪欧洲所有的卡拉瓦乔风格画家中都颇为流行。拉图尔的这幅画可能是以戏剧的语言暗指浪子回头的寓言故事。铭文中有法国洛林地区吕内维尔镇的名字，那里是拉图尔居住的地方。

彼得·保罗·鲁本斯
佛兰德斯，1577—1640年

鲁本斯与妻子海伦娜·福尔曼（1614—1673年）及他们的一个孩子，

1630年代中晚期
布面油画，80¼ × 62¼ 英寸（203.8 × 158.1厘米）
查尔斯·赖茨曼夫妇捐赠，以纪念约翰·波普-轩尼诗爵士，1981年（1981.238）

这幅宏伟的自画像的场景设在"爱的花园"里，与鲁本斯位于安特卫普宅第背后的花园类似，画中有艺术家本人、他的第二任妻子海伦娜·福尔曼和他们的一个小孩，赞美了作为妻子和母亲的海伦娜。这对夫妻在1630年结婚，共育有五个孩子；图上这个孩子一定是出生于1633年7月12日的弗兰斯。他的姐姐克拉拉·乔安娜没有出现在这幅画中，可能是因为这幅画是为了赞美海伦娜给这位富有的画家添了一位男性子嗣（他将继承父亲的所有财产）。鹦鹉是圣母玛利亚的标志之一，因此象征着完美的母性地位。

欧洲绘画　259

尼古拉斯·普桑
法国，活跃于意大利，1594—1665年
掠夺萨宾妇女，可能作于1633—1634年
布面油画，60⅞ × 82⅝ 英寸（154.6 × 209.9厘米）
哈里斯·布里斯班·迪克基金，1946年（46.160）

根据传说，最早的罗马人邀请与他们比邻的萨宾人去罗马，只为强行留下他们的年轻女子做自己的妻子。此图中，罗慕路斯撑起他的披风作为事先商量好的信号，让武士们夺取这些女人。普桑对古代遗物的研究体现在右边男子所穿的黄色盔甲上，这是依据一种古罗马胸甲而画的，这种盔甲由皮革制成，展现了这名男子的躯干结构。长期以来这幅作品都被视为法国古典绘画中的决定性杰作，它曾属于克雷基元帅。作为法国派驻罗马的大使，克雷基得以有机会见到普桑，因为普桑曾在罗马度过了整个成年时期。

左图
巴托洛米·埃斯特班·牟利罗
西班牙，1617—1682年
圣母子，约1670—1672年
布面油画，65¼ × 43英寸（165.7 × 109.2厘米）
罗杰斯基金，1943年（43.13）

作为牟利罗最美丽的绘画之一，这幅画是圣地亚哥侯爵收藏的一部分，这位侯爵拥有牟利罗的许多杰作。1728年，这幅作品在日录中的名字是"哺乳圣母与圣子"。由于观者的出现，圣婴的注意力暂时从吃奶上转移。牟利罗画的圣母子之所以受到欢迎，是因为他能在一个陈旧的主题中注入亲切和甜蜜的感觉。这幅画作于1670年代早期，那时牟利罗是西班牙最著名的艺术家。

右图
胡塞佩·德·里贝拉
西班牙，活跃于意大利，1591—1652年
圣家庭与圣安妮和亚历山大的凯瑟琳，1648年
布面油画，82½ × 60¾英寸（209.6 × 154.3厘米）
塞缪尔·D·李基金，1934年（34.73）

虽然里贝拉出生于西班牙——其绰号"小西班牙人"（*Lo Spagnoletto*）正得名于此，但他成年后的大部分岁月都在由一位西班牙总督统治的那不勒斯度过。他早年在罗马的时候沿用了卡拉瓦乔直接根据画室模特作画的方法。在里贝拉的艺术中，取材于日常生活的人物形象被转换为圣人、先知、古典哲学家等令人赞叹不已的形象。他的绘画所带来的视觉冲击力在很大程度上是因为他研究了拉斐尔的画法，借鉴使用了其构图形式。这件晚期作品也是里贝拉的精美佳作之一，它集中体现了这位艺术家的艺术成就。尤其值得注意的是美丽的静物细节、明亮的衣物以及人物脸上柔和的表情。

欧洲绘画　261

委拉斯凯兹（迭戈·罗德里格斯·德·席尔瓦-委拉斯凯兹）
西班牙，1599—1660年
胡安·德·帕雷哈（生于约1610年，卒于1670年），1650年
布面油画，32 × 27½ 英寸（81.3 × 69.9厘米）
购买，弗莱彻和罗杰斯基金，阿德莱德·米尔顿·德·格鲁特小姐（1876—1967年）遗赠（交换），大都会博物馆之友捐赠补足余款，1971年（1971.86）

这幅非凡的肖像画描绘了委拉斯凯兹的摩尔人奴隶兼画室助手。在罗马画成的这幅作品于1650年3月在万神庙公开展出。委拉斯凯兹显然希望以自己的艺术技巧给他的意大利同仁留下深刻印象。果不出他所料，如同委拉斯凯兹的传记作者安东尼奥·帕洛米诺告诉我们的那样，这幅画"赢得无比一致的赞赏，以至于各国所有画家都认为，其他一切看起来都像画，只有这幅画看起来像真理"。委拉斯凯兹不仅描绘出画中人的形体，也传达出他自豪的性格。这位奴隶后来也成了一位画家，并在1654年被委拉斯凯兹释放。

尼古拉斯·普桑
法国，活跃于意大利，1594—1665年
失明的俄里翁寻找升起的太阳， 1658年
布面油画，46⅞ × 72英寸（119.1 × 182.9厘米）
弗莱彻基金，1924年（24.45.1）

描绘这位巨人猎手的故事时，普桑参照了希腊作家琉善（《大厅》27—29）的叙述："失明的俄里翁背着科达利翁，后者在他的背上指路，往太阳的方向行去。升起的太阳治愈了（他的）失明。"普桑还研究了一份十六世纪的注释书，此书对这一神话提出气象学上的诠释。根据这本书，普桑在云中增添了狄安娜，她象征月亮采集地球水气并将之转换成雨的能力。这幅出色的绘画将普桑着迷的两件事结合了起来，一是古典神话，一是大自然的无边力量。

伦勃朗（伦勃朗·凡·莱因）
荷兰，1606—1669年
自画像， 1660年
布面油画，31⅝ × 26½英寸（80.3 × 67.3厘米）
本杰明·奥特曼遗赠，1913年（14.40.618）

伦勃朗在事业阶段的每个十年期都作有自画像，总共有十几幅这样的画作，他们在构图、表情和手法上都有相当大的区别。在后期的作品中，广泛的色彩运用真实地记录了这位艺术家逐渐年迈的特点。这位著名大师的自画像在画家生前就特别受到收藏家的钟爱。

欧洲绘画 263

伦勃朗（伦勃朗·凡·莱因）
荷兰，1606—1669年
亚里士多德与荷马半身像，1653年
布面油画，56½ × 53¾ 英寸（143.5 × 136.5厘米）
购买，大都会博物馆之友特别捐助、捐赠或遗赠的基金，1961年（61.198）

在这幅想象的亚里士多德肖像画中，这位古希腊哲学家将自己的手放在荷马半身像上，陷入沉思；荷马是前一个时代的伟大诗人。从亚里士多德的金链上垂下一个圆形浮雕，其上刻有亚历山大大帝，亚里士多德曾担任他的老师。一般的观点认为，亚里士多德正在思考世俗成就的价值，而不是精神价值。亚里士多德眉宇间浮现的阴影表明他在沉思，他触摸的物体则代表物质和精神的双重世界。这幅画是为西西里收藏家安东尼奥·鲁弗所画的，同时也是伦勃朗最伟大的作品之一。

迈克尔·史维特斯
佛兰德斯,1618—1664年
给赤身露体的人衣服穿,约1661年
布面油画,32¼ × 45英寸(81.9 × 114.3厘米)
查尔斯·赖茨曼夫妇捐赠,1984年(1984.459.1)

史维特斯在布鲁塞尔出生,从1646年到大约1653/1654年间在罗马工作。回到布鲁塞尔数年后,他又去了阿姆斯特丹,那里1661年的档案记录上有他的名字。在荷兰时,他的克己和施舍等宗教行为引起了人们的注意,他可能就是在那里画了这幅极其私密的画作。1662年,他和法国传教士一同远赴波斯,后来又独自一人去印度果阿,并于1664年在那里去世。史维特斯个人的简朴苦行从没妨碍他在色彩、光线和表情上异常出色的表达。

约翰内斯·维米尔
荷兰,1632—1675年
青年女子头像,约1665—1667年
布面油画,17½ × 15¾英寸(44.5 × 40厘米)
查尔斯·赖茨曼夫妇捐赠,以纪念小西奥多·卢梭,
1979年(1979.396.1)

在十七世纪,这样的画被称为"tronies"(意为"容貌"),观者欣赏其中不同寻常的服饰、有魅力的面容、个性的显露和艺术家的技巧。虽然画家一定使用了模特,但他的目标不是肖像画,而是试图表达人物的性格和表情。荷兰的这种绘画如同欧洲其他地方的同类绘画一样,常表现出一些艺术效果,比如光线落在精美的衣物、柔软的皮肤或珍珠耳环上。这可能是1696年在阿姆斯特丹举行的一场拍卖会上拍卖的三件维米尔作品之一,当时的描述说它是"一幅着古衣的'面部'[tronie]肖像,非同寻常地巧妙"。

约翰内斯·维米尔
荷兰,1632—1675年
持水壶的少妇,约1662年
布面油画,18 × 16英寸(45.7 × 40.6厘米)
马昆德收藏,亨利·G·马昆德捐赠,1889年
(89.15.21)

这幅保存完好的画作来自1660年代早期,体现了维米尔画风成熟后的特点。维米尔对光学效果有极大的兴趣,他通过作画时的精细计算和一些修改使画作达到了三原色和简单形状的静态平衡。这里的构图符合家庭生活的安宁这一主题,图中的水盘和水壶在传统上象征纯净,因此更强调了安宁的氛围。这幅油画是1887年至1919年间来到美国的十三幅维米尔油画中最早的一幅。

雅各布·凡·雷斯达尔
荷兰，1628/1629—1682年
麦田，约1670年
布面油画，39⅜ × 51¼ 英寸
(100 × 130.2厘米)
本杰明·奥特曼遗赠，1913年
(14.40.623)

这幅创作于约1670年的大型油画是雷斯达尔最有野心的麦田景观画作，这个主题在他的作品中很常见。雄伟的构图中，中间的凹处指向远方的空间，这可能是为某种特别的背景专门设计的，或者是为了悬挂在壁炉台的上方。在十七世纪，这么大的画作通常都挂在高处。

克劳德·洛兰
（克劳德·热莱）
法国，活跃于意大利，
1604/1605？—1682年
特洛伊女人放火烧船，
约1643年
布面油画，41⅜ × 59⅞ 英寸
(105.1 × 152.1厘米)
弗莱彻基金，1955年 (55.119)

特洛伊女人点燃她们的船，打算结束自特洛伊被攻陷以来的多年流浪。远处的云和雨预示风暴即将来临，这是在埃涅阿斯的请求下由朱庇特派来灭火的。据克劳德在他的记录书《真理之书》中所载，这幅画是在罗马为吉罗拉莫·法尔内塞所画。这位博学的主教在1643年回到罗马，一定是他选择了维吉尔《埃涅阿斯纪》(5.604—710) 中的这一情节，暗指他在多年担任教廷使节的巡回工作中，在遥远的阿尔卑斯山一带的瑞士邦联诸州与加尔文主义作斗争。

欧洲绘画　267

扬·施特恩

荷兰，1626—1679年

阳台上的欢乐时光，约1673—1675年

布面油画，55½ × 51¾英寸（141 × 131.4厘米）

弗莱彻基金，1958年（58.89）

在这幅作于约1673—1675年的油画中，施特恩把自己描绘成画面左边那位醉醺醺的客栈老板。他的第二任妻子玛丽亚可能是画面中央那位姿势挑逗的女主人的原型。她手中的玻璃杯和那位胖男人的酒壶都富于性暗示，但女子与年轻音乐家的亲近以及他手中七弦琴的形状都表明，他更能满足女子的需要。穿着过于讲究的小男孩则是对成年人行为的微弱批评；套上笼头的马和鞭子通常象征节制。

卡纳莱托（乔凡尼·安东尼奥·康纳尔）
意大利，1697—1768年
圣马可广场，1720年代晚期
布面油画，27 × 44¼ 英寸（68.6 × 112.4 厘米）
购买，查尔斯·赖茨曼夫人捐赠，1988年（1988.162）

卡纳莱托是十八世纪威尼斯最著名的风景画家，他在造访威尼斯的英国游客中尤其受到欢迎。这幅色彩极其鲜艳、保存完好的油画描绘了著名的圣马可广场。图中钟楼上的窗户比实际上的要少，而且旗杆也太高了，但除此以外卡纳莱托的描绘还是比较忠于实物的。对颜料的松散、粗糙处理和高亮度色阶的运用都表明这幅作品应该作于1720年代晚期。

安托万·华托
法国，1684—1721年
弹吉他的梅兹坦，约1718—1720年
布面油画，21¾ × 17 英寸（55.2 × 43.2 厘米）
孟赛基金，1934年（34.138）

梅兹坦是意大利即兴喜剧中的典型滑稽人物，他在巴黎的舞台上也有一席之地。他有时捣乱，有时狡猾，有时又为爱情而苦恼。这幅著名的油画最初为华托的友人让·德·朱利安尼所有，后来又为俄国女皇叶卡捷琳娜二世所藏。有一幅粉笔试作根据模特勾勒出了梅兹坦歪着的头，目前也藏至大都会博物馆。此图中梅兹坦的头部和他庞大却瘦削的双手都极富表现力。花园里背对着梅兹坦的塑像是维纳斯。

欧洲绘画 269

让·西美翁·夏尔丹
法国，1699—1779年
肥皂泡，约1734年
布面油画，24 × 24⅞ 英寸
（61 × 63.2厘米）
温特沃斯基金，1949年（49.24）

儿童闲时嬉戏是夏尔丹作品中很受青睐的主题，他是画家中一位了不起的自然主义者。在这幅作于约1734年的油画中，形式和主题都借鉴了十七世纪荷兰风俗画的传统。虽不确定他是否打算用这幅画表达某种信息，但当时的人认为肥皂泡暗示生命的无常。这一主题后来的版本现藏于洛杉矶县立艺术博物馆和华盛顿的国家美术馆。

弗朗索瓦·布歇
法国，1703—1770年
维纳斯的梳妆室，1751年
布面油画，42⅝ × 33½ 英寸（108.3 × 85.1厘米）
威廉·K·范德比尔特遗赠，1920年（20.155.9）

路易十五的情妇蓬巴杜夫人非常欣赏布歇，她从1747年直到1764年去世都是布歇的赞助人。这幅著名的画和另一幅一起，都是她请布歇为贝尔维尤城堡——她位于巴黎附近的城堡的化妆室画的。1750年，她在一出戏剧中表演过题目中的角色，这出戏在凡尔赛上演，就叫作"维纳斯的梳妆室"。虽然这幅画不是肖像画，但艺术家也很可能借此机会将蓬巴杜夫人美化了一番。

乔瓦尼·巴蒂斯塔·提埃波罗
意大利,1696—1770年
行星与大陆的寓言,1752年
布面油画,73 × 54⅞ 英寸(185.4 × 139.4厘米)
查尔斯·赖茨曼夫妇捐赠,1977年(1977.1.3)

这幅画是提埃波罗所作规模最大也最光彩夺目的一幅油画草图,其中描绘出太阳神阿波罗正要开始他横穿天空的每日行程。围绕在太阳神身边的众神象征行星,四边的寓言人物象征大陆。1752年4月20日,提埃波罗将这幅初步图样呈给伍兹堡亲王主教卡尔·菲利浦·凡·格莱芬克劳,提议如此装饰主教皇宫的大楼梯间天花板,后来完成的天顶画是这位艺术家最伟大的成就。四角上以灰色装饰法描绘的人物后来由装饰家兼雕塑家安东尼奥·波士在天花板上以灰泥塑成。

让·巴蒂斯特·格勒兹
法国，1725—1805年
破蛋，1756年
布面油画，28¾ × 37英寸（73 × 94厘米）
威廉·K·范德比尔特遗赠，1920年
（20.155.8）

虽然这幅作品是在罗马画成的，其中的场景和人物服装也都是意大利式的，但主题的灵感却来自十七世纪的荷兰绘画《破蛋》（现藏于圣彼得堡的国立艾尔米塔什博物馆）。其作者是老弗兰斯·凡·米里斯。格勒兹通过一幅铜版画得知这件作品。破碎的蛋象征失去童贞，试图修补其中一只蛋的小男孩象征童年时代懵懂的天真。这幅画在1757年的巴黎沙龙展出时获得观众好评。

让·奥诺雷·弗拉戈纳尔
法国，1732—1806年
情书，约1770年
布面油画，32¾ × 26⅜英寸（83.2 × 67厘米）
朱尔斯·贝克收藏，1949年（49.7.49）

在弗拉戈纳尔的作品中，"完成"是个相对的概念。此图中，弗拉戈纳尔在棕色调上以深棕色塑造出构图，用笔尖和不同浓度的笔触勾勒、塑形。鲜艳的色彩和白色只运用于画布中央受到强烈光照的部分：年轻女子施粉后的脸庞、她的裙子和帽子，以及桌、凳、鲜花和狗。目前尚未解读出她手中卡片上的文字，因此不知这位模特是谁，也无法得知这幅著名的油画作品究竟是肖像画还是风俗画。

乔舒亚·雷诺兹爵士
英国，1723—1792年
**乔治·K·H·古斯麦克上校
（1759—1801年）**，1782年
布面油画，93¾ × 57¼ 英寸（238.1 × 145.4 厘米）
威廉·K·范德比尔特遗赠，1920年（20.155.3）

古斯麦克在1776年加入了近卫步兵第一团担任掌旗官和中尉，这是委任军衔中最低的一级。他最终晋升至中校，并于1795年退役，但自始至终都没有参加过战斗。雷诺兹的记录显示，他在1782年与这位年轻人预约了二十一次做模特的时间，而为了画他的马可能也预约了八次。日记作家范妮·伯尼觉得古斯麦克安静腼腆，举止得体。这幅画体现了雷诺兹最出色的风格中所体现的那种极致的自由和灵活度，而且其中显然没有他画室助手的介入。

左图
托马斯·庚斯博罗
英国，1727—1788年
格雷斯·达尔林普尔·埃利奥特夫人（1754?—1823年），1778年
布面油画，92¼ × 60½ 英寸（234.3 × 153.7厘米）
威廉·K·范德比尔特遗赠，1920年（20.155.1）

埃利奥特夫人是一位苏格兰医生的前妻，也是裘孟德礼勋爵身边稳定的伴侣；这位勋爵就是后来的第一位裘孟德礼侯爵，可能正是他委托制作了这幅肖像。画中人高耸的时髦发型里衬有衬垫，并扑上了粉，使她看起来不那么娇小。她穿着十八世纪时兴的黄色长裙，这种裙子在一个多世纪以前备受安东尼·凡·戴克爵士的亲睐。这件作品曾于1778年在皇家艺术学院展出。

右图
托马斯·劳伦斯爵士
英国，1769—1830年
伊丽莎白·法伦（生于约1759年，卒于1829年），即后来的德比伯爵夫人，1790年
布面油画，94 × 57½ 英寸（238.8 × 146.1厘米）
爱德华·S·哈克尼斯遗赠，1940年（50.135.5）

伊丽莎白·法伦是一位喜剧演员，她于1777年首次在伦敦登台演出。经历了一段漫长的追求期后，她在1797年嫁给了第十二代德比伯爵爱德华·史密斯·斯坦利。这幅肖像是劳伦斯在1790年为伯爵画的，后来在皇家艺术学院展出时获得称赞。虽然德比勋爵认为图上的法伦小姐看起来太瘦削，但劳伦斯决定不在这幅焕发光彩的画作中做出任何修改。这幅油画与另一幅夏洛特女王的全身肖像画让这位天赋异禀又充满雄心壮志的二十一岁艺术家很早就声名鹊起。

戈雅（弗朗西斯科·德·戈雅-卢西恩特斯）
西班牙，1746—1828年
曼努埃尔·奥索里奥·曼里克·德·祖尼加（1784—1792年），可能在1792年以后
布面油画，50 × 40英寸（127 × 101.6厘米）
朱尔斯·贝克收藏，1949年（49.7.41）

这幅著名肖像画中的人物是阿尔塔米拉伯爵夫妇的儿子。他身着漂亮的红色衣服，正与他的宠物们玩耍，包括一只喜鹊（它的嘴里叼着戈雅的名片）、一笼子雀鸟和三只睁大眼睛的猫。在基督教艺术中，鸟类常用来象征灵魂；在巴洛克艺术中，笼中鸟象征纯真。戈雅可能打算用这幅肖像画来表现童真世界与邪恶力量只有一线之隔，或者他打算借此评论纯真童年和青年时代转瞬即逝的本质。这幅画可能是在画中的孩子于1792年夭折之后所画。

雅克-路易·大卫
法国，1748—1825年
苏格拉底之死，1787年
布面油画，51 × 77¼ 英寸（129.5 × 196.2厘米）
凯瑟琳·罗瑞拉德·沃尔夫收藏，沃尔夫基金，1931年（31.45）

雅典政府指控苏格拉底不信神并且用他的教导腐蚀青年，因此给了他两个选择，要么宣布放弃自己的信仰，要么服毒堇汁而死。在大卫的画笔下，苏格拉底镇定地向他悲伤的弟子们讲述灵魂永生的道理。这幅画中斯多葛式的主题大致以柏拉图的《斐多篇》为蓝本，它可能是大卫最完美的新古典主义表述。版画家、出版者约翰·保德勒在给乔舒亚·雷诺兹爵士的信中说这幅画是"自西斯廷礼拜堂天顶画和拉斐尔画室以来最伟大的艺术成就……这件作品会让伯里克利时代的雅典为之骄傲"。

对页
雅克-路易·大卫
法国，1748—1825年
安托万-洛朗·拉瓦锡（1743—1794年）和妻子（玛丽-安娜-皮埃尔莱特·包尔兹，1758—1836年），1788年
布面油画，102¼ × 76⅝ 英寸（259.7 × 194.6厘米）
购买，查尔斯·赖茨曼夫妇捐赠，以纪念埃弗雷特·法西，1977年（1977.10）

这幅画是十八世纪最伟大的肖像画之一，作此画时的大卫被誉为法国新古典主义的先锋人物。拉瓦锡最为人所知的成就是他在氧气、火药和水的化学成分等方面的开拓性研究。1789年，他的理论发表在《化学基础论》一书中，其中的插图均出自他妻子之手，据信她曾是拉瓦锡的学生（她的一组绘画作品就放在左边的扶手椅上）。作为皇家火药局局长，拉瓦锡曾被卷入一场政治丑闻中，使他从1789年的巴黎沙龙展中撤回这幅画。尽管他对革命政权有贡献，但仍于1794年被送上了断头台。

让·奥古斯特·多米尼克·安格尔
法国，1780—1867年
雅克-路易·勒布朗夫人（本名弗朗索瓦兹·蓬塞尔，1788—1839年），1823年
布面油画，47 × 36½ 英寸（119.4 × 92.7厘米）
凯瑟琳·罗瑞拉德·沃尔夫收藏，沃尔夫基金，
1918年（19.77.2）

雅克-路易·勒布朗夫妇曾是法国公务员，效力于托斯卡纳女大公的宫廷；女大公名叫埃莉萨·巴西奥克希，娘家姓为波拿巴。拿破仑于1814—1815年被赶下台后，勒布朗夫妇留在了佛罗伦萨。安格尔于1820年从罗马抵达佛罗伦萨后与他们结识。这场交情的结果是，安格尔为这对夫妇各画了一幅肖像画，它们成为除了安格尔为皇室所作的肖像画之外最大的，而且是唯一描绘一对夫妻的作品。埃德加·德加在1896年购入这两幅画，并认为这是他所藏大量安格尔作品中最精美的两幅。

欧仁·德拉克罗瓦
法国，1798—1863年
诱拐丽贝卡，1846年
布面油画，39½ × 32¼ 英寸（100.3 × 81.9厘米）
凯瑟琳·罗瑞拉德·沃尔夫收藏，沃尔夫基金，
1903年（03.30）

在德拉克罗瓦的整个画家生涯中，他均受到瓦尔特·司各特爵士所著小说的启发。这幅画描绘了《艾凡赫》中的一个场景：圣殿骑士布瓦吉贝尔对关押在城堡里的丽贝卡觊觎已久，于是下令让萨拉逊奴隶劫走她。整个画面从高前景骤然下降至深谷再延伸到背景中的堡垒，这种紧凑的空间感加上扭曲的人物姿势为画面增添了强烈的戏剧效果。这幅画在1846年的巴黎沙龙中展出时，评论家批评其所表现的浪漫主义色彩，不过，这幅画让波德莱尔写道："德拉克罗瓦的画就好像自然；它有一种令人毛骨悚然的空洞感。"

卡斯帕·大卫·弗里德里希
德国,1774—1840年
两人赏月,约1825—1830年
布面油画,13¾ × 17¼ 英寸(34.9 × 43.8厘米)
赖茨曼基金,2000年(2000.51)

这是弗里德里希一幅著名画作的第三版,其第一版(1819年)在德累斯顿,第二版(约1824年)在柏林。两个人在深秋傍晚的林中散步时停下脚步,凝视低垂的月亮;右边的人是弗里德里希本人,左边是他年轻又有才华的同事奥古斯特·海因里希。这种虔诚凝视月亮的氛围与这一时期在文学、哲学和音乐中表达出的对月亮的迷恋有关。

约瑟夫·马洛德·威廉·透纳
英国,1775—1851年
捕鲸船,约1845年
布面油画,36⅛ × 48¼ 英寸
(91.8 × 122.6厘米)
凯瑟琳·罗瑞拉德·沃尔夫收藏,
沃尔夫基金,1896年(96.29)

透纳在1845年度的皇家艺术学院展览中首次展出《捕鲸船》时已届七十高龄。这幅画的赞赏者和贬低者都认为,要辨别出构图前景中央的捕鲸船和猛烈拍击水面的鲸鱼需要下一番功夫。透纳对海景画的兴趣贯穿他的整个职业生涯,他的许多晚期作品,如这幅一样,都以近似抽象的手法突出大海那戏剧性的力量。这幅画和其他三幅一起,都收藏在伦敦的泰特美术馆,这几幅作品的部分灵感应该来自托马斯·比尔的《抹香鲸自然史》(1839年)。

泰奥多尔·席里柯
法国，1791—1824年
黄昏：高架渠风景，1818年
布面油画，98½ × 86½ 英寸（250.2 × 219.7厘米）
购买，詹姆士·A·莫菲特二世捐赠，以纪念乔治·M·莫菲特（交换），1989年（1989.183）

这件作品是一组四幅大型风景画中的一件，这四幅画描绘了一天的不同时间。席里柯于1818年夏天在巴黎作了这些画，他打算用十八世纪法国画家约瑟夫·韦尔内的手法以这些风景画做装饰。席里柯曾于1817年造访意大利，这些风景画将意大利乡间的废墟（此图上可见斯波莱托德高架渠）与暴雨来袭前的天气和动荡不安的气氛融合在一起，后者体现出刚崭露头角的浪漫主义美学观，以及英法艺术对"崇高"的诠释。

让-里奥·杰洛姆

法国，1824—1904年

土耳其非正规军人，1868—1869年

布面油画，31¾ × 26英寸（80.6 × 66厘米）

查尔斯·赖茨曼夫人捐赠，2008年（2008.547.1）

1868年初，杰洛姆在近东旅行十二周后回到巴黎，创作出这幅引人注目的作品。他在自己的工作室中给一位模特穿上从黎凡特买回的衣饰，此时正值他的事业巅峰期。杰洛姆给这幅画起的土耳其语标题翻译过来是"无头"的意思，让人联想起那些凶狠残忍、无法无天的士兵，他们因为没有军饷而一味劫掠财物。不过，很难想象图上这人穿着如此精美的丝织束腰外衣还能在战场上冲锋陷阵。杰洛姆因善于表现织物的细腻质感而闻名，他在创作这幅杰作时不遗余力，赋予这位模特一种尊严，这在他的其他东方题材作品中并不多见。

卡米耶·柯罗

法国，1796—1875年

西比勒，约1870年

布面油画，32¼ × 25½英寸（81.9 × 64.8厘米）

H.O.哈弗梅耶收藏，H.O.哈弗梅耶夫人遗赠，1929年（29.100.565）

柯罗的这幅画作是他模仿拉斐尔的文艺复兴盛期风格最成功的尝试之一。画中人物的姿势十分接近现藏于华盛顿国家美术馆的宾铎·阿尔脱维提的肖像；在柯罗的时代，人们认为那是拉斐尔的自画像。然而，在这具有强烈自觉意识的创作过程中，柯罗对此画的构思是一点一滴完成的。他最初可能打算描绘缪斯女神波吕许谟尼亚演奏大提琴，这一构图在画作的X光照片中仍能看到，但柯罗用颜料将其覆盖。人物头上的常春藤可能暗指艺术永垂不朽。这幅画最终没有完成，也没有柯罗的签名，在柯罗生前从未展出过。

古斯塔夫·库尔贝
法国，1819—1877年
女人与鹦鹉，1866年
布面油画，51 × 77英寸（129.5 × 195.6厘米）
H.O.哈弗梅耶收藏，H.O.哈弗梅耶夫人遗赠，1929年
（29.100.57）

以维纳斯为题材的画作在1860年代的巴黎沙龙展中独领风骚；受此激发，库尔贝决定按照学院派自己的标准向其提出挑战，画一幅写实主义的裸体画让巴黎沙龙展那日益严格且专断的评审者接纳。他在1864年作出的初次尝试以失败告终，那幅画被拒的理由是有伤风化。两年以后，当《女人与鹦鹉》获得参加1866年度巴黎沙龙展的许可时，库尔贝夸口道："我早说过我总会找到办法给他们当头一棒。"虽然画中人物的姿势和微妙刻画的肌肤都与学院派艺术风格相仿，但模特那丢弃在地的衣物和她凌乱的头发明显使库尔贝的这件作品与沙龙展上的其他神话式的、理想化的裸体画作有别。人们认为爱德华·马奈就是为了回应库尔贝这幅挑逗性的裸体画才创作了《1866年的年轻女士》一画（现藏于大都会博物馆）。

罗莎·邦赫
法国，1822—1899年
马市，1852—1855年
布面油画，96¼英寸 × 16英尺7½英寸（2.45 × 5.07米）
科尼利厄斯·范德比尔特捐赠，1887年（87.25）

巴黎的马市在萨佩特里尔精神病院附近的医院大道举行，左边的背景里还能看到这座精神病院。在一年半的时间里，邦赫每周两次去马市写生，为了不引起别人的注意，她总是穿着男人的服装。这幅油画在1852年动工，并参加了1853年的巴黎沙龙展，后来又经过修改。这幅令人过目难忘又生气勃勃的作品自从1887年抵达大都会博物馆以来就是博物馆最受欢迎并深受观众喜爱的油画之一。

奥诺雷·杜米埃
法国，1808—1879年
三等车厢，约1862—1864年
布面油画，25¾ × 35½英寸
（65.4 × 90.2厘米）
H.O.哈弗梅耶收藏，
H.O.哈弗梅耶夫人遗赠，
1929年（29.100.129）

作为一位现代都市生活的记录者，杜米埃捕捉了工业化对十九世纪中期的巴黎造成的影响。火车旅行是他的画作中一个常见的题材。这幅未完成的画属于三幅作品之一，描绘了三等车厢旅客所经历的恶劣条件。杜米埃所选题材的普遍性在同时代的人中产生了共鸣，一位评论家将其描述为"对人类生活的通盘评述，包括所有的苦恼和瑕疵、被阻碍的喜悦和痛苦的磨难，迫使人不得不屈从于宿命。"

爱德华·马奈

法国，1832—1883年

穿斗牛士服装的V小姐， 1862年

布面油画，65 × 50¼ 英寸（165.1 × 127.6厘米）

H.O.哈弗梅耶收藏，H.O.哈弗梅耶夫人遗赠，1929年（29.100.53）

在引起极大争议的1863年"落选者沙龙展"中，马奈将他的三幅画装配在一起组成一幅三联画，它们分别是《草地上的午餐》（现藏于巴黎奥赛博物馆），《作玛约打扮的年轻男子》（现藏于大都会博物馆），以及这幅画。一位作者如此写道："马奈热爱西班牙，他最喜欢的大师似乎是戈雅，他模仿着戈雅那生动鲜明的色彩和奔放热烈的笔触。"许多人都注意到，马奈模仿了戈雅《斗牛狂》中的一个场景作为此图的背景。马奈描绘了他最钟爱的模特维多利安·莫涵，仿佛她正穿着高级舞会的华丽服装在摆姿势一样。

阿诺德·勃克林
瑞士，1827—1901年
死者之岛，1880年
木板油画，29 × 48英寸
(73.7 × 121.9厘米)
赖辛格基金，1926年（26.90）

1880年至1886年间，勃克林画了这幅画的五个版本，死者之岛也成为十九世纪晚期在德国最受青睐的主题。大都会博物馆拥有其中第二版，其赞助人是玛丽·蓓娜。她在1880年4月造访勃克林位于佛罗伦萨的画室时，看到勃克林的画架上完成了一半的第一版，那一版本现藏于巴塞尔艺术博物馆。在蓓娜的要求下，勃克林在画中加入了一位穿着白衣的寡妇，她划着船，载着一具裹在布中的棺材向岩石岛划去，岛的悬崖上挖出一个个坟墓，暗指蓓娜的丈夫在数年前去世一事。

爱德华·伯恩-琼斯爵士
英国，1833—1898年
爱之歌，1868—1877年
布面油画，45 × 61⅜英寸 (114.3 × 155.9厘米)
阿尔弗雷德·N·庞纳特捐赠基金，1947年（47.26）

一首古老的布列塔尼歌曲的副歌是这样的："哎，我知道一首情歌，/悲伤或是喜悦，各有其时"（Hélas! je sais un chant d'amour, / Triste ou gai, tour à tour）；伯恩-琼斯根据这段副歌画了几幅画，这是其中最成熟的一幅，也是这位艺术家最有名的作品之一。画中人物令人想起十五世纪威尼斯画派画家维托雷·卡尔帕乔的作品，其"亚瑟王传说"式的景色沐浴在黄昏的阳光中；《爱之歌》中体现出意大利文艺复兴和哥特化的拉斐尔前派运动的深刻影响。

朱尔·巴斯蒂安-勒帕热
法国，1848—1884年
圣女贞德，1879年
布面油画，8英尺4英寸 × 9英尺2英寸（2.54 × 2.79米）
欧文·戴维斯捐赠，1889年（89.21.1）

圣女贞德是来自洛林的法国民族英雄。普法战争（1870—1871年）之后，她在法国人心中引起了新的象征性共鸣，因为这场战争使她的家乡也陷入德国掌控中。1870年代和1880年代的巴黎沙龙接连展出了这位中世纪少女烈士的各种雕像和画像。巴斯蒂安-勒帕热自己就是洛林人，他在1880年的沙龙展出了这幅画。艺术家描绘出贞德在她父母的花园中接受神的启示那一刻：贞德就是在那里听到天使的声音。许多沙龙的批评家认为，画中几位圣人幽灵般的身影与这位艺术家的自然主义风格不甚相符。

克劳德·莫奈
法国，1840—1926年
圣阿德列斯的花园， 1867年
布面油画，38⅝ × 51⅛ 英寸（98.1 × 129.9厘米）
购买，大都会博物馆友人特别捐助和捐赠或遗赠的基金，
1967年（67.241）

1867年，莫奈在英吉利海峡边上的避暑小镇圣阿德列斯度过了整个夏天，他在那里的时候创作了这幅画。这一作品在以传统手法刻画的流畅画面中结合了以快速的短笔画法制造的光影细节和纯色斑点。升高的视点和相对较均匀的水平带凸显出如同一面旗帜般的简约构图，这一特色也使得莫奈后来称这幅画为"有旗帜的中国画"。1860年代的内行观众会据此想到日本彩色木版画，莫奈、马奈、雷诺阿、惠斯勒和其他在同一圈子里的画家都热衷于收藏日本版画。一幅由日本艺术家葛饰北斋制作的版画如今仍然在莫奈位于吉维尼的家中，它可能是这幅油画的灵感来源。引起错觉的艺术手法和表面的二维形式间生出的微妙紧张感一直是莫奈风格的重要特征。

埃德加·德加

法国,1834—1917年

舞蹈课,1874年

布面油画,32⅞ × 30⅜ 英寸(83.5 × 77.2厘米)

哈利·佩恩·宾汉夫人遗赠,1986年(1987.47.1)

德加在1870年代中期创作出这幅画及其姐妹作品(现藏于巴黎奥赛博物馆),当时它们是除了历史题材绘画之外最能显示德加野心的人物作品。一位女舞者摆出舞蹈姿势让老师检查,芭蕾舞女和她们的母亲共约二十四位女性在旁等待。欧洲著名舞蹈家和芭蕾大师朱尔·佩罗指导着这堂想象中的舞蹈课,地点在被烧毁的老巴黎歌剧院中的一间排练室里。这幅画是歌剧演唱家和收藏家让·巴蒂斯特·富尔在1872年委托德加画的。德加一生中只接受了少数几次委托作画,这就是其中之一,他断断续续地画了两年才完成。

奥古斯特·雷诺阿
法国，1841—1919年

乔治·夏邦杰夫人（本名玛格丽特-路易丝·勒莫尼耶，1848—1904年）与她的孩子若尔热特-贝尔特（1872—1945年）和保罗-埃米尔-夏尔（1875—1895年），1878年
布面油画，60½ × 74⅞ 英寸（153.7 × 190.2厘米）
凯瑟琳·罗瑞拉德·沃尔夫收藏，沃尔夫基金，1907年（07.122）

1879年，已经参与前三次印象派画展的雷诺阿谢绝了第四次展览，回归更传统的展出渠道，即一年一度的巴黎沙龙展。他在那里展出了《乔治·夏邦杰夫人与她的孩子若尔热特-贝尔特和保罗-埃米尔-夏尔》，获得好评如潮。这幅画是著名出版家乔治·夏邦杰委托雷诺阿画的，画中描绘了他的妻子玛格丽特，身着一件优雅的长服，其设计师是查尔斯·弗雷德里克·沃斯。依照这一时期的风格，他们三岁的儿子保罗的头发还没有剪短，而且他穿着与姐姐若尔热特相搭配的服装，姐姐在图左，坐在他们家的宠物身上。

保罗·塞尚
法国，1839—1906年
静物：水罐、杯子和苹果，约1877年
布面油画，23⅞ × 29英寸（60.6 × 73.7厘米）
H.O.哈弗梅耶收藏，H.O.哈弗梅耶夫人遗赠，
1929年（29.100.66）

静物是1870年代塞尚作品的核心主题。图上独特的壁纸花纹与塞尚作品中一贯的中性背景截然不同，壁纸花纹中的V字形也与垂下壁橱的白餐布的形状相呼应。白餐布被解读为倒着的圣维克多山，那是塞尚最钟爱的风景主题之一，餐巾中的深褶皱就好比山脊和溪谷。这种形式上的类比揭示出这些静物作品的结构背后是深思熟虑的构思，塞尚常用静物绘画进行形式和技巧上的试验。他用不连贯的笔触上色这种手法反映出他对印象派技巧的吸纳。

亨利·德·图卢兹-劳特累克
法国，1864—1901年
沙发，约1894—1896年
纸板油画，24¾ × 31⅞英寸（62.9 × 81厘米）
罗杰斯基金，1951年（51.33.2）

劳特累克执着地记录着十九世纪末巴黎蒙马特多彩又俗气的夜生活。在1892年至1896年间，他以一系列画作记录下妓女的生活。他似乎在德加的妓院场景独幅版画和日本春宫版画中找到了不拘一格的技法，从而创作出同样坦率并且富有神韵的图像，但他的作品尺幅更大，更狂放不羁。劳特累克欣赏妓女们的自然，她们"在无背沙发上伸展肢体……丝毫不矫揉造作"。《沙发》与其他三幅作于1890年代描绘女同性恋伴侣之间亲密交流的画有关。

乔治·修拉
法国，1859—1891年
马戏团杂耍，1887—1888年
布面油画，39¼ × 59英寸（99.7 × 149.9厘米）
斯蒂芬·C·克拉克遗赠，1960年（61.101.17）

修拉精美准确的点彩画技法赋予这幅画一种超越时间的神秘感。图上描绘了巴黎科尔维马戏团大门口的杂耍演员表演的情景。九盏闪烁的煤气灯发出朦胧的光线，一位领班（右边）和几位乐师（左边）站在有矮栏杆的舞台上，为前面聚集的可能会购票的观众表演，人群中各式各样的帽子为前景增添了一个滑稽而有节奏的细节。修拉从1887年春季开始这项工作，那时他给费尔南·科尔维的巡回马戏团画速写，这个马戏团设在巴黎一个劳工阶层的街区。他在几幅初步草图的基础上构思出这幅画的结构。《马戏团杂耍》是修拉短暂的画家生涯中六幅主要的人物作品之一，这幅画的特色在于这是修拉第一幅夜景画，也是他第一次以大众娱乐为题材。

保罗·塞尚

法国，1839—1906年

玩牌者，1890—1892年

布面油画，25¼ × 32¼ 英寸（65.4 × 81.9厘米）

斯蒂芬·C·克拉克遗赠，1960年（61.101.1）

从1890年到1896年，塞尚专以玩牌者为题材，进行了一次有野心的绘画尝试。他从自己家位于普罗旺斯艾克斯的庄园请来农场工人作为模特。在无数试作的基础上，他最终完成五幅画，既延伸又挑战了对玩牌者这一从十七世纪就开始流行的主题的传统描绘。大都会博物馆收藏的这幅似乎是这一系列之首。接下来的一个版本有第一版的两倍大，并且包括了一个新的人物——站立的小孩。在后三版中，塞尚削减了不重要的细节，只留下两个玩牌的人，他们坐在一张桌子的两边，彼此直面对方。

文森特·凡高
荷兰，1853—1890年
麦田与丝柏，1889年
布面油画，28¾ × 36¾ 英寸（73 × 93.4厘米）
购买，安那伯格基金会捐赠，1993年（1993.132）

在圣雷米精神病院度过的那一年中，凡高画了一系列作品，专为捕捉普罗旺斯乡间那点缀着丝柏和橄榄树的景色特点。1889年7月2日，凡高在写给弟弟提奥的信中描绘了这一系列中最新的一幅作品，即他从六月开始绘制的一幅画："我有一幅布面油画，上面有丝柏、一些麦穗、罂粟和蓝天。蓝天就像一块多色的英格兰格子花呢，使用了厚厚的颜料，好像蒙蒂切利的画那样。"凡高认为这幅洒满阳光的风景是他描绘夏季的油画中"最优秀"的作品之一，他以同样的构图又画了三幅：第一幅是苇管笔素描（现藏于阿姆斯特丹凡高博物馆），后两幅都是油画，作于当年秋季（伦敦国家美术馆；私人收藏）。

保罗·高更

法国，1848—1903年
万福玛利亚，1891年
布面油画，44¼ × 34½ 英寸（113.7 × 87.6厘米）
山姆·A·刘易松遗赠，1951年（51.112.2）

高更从波利尼西亚人的宗教信仰中受到启发，画了一系列作品。但在那以前，他将第一幅有关大溪地人的主要作品献给了一个基督教题材。他在1892年3月的一封信中如此描绘这件作品："一个长着黄色翅膀的天使将玛利亚和耶稣（两人都是波利尼西亚人）启示给两位波利尼西亚妇女看，这两位妇女赤裸上身，穿着彩色长裙，这是一种上面印有花朵的棉布，可以从腰间垂下来。背景阴沉多山，另有开花的树。"这件作品的标题引用了天使加百列在"天使报喜"时对童贞女玛利亚说的第一句话："Ia orana（万福）"是大溪地的标准问候语。

欧洲雕塑及装饰艺术

欧洲雕塑及装饰艺术部门成立于1907年，同年接受了著名金融家和艺术收藏家J·皮尔蓬·摩根捐赠的一千六百余件法国装饰艺术品。当时正值摩根担任大都会博物馆馆长期间，这是他进行博物馆内部重组工作的一部分。自摩根时代以来，这一领域最主要的捐赠者是查尔斯·赖茨曼夫妇，他们的许多捐赠以多样性和高品质丰富了博物馆各个方面的馆藏。时至今日，本部门收藏有约六万件艺术品，大至巨型大理石喷水池，小至微型宝石雕刻，不一而足。从范围上说，这些艺术品上迄十五世纪，下至二十世纪早期，涵盖了雕塑、木工和家具、陶器、玻璃器皿、金器（包括珠宝）、银器、普通金属制品、钟表、数学仪器、挂毯和织物。虽然本部门的收藏在历史上以法国、英国、意大利、德国和西班牙的艺术品为主，但近年来我们的馆藏也得到了大幅扩展，接受了一批来自荷兰和俄罗斯的作品。我们的收藏中以如下几方面见长：杰出的意大利文艺复兴时期雕塑（尤其是青铜小雕像），十八至十九世纪的法国雕塑，法国和英国家具与银器，意大利文艺复兴时期花饰陶器，以及法国和德国瓷器。本部门还设有一些著名宅第中的完整房间，如来自意大利古比奥的十五世纪书房，来自西班牙贝莱斯布兰科的十六世纪庭院，来自十八世纪法国府邸中的几间客厅，以及由罗伯特·亚当设计的两个精美的英国新古典主义风格房间。

与多纳泰罗关系密切的雕塑家
小精灵，约1436年

镀金青铜，高24¼英寸（61.6厘米）
购买，塞穆尔·里德夫人捐赠，罗杰斯基金（交换），
路易斯·V·贝尔基金，1983年（1983.356）

1436年，科西莫·德·美第奇位于佛罗伦萨的宅第中新添了一座庭院喷水池，很久以后这座宅第才转变成我们今天所知的富丽堂皇的美第奇宫。据载，一位名叫贝托·德·安东尼奥的石匠打造了这座喷水池，一位叫安东尼奥的油漆匠受雇给喷水池顶上的"小精灵"（*spiritello*，有时也暗指天使）镀金。记载中提到的"小精灵"应该就是指上图中这个古灵精怪的小家伙。其雕塑者非常熟悉多纳泰罗在1429年为锡耶纳的洗礼堂制作的青铜天使，他将墨丘利和西风神的特征活泼地结合在了一起；前者是受到金融世家美第奇家族爱戴的商业之神，后者则是佛罗伦萨人每年五月迎接的西风。

安东尼奥·罗塞利诺
意大利，1427—1479年
圣母子与诸天使，约1455—1460年
大理石，细节镀金，28⅞ × 21⅛ 英寸（73.3 × 53.7厘米）
本杰明·奥特曼遗赠，1913年（14.40.675）

佛罗伦萨的安东尼奥·罗塞利诺是他那一代人中最具天赋的大理石雕刻家，那代雕刻家中包括米诺·达·费埃索莱和德西德里奥·达·塞蒂尼亚诺。这块雕工细腻的浮雕为私人礼拜而造，属于罗塞利诺的早期作品。圣母坐在一个精心雕刻的宝座上，其突起的卷形扶手以高浮雕表现。她和臂弯中的圣婴看起来都出奇地压抑，或许是在默想基督未来会经历的苦难。圣母的左手伸出，呈保护与爱抚的姿势，尤其显得鲜活。两位主要人物背后的雕面细节相当丰富，包括天使呈螺旋状的抖动翅膀、水平的朵朵浮云、装饰华丽的宝座以及背景中遍布的镀金部分。

圆盘

意大利,可能来自佩萨罗,1485—1490年
花饰陶器,高4英寸(10.2厘米),
直径18⅞英寸(47.9厘米)
弗莱彻基金,1946年(46.85.30)

这件精美的大圆盘曾属于一整套餐具,是献给阿拉贡的碧翠丝的礼物,她是匈牙利君主马加什一世(1458—1490年在位)的第二任妻子;马加什和阿拉贡王室的盾徽装饰着圆盘的边缘。这套餐具很可能是阿拉贡的卡米拉委托制作的,她与碧翠丝是亲戚关系。制作地点则在佩萨罗,卡米拉于1475年嫁给科斯坦佐后移居到那里。圆盘中央华美的绘画和制作精巧的装饰边缘使这件作品成为最重要的十五世纪花饰陶器之一。

维吉尔杯

意大利,穆拉诺岛,约1475—1500年
玻璃,珐琅与镀金,高6⅞英寸(17.5厘米),
杯子直径3⅜英寸(8.7厘米)
J·皮尔蓬·摩根捐赠,1917年(17.190.730a, b)

这只漂亮的深蓝色威尼斯玻璃杯上装饰着精美的珐琅图案,它是这种尺寸的装饰工艺现存较早的范例。杯身上的珐琅使人想到手抄本彩饰,描绘了有关拉丁诗人维吉尔的一个不甚可靠的故事,他在中世纪的民间想象中是一位魔法师。维吉尔为了报复拒绝他求爱的少女菲比拉,用魔法熄灭了罗马全城的火并残忍地要求菲比拉在市场中袒露身体,直到全城的妇女都把他放入菲比拉体内的一块烧红的煤块当火种,拿火捻子重新生起火。

里乔（安德烈亚·布里奥斯科）
意大利，1470—1532年
油灯， 约1515年
青铜，高7⅝英寸（19.4厘米）
欧洲雕塑及装饰艺术基金，2009年
（2009.58）

帕多瓦的里乔是意大利文艺复兴时期最有活力而且最前卫的青铜艺术家，这是大都会博物馆所藏装饰艺术品中来自那个英雄时代的最精美的作品。这件作品的油灯盖和灯腿俱全，是现存三件里乔作品中唯一完整的油灯。这盏油灯以古代西班牙大帆船为形，其两边的装饰带中雕刻出小天使与公羊嬉戏的图案。油灯的末端则配以引人注目的卷曲装饰，包括一个长满胡须的怪物弯着脖颈，仿佛正要吹灭灯芯。

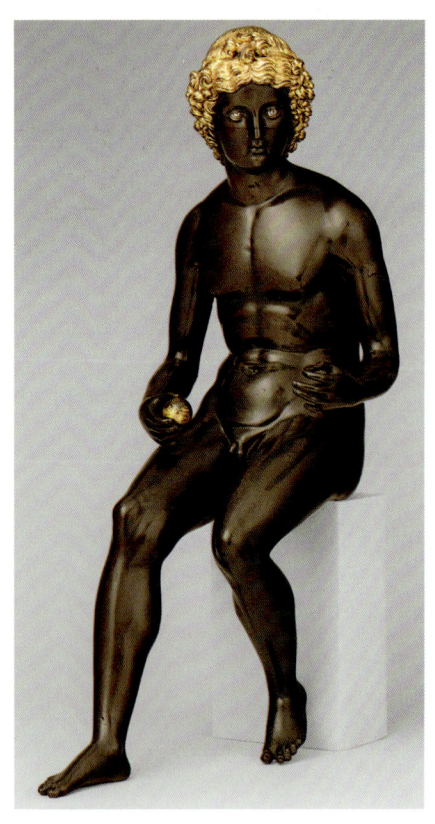

安蒂科（彼尔·雅各布·阿拉里·博纳科尔西）
意大利，约1460—1528年
帕里斯， 1500—1525年
青铜，部分镀金及镀银，高14⅝英寸（37.1厘米）
伊迪斯·佩里·查普曼基金，1955年（55.93）

这位艺术家给自己起的绰号"安蒂科"（意大利语"古代"之意）暗指他一生致力于复兴并延续古代雕塑艺术。来自曼图亚的他以青铜小雕像作品最为著名，这类雕像有精美的细节，复制出古代著名雕像的结构。这位健壮的裸体男子像的原型为何尚不得知，它是安蒂科的小雕像作品中最大的一件，可能描绘的是特洛伊王子帕里斯在三位女神（维纳斯、朱诺和密涅瓦）中判定谁最美的故事。他最终选择了维纳斯，并把自己的金苹果给了她。雕像上光滑的肌肤、优雅錾刻出的容貌以及起强调作用的镀金和镀银都解释了为何安蒂科最优秀的青铜作品依然是所有文艺复兴早期小雕像中最炙手可热的。

弗朗切斯科·迪·乔治·马丁尼
意大利,1439—1501年
出自
朱利安诺·达·马亚诺
意大利,1432—1490年,以及
贝内代托·达·马亚诺
意大利,1442—1497年
的作坊
古比奥公爵府的书房, 约1478—1482年
15英尺11英寸 × 17英尺 × 12英尺7¼英寸
(4.85 × 5.18 × 3.84米)
罗杰斯基金,1939年(39.153)

这个为冥想和学习所造的小房间是费代里科·达·蒙特费尔特罗公爵给他位于古比奥的宫殿委托制作的。这些木饰板是细木镶嵌工艺的精美典范,工匠以数千块胡桃木、榉木、黄檀木、橡木和各种果树木拼凑出与房间主人有关的各种物品,画面极其逼真。武器和勋章暗示主人作为一位武士和明君的勇猛,乐器、数学仪器和书籍则见证了他的好学。这间书房是文艺复兴时期室内装潢的辉煌典范,堪与之媲美的只有这位公爵稍早前为乌尔比诺的宫殿委托制作的另一组作品,它们如今依然存在于乌尔比诺的宫殿中。

名誉的胜利

佛兰德斯,可能来自布鲁塞尔,约1502—1504年
羊毛,丝绸,11英尺9½英寸 × 11英尺
(3.59 × 3.35米)
购买,安那伯格基金会捐赠,1998年(1998.205)

这件挂毯的可贵之处在于其保存程度、色彩和协调的构图。它在某种程度上取材于彼特拉克的《胜利》一诗,属于一组六件挂毯之一;这些挂毯分别描绘了爱情、贞洁、死亡、名誉、时间和宗教的胜利。此处,"名誉"在读经台前读书,身边围绕着用自己的作品使古人的功绩永垂不朽的作家们。"名誉"不仅胜过了"死亡",还把"命运"踩在脚下,她手中的宝球顶上饰有一枚十字架,将这一主题置于明显的基督教背景中。这件挂毯(或与此完全相同的一件)在1504年被卡斯蒂利亚和阿拉贡的女王伊莎贝拉买下。

右图
贝莱斯布兰科城堡庭院

西班牙,1506—1515年
马凯尔大理石(塞拉德费拉布勒斯),
43 × 44 × 63英尺(13.1 × 13.4 × 19.2米)
乔治·布鲁门塔尔遗赠,1941年(41.190.482)

来自阿尔梅里亚附近的贝莱斯布兰科的这座庭院是一个混合式建筑的宝库。其结构表现出建筑师的西班牙背景,比如不对称的布局、哥特式滴水嘴、平木天花板以及低矮的弧形拱券。来自意大利北部的雕刻家打造出文艺复兴风格的装饰细节。一批丰富的想象中的动植物形象出现在拱券、栏杆柱和门窗上。这些装饰虽然复杂精巧,但仍保留了形态的清晰、自然主义和立体特点,这些都是意大利文艺复兴早期的艺术特征。

西莫内·莫斯卡
意大利，1492—1553年
壁式喷水池，1527—1534年
灰砂岩，高16英尺3英寸（4.95米）
哈里斯·布里斯班·迪克基金，1971年（1971.158.1）

西莫内·莫斯卡出生在以石雕工艺闻名的塞提涅亚诺镇，曾投于伟大的建筑师小安东尼奥·达·桑加洛门下。他后来成为一位与重要艺术家合作过的建筑装饰雕塑者。这座不朽的喷水池以在当地备受喜爱的塞茵那石雕刻而成，是为阿雷佐城的佛松布朗尼宫所造的。它巧妙地介于建筑和雕塑之间，在底座、圆柱和柱顶盘等建筑元素与人面雕像、扇形装饰和植物花纹等装饰元素间达到了平衡。在同一时期，莫斯卡为米开朗基罗完成了美第奇礼拜堂的装饰；喷水池表面微妙的推拉表明莫斯卡深谙米开朗基罗的用意。

瓦伦丁·布施
法国，卒于1541年
大洪水，1531年
玻璃，彩绘与涂色，11英尺10¼英寸 × 5英尺7英寸
（3.61 × 1.7米）
购买，约瑟夫·普利策遗赠，1917年（17.40.2a–r）

这扇玻璃窗与《摩西展示两块法版》（同样收藏在大都会博物馆）及其他五扇玻璃窗一起，曾装饰着圣菲尔曼的本笃会小修道院教堂，该教堂位于洛林地区的摩泽尔河畔弗拉维尼镇。小修道院院长瓦里·德·露西委托制作了这扇玻璃窗。其制作者梅斯市的瓦伦丁·布施是北方文艺复兴时期法国东北部最重要的玻璃工匠师傅之一。布施摒弃了传统的区隔法，而是将每件作品都视为一件绘制或雕刻的大型圣坛后饰屏，被框在以错视法画成的结构框架之内。彩色玻璃的明亮色调与透明玻璃上着色的灰色装饰图案和银绘相结合，玻璃全是以令人赞叹的精湛手艺切割而成的。

执壶

法国，圣波谢尔或巴黎，约1550年
铅釉白陶，高10¼英寸（26.2厘米）
J·皮尔蓬·摩根捐赠，1917年（17.190.1740）

这只执壶是十六世纪中期法国出产的低温白陶中最大且最令人难忘的范例之一。这类精巧复杂的陶器叫作圣波谢尔陶，通常有建筑风格的装饰纹样，其特色是将复杂交错的彩色黏土镶嵌入奶油色的陶身上。据信，它们产自法国西部的小镇圣波谢尔，但其工艺上的巧妙和设计上的雄心表明可能巴黎才是其真正的出产地。

法尔内塞石桌，约1569年

大理石，埃及雪花石膏，半宝石，37½英寸 × 12英尺5¼英寸 × 66¼英寸（95 × 379 × 168厘米）
哈里斯·布里斯班·迪克基金，1957年（58.57a–d）

这张巨大的石桌体现了罗马文艺复兴盛期的风格。虽然石桌制作者各自的分工尚不完全明朗，但其设计者据信是雅各布·巴罗齐·达·维尼奥拉（意大利人，1507—1573年），他为罗马法尔内塞宫中的国寓打造了极为华美的装潢，这张豪华的石桌也是为法尔内塞宫而造的。桌面的制作者是曾于1525年至1582年期间在意大利工作的法国人让·梅纳尔，他使用了一种"硬石"（*pietra dura*）镶嵌工艺，以各种大理石和半宝石镶嵌框住了中间由埃及雪花石膏制成的两扇"窗户"。大理石桌脚可能出自古列尔莫·德拉·波尔塔（意大利人，约1515—1577年）和他带领的宫廷艺术家们的刻刀下。装饰中的鸢尾花形是法尔内塞家族的纹章，巨大的石桌脚上有红衣主教亚历山德罗·法尔内塞的盾徽。

带发条装置的天体仪

奥地利，维也纳，1579年
外壳：部分镀金的银，镀金黄铜；机芯：黄铜，钢；
10¾ × 8 × 7½ 英寸（27.3 × 20.3 × 19.1厘米），
球体直径5⅜英寸（13.8厘米）
J·皮尔蓬·摩根捐赠，1917年（17.190.636）

为神圣罗马帝国皇帝鲁道夫二世而造的这个天体仪里有一个机芯，其制作者是皇家钟表匠格哈德·埃莫瑟，他在子午线上署名并注明了制作日期。现在的机芯经历了多次重造，它曾经使天体仪旋转，并带动一个太阳的形象沿黄道带移动。球体顶端有两个针盘，一个指明时刻，一个指明日期。球体上有雕刻精巧的诸星座，下有飞马座为支撑，其制作者是位无名金匠，可能是受雇于维也纳皇家作坊中的一位雕刻师。

狩猎风景图
英格兰，可能来自伦敦，约1575—1595年
羊毛，丝绸，70⅞英寸 × 15英尺1⅛英寸（1.8 × 4.62米）
购买，沃尔特和利奥诺·安那伯格添购捐赠基金，罗塞塔·拉森信托捐赠，欧洲雕塑及装饰艺术之友捐赠，2009年（2009.280）

这件窄长的护墙板挂毯中的精美色彩依然保存良好。它应该曾悬挂在一个以木板装饰的房间内的檐板和护壁板之间，同时期的佛兰德斯纺织工称这种手法为"英式风格"。根据挂毯式样、图像和工艺上的特征判断，它应出自移民纺织工之手，这些工人从饱受战乱蹂躏的佛兰德斯移居至英格兰，可能定居在了伦敦。颇能说明这些工人窘境的是，挂毯的底图是根据一个重复利用的设计蓝本巧妙组合而成的：挂毯中心的庄园宅第取材于瑞士艺术家约斯特·安曼（1539—1591年）描绘所罗门王宫的木版画。

执壶
意大利，佛罗伦萨，约1575—1587年
软质瓷，8 × 4¼ × 4⅞英寸（20.3 × 10.8 × 12.4厘米）
J·皮尔蓬·摩根捐赠，1917年（17.190.2045）

十六世纪晚期，佛罗伦萨的美第奇宫廷作坊开始制作瓷器，这是可确定的欧洲最早的制瓷尝试。在托斯卡纳大公爵弗朗切斯科一世·德·美第奇的赞助下，工匠们大约从1574年起开始尝试仿制备受欧洲人喜爱的中国青花瓷。虽然中国和土耳其陶器都影响了美第奇瓷器的装饰，但公爵作坊中出产的许多瓷器外形都受益于同时代的硬石器皿或金匠的作品，这只执壶就是一例。现存的美第奇瓷器只有大约六十件。

济安·劳伦佐·贝尼尼
意大利,1598—1680年,以及
彼得罗·贝尼尼
意大利,1562—1629年
酒神节狂欢:儿童戏弄农牧神,约1616年
大理石,高52⅛英寸(132.4厘米)
购买,安那伯格基金公司捐赠,弗莱彻、罗杰斯、路易斯·V·贝尔基金,以及J·皮尔蓬·摩根捐赠(交换),1976年(1976.92)

济安·劳伦佐·贝尼尼少年时就展现出非凡的天赋,他曾给自己多才多艺的父亲彼得罗做学徒。在这一时期,父子共同创作了许多大理石雕塑,这些作品展示出贝尼尼的雄心和本领。大都会博物馆收藏的这组雕塑就是其中最具雄心的一件,它说明了这位年轻艺术家对于表现绞缠的人物形象和不同肌理的热衷:农牧神紧绷的肌肉、他无牙的嘴、肥硕的孩童、树皮和饱满多汁的水果串都表明了他的野心。受古代石棺雕刻的启发,这件酒神节狂欢雕刻作品融合了古典主义和自然主义的影响,是巴洛克时期刚到来时流行于罗马的一种艺术风格。

下图
据信作者为
《圣塞巴斯蒂安的殉难》
的制作师傅
奥地利
赫拉克勒斯和阿刻罗俄斯,
可能来自十七世纪中期
象牙,高11英寸(27.9厘米)
杰克与贝勒·林斯基收藏,1982年(1982.60.129)

赫拉克勒斯的功绩让历代雕塑家有机会一探男性人物在复杂行动中表现出来的力量。这件大型圆雕表现出这位神话英雄和阿刻罗俄斯搏斗的情景,后者是一位从人形变成公牛又变成毒蛇的河神。据信,这件作品的制作者是一位无名艺术家,他曾雕刻两件大型浮雕,描绘早期基督徒圣塞巴斯蒂安被罗马弓箭手袭击的场景。这位善于创新的雕刻家的作品特点是暴力夸张的动作,极端的情感,以及近乎狂热的身体细节刻画。

上图
胡安·马丁内斯·蒙塔涅斯
西班牙,1568—1649年
施洗者圣约翰,约1625—1635年
彩绘木质涂金,高60⅝英寸(154厘米)
购买,约瑟夫·普利策遗赠,1963年(63.40)

蒙塔涅斯是他的时代中西班牙最主要的雕刻家。他制作了许多雕像和圣坛后饰屏,因他的绝妙手艺而被人誉为"木头之神"(*el dios de la madera*)。《施洗者圣约翰》圆雕来自塞维尔的受孕圣母女修道院。蒙塔涅斯遵循这位先行者的标准圣像进行了鲜活的刻画,使他有炯炯的目光、强壮的体魄和自然的肤色。这件有丰富色彩和涂金的雕像结合了雕刻与绘画技术,这得益于蒙塔涅斯与画家之间为了表现出具有强烈感染力的写实主义作品而展开的竞争,因为这样的作品总是能激发并且增强信众的虔诚。

米歇尔·雷德林
德国，见载于1688年
匣子，约1680年
琥珀，金箔，镀金黄铜，木，丝缎，纸，
11¾ × 13 × 8¼英寸（30 × 33 × 21厘米）
沃尔特和利奥诺·安那伯格添购捐赠基金，
2006年（2006.452a–c）

这只来自波兰格但斯克的"炫示"匣子（专供展示而制）是十七世纪琥珀作品中最重要且保存最完好的范例之一。它用上了几乎所有的琥珀种类，包括半透明的、不透明的和乳白色的，以此强调艺术与自然的相互影响，这正是人们最珍视的奇珍（kunstkammer）物品的特征。在文兴复兴和巴洛克时期，人称"波罗的海黄金"的琥珀被视为有神秘起源和神奇力量的一种物质。此处的琥珀表面精心雕刻出了山水田园风光，一系列大胆的矩形和椭圆形有一部分由透明的薄琥珀片组成，使画面更有生气。巧妙的雕工、车削和镌刻创造出悦目的日落色彩。

巴尔塔扎·佩尔莫瑟
德国，1651—1732年
玛尔绪阿斯半身像，约1680—1685年
大理石雕像，黑色大理石座，大理石嵌板，
带座高27英寸（68.6厘米）
购买，罗杰斯基金和哈里斯·布里斯班·迪克基金，2002年（2002.468）

佩尔莫瑟是德国巴洛克风格雕塑中的领军人物。他年轻时旅行至意大利，这件《玛尔绪阿斯半身像》可能就是在罗马雕成的。佩尔莫瑟借鉴了罗马的西班牙宫所藏贝尼尼的1619年雕塑作品《受诅咒的灵魂》，他在这件作品中捕捉了玛尔绪阿斯所受残酷惩罚之高潮：这位胆敢与阿波罗比赛吹笛的森林之神被活活剥了皮。眯起的双眼和火焰般的头发是这位雕刻家标志性的夸张感情主义的表现。从玛尔绪阿斯大张的嘴中，观众几乎可以听到他那令人窒息的尖叫声。

据信作者为
夏尔·勒·布朗
法国，1619—1690年
边框设计者为
让·勒穆瓦央·勒·洛兰
法国，1637/1638—1709年
空气，约1683年
羊毛，丝线，银线，镀金银金属线，帆布面
14 × 9英尺（4.27 × 2.74米）
罗杰斯基金，1946年（46.43.4）

此图中的路易十四被描绘为朱庇特，同时也是空气的化身，他以老鹰为坐骑，一手持闪电，一手持盾牌，身边环绕着鸟禽、蝴蝶、号角和其他管乐器。精巧的图案设计被认为出自夏尔·勒·布朗之手，是以斜向平行针法刺成的，银线和镀金银线绣出箭尾形和螺旋形纹样，形成复杂精细的背景。这幅作品是一套八幅挂毯之一（其中四件在大都会博物馆），可能是为国王的情妇蒙提斯班女侯爵而作。它们以四大元素和四季为主题，以路易十四、女侯爵或他们的某个小孩作为中心人物。这幅挂毯可能是在巴黎的圣约瑟-德拉普罗维登斯女修道院里绣成的。

安德烈-夏尔·布勒
法国，1642—1732年
斗柜，约1710—1720年
胡桃木，以黑檀及镌刻黄铜和玳瑁镶嵌细工饰面，镀金青铜饰片，古绿大理石面，34½ × 50½ × 24¾ 英寸（87.6 × 128.3 × 62.9厘米）
杰克与贝勒·林斯基收藏，1982年（1982.60.82）

布勒是路易十四在位时期最知名的细木工匠，他在1708年给这位国王位于凡尔赛的大特里亚农宫的卧室制作了两件斗柜（bureaux）。这种斗柜是当时家具史上的一项新发明，它们将桌子和下面凸出的柜子相结合，通常有两个抽屉，其外形受到罗马石棺和宫廷制图者让·贝兰的设计之影响。该样式需要四个额外的呈螺旋纹锥体状的柜脚作支撑。这种斗柜成为十八世纪法国最多产的家具种类之一。图中这件作品似乎应是布勒作坊制作的早期作品。

对页
灰泥细工可能出自
马萨尼奥的阿邦迪奥·斯塔齐奥
意大利，1675—1745年，以及
卡波佛罗·马泽蒂
意大利，约1684—1748年
萨格雷多宫的卧室
威尼斯，约1718年
25英尺2英寸 × 18英尺2英寸 × 13英尺2英寸（7.67 × 5.54 × 4.01米）
罗杰斯基金，1906年（06.1335.1a–d）

这间豪华的卧室是从那一时期流传下来的最精美的范例之一。所有的装潢都以灰泥和木刻制成。墙上没有装潢之处以十七世纪的凸花厚缎覆盖。塑造得十分漂亮的小爱神丘比特出现在前厅的几处地方：有的从科林斯式凹槽壁柱支撑的柱顶盘中飞出，有的扶住加斯帕雷·迪齐阿尼的《黎明胜过夜晚》的镀金边框，还有的逗趣地守住放床铺的凹室入口。以红白相间的大理石为底的木质护壁板环绕房间四周，凹室里仍留有最初的镶嵌细工地板——所有这些元素使这间房充满活力。

据信作者为
扬·凡·梅克伦
荷兰，1658—1733年
带底座的储物柜， 约1700—1710年
橡木、黄檀木、橄榄木、黑檀、冬青枝、郁金香木、伏牛花及其他部分着色的镶嵌木料饰面。
70¼ × 53⅞ × 22½ 英寸（178.4 × 136.8 × 57厘米）
露斯及维多利亚·布拉姆卡基金，1995年（1995.371a, b）

在一批据信出自细木工匠扬·凡·梅克伦之手的已知类似作品中，这件储物柜是最小而且图案最丰富的；梅克伦专为阿姆斯特丹的上层人士制作豪华镶嵌家具。这件储物柜放在开放式的底座上，有简单的盒子似的结构，表面饰有精美的大花束。通过巧妙地选择伏牛花木这样的亮黄色木料来刻画黄水仙，以及给几乎呈白色的冬青染了自然的颜料（虽然不怎么持久）来加强效果等方式，凡·梅克伦实现了既丰富又自然的色调表现，与同一时代的静物绘画相呼应。

据信以
约翰·戈特利布·基希纳
之手的模型为基础
德国，约1706—1737年
狮子
德国，迈森，一对中的一只，约1732年
硬质瓷，21 × 32¾ × 13½ 英寸
（53.3 × 83.2 × 34.3厘米）
赖茨曼基金，1988年（1988.294.1）

为奥古斯都二世位于德累斯顿的日本宫殿制作的这组大型动物瓷器是十八世纪陶瓷业最有雄心的壮举之一。那时不曾有过制作这等规模的动物造型瓷器的先例，这头狮子及与其配对的狮子身上出现了无数在烧制时形成的裂缝，反映出制作这种大型塑像时从制胚到烧制工艺的技术困难。虽有泛青色的釉彩一类的技术瑕疵，但这尊瓷狮及其所属的瓷器系列仍代表了德国迈森工厂的最高成就之一，它是欧洲第一家制作出真正的瓷器的工厂。

西蒙·潘廷
英国，约1672—1728年
茶壶、灯与小桌，1724—1725年
银，高40¾ 英寸（103.5厘米）
欧文·昂特迈耶捐赠，1968年（68.141.81a–f）

制作这件不朽的茶壶和壶架很可能是为了纪念斯特里汉姆城堡的乔治·鲍斯与非常富有的遗产继承人埃莉诺·维尔内于1724年举行的婚礼。这在当时应该是件昂贵的礼物，因为底座那大胆的波浪形实心座脚是用纯银浇铸的。这件作品能够存留下来已是极为不易，因为这一时期的大多数银质家具最终都被熔化掉，以重新利用银的价值。这件作品因其优美的巴洛克式轮廓、精准的浇铸和优良的镌刻而彰显特色。银匠西蒙·潘廷是当时在伦敦工作的许多有法国新教徒背景的手艺人之一。

欧洲雕塑及装饰艺术

瓦朗日维尔房间

巴黎,约1736—1752年(部分装饰为后来添加)
18英尺3¾英寸 × 23英尺2½英寸 × 40英尺6½英寸
(5.58 × 7.07 × 12.36米)
购买,查尔斯·赖茨曼夫妇捐赠,1963年(63.228.1)

使这间房里的细木护壁板(boiserie)熠熠生辉的主要原因是极好的雕工,其中一部分是高浮雕。这些木饰板最初来自十八世纪巴黎的一个私人宅第——瓦朗日维尔宅第,经历不少变更后,这栋房子如今依然矗立在圣日耳曼大道217号。虽然彩绘并镀金的橡木饰板上装饰着众多C字形涡卷纹、S字形涡卷纹、花枝和花园石贝装饰物,但其装饰基本还是对称的,因此不能代表成熟的洛可可风格。诸多战利品装饰暗指一些概念和品质,如音乐、园艺、军事名望和高贵的荣耀。栖息在带涡卷纹的镜框和墙壁板上的长颈鸟反映出那一时代对异国情调的兴趣。

下图

带原皮革匣子的梳妆用具，

约1743—1745年

十四位已知的德国金匠（奥格斯堡）及其他德国手艺人，日本（伊万里）瓷器

镀银，硬质瓷，雕花玻璃，胡桃木，雕刻并部分涂金的针叶木，无色压凹印并部分镀金的皮革，部分镀金的钢和铁，织物，莫尔条纹纸，猪鬃毛；匣子高17⅜ × 24¼ × 22½ 英寸（44 × 63 × 57厘米）；镜子29½ × 23½ 英寸（74.9 × 59.7厘米）

购买，安娜-玛丽亚和史蒂芬·凯伦基金会捐赠，以纪念史蒂芬·M·凯伦，2005年（2005.364.1-.48）

这组精美的梳妆用具将高贵的出身和熟练的艺术设计及高超的手艺相结合。这些装饰品是为一位身居高位的贵族每日例行的梳妆而造，旨在反映主人的地位。按照惯例，丈夫在新婚夜的第二天送给新娘类似这样的一套光彩夺目的装饰品，作为"新晨之礼"。这组作品是在奥格斯堡打造的，那里以生产大量的复杂银具著称。这组银具曾属于斯瓦比亚公国的申克·冯·施陶芬贝格诸伯爵。著名的克劳斯·冯·施陶芬贝格就是这个家族的后代，他在刺杀阿道夫·希特勒失败之后于1944年遭到处决。

上图

百花香料瓶

法国，塞夫尔，1756—1757年

软质瓷，14⅛ × 14¼ × 7¾ 英寸（35.9 × 36.2 × 19.7厘米）

塞缪尔·H·克雷斯基金会捐赠，1958年（58.75.88a-c）

制造这只香料瓶的时候，设在塞夫尔的法国皇家制造厂是欧洲最有影响力且最负盛名的瓷器制造工厂。形式和装饰上的创新可见于瓶盖和瓶肩的复杂镂空设计上，也可见于浓艳的青绿底色中，以及有细密绘画和镀金的装饰中。它的第一位主人是路易十五的情妇蓬帕杜夫人。

弗朗索瓦-托马斯·热尔曼
法国，1726—1791年
咖啡壶，1757年
银，黑檀，高11⅝英寸（29.5厘米）
购买，约瑟夫·普利策遗赠，1933年（33.165.1）

这只咖啡壶是在巴黎制造的，上面注明的日期是1757年，是当时最新颖和最成功的银器设计之一。动态螺纹凹槽赋予其外形以一种动感，而壶嘴和壶盖上茂盛的咖啡叶与咖啡果则表明该器皿的用途。弗朗索瓦-托马斯·热尔曼是著名银匠托马斯·热尔曼的儿子，他是十八世纪下半叶走在巴黎时尚尖端的银匠之一，其大型作坊为俄罗斯、法国和葡萄牙的宫廷提供过服务。

吉勒·茹贝尔
法国，1689—1775年
书桌，1759年
漆面橡木，镀金青铜饰片，皮革（非原配），
31¾ × 69¼ × 36英寸（80.7 × 175.9 × 91.4厘米）
查尔斯·赖茨曼夫妇捐赠，1973年（1973.315.1）

1759年12月29日，曾多次受到皇室委托的成功巴黎细木工匠吉勒·茹贝尔为路易十五位于凡尔赛的书房提供了这张书桌。桌面装饰模仿了中国的红漆描金漆器，这在十八世纪中期的法国是很流行的家具饰面。部分镂空的镀金青铜饰片不仅突出了书桌雅致的曲线，也为富有光泽的深红色漆面提供了保护和外框。这张书桌一直在凡尔赛宫，直到1793—1794年间被革命党连同其他皇家财产一起出售。

据信作者为
威廉·维莱
英国，约1700/1705—1767年，以及
约翰·科布
英国，约1715—1778年
勋章柜， 1760—1761年
桃花心木，79 × 27 × 17¼ 英寸
(200.7 × 68.6 × 43.8厘米)
弗莱彻基金，1964年（64.79）

这个勋章柜有135个浅抽屉，可容纳超过六千枚硬币和勋章，它和另一个陈列柜一起，可能曾是一组名为"陛下的伟大勋章柜"的大型家具的两端。（与其匹配的柜子如今在伦敦大英博物馆展出。）这对柜子看来是威尔士亲王乔治委托制作的，他在1760年登基成为乔治三世；顶部的柜门上刻有嘉德勋章的星形图案，这位威尔士亲王曾于1750年获此殊荣。两个柜子下方原本都有开放式支座。威廉·维莱对两个柜子都作了修改，最大的改动就是将支座中的空间填满了。

欧洲雕塑及装饰艺术 319

大卫·伦琴

德国,1743—1807年,1780年成为师傅

斗柜,约1775—1779年

橡木,松木,椴木,樱桃木;郁金香木、黄杨木、苋属植物、美国梧桐、梨木和染色槭木饰面;抽屉衬料为桃花心木;镀金青铜支脚;钢和黄铜操作机制;加泰罗尼亚红底彩色大理石桌面非斗柜原配件,35¼ × 53½ × 27¼ 英寸(89.5 × 135.9 × 69.2厘米)

杰克与贝勒·林斯基收藏,1982年(1982.60.81)

这件带抽屉的斗柜后面有两个"凡尔赛宫"的印记,它与1792年路易十六私人寓所的一份物品清单有关。伦琴是十八世纪欧洲最主要的细木工匠,他的客户遍布各国,包括许多德国王子、玛丽·安托瓦内特和叶卡捷琳娜二世等,伦琴为他们提供设计新颖并配有巧妙机械装置的家具。这件家具正面的三个镶嵌细工场景代表戏剧舞台,中间场景里的人物来自意大利即兴喜剧。

对页
卡布里斯房间
巴黎，约1774年（部分装饰为后来添加）
11英尺8½英寸 × 22英尺10½英寸 × 25英尺6英寸
(3.56 × 6.96 × 7.77米)
购买，查尔斯·赖茨曼夫妇捐赠，1972年
(1972.276.1)

上图
以罗伯特·亚当的设计为原型
英国，1728—1792年
兰斯当宅第的餐厅
伦敦，1766—1769年
17英尺11英寸 × 24英尺6英寸 × 47英尺
(5.46 × 7.47 × 14.33米)
罗杰斯基金，1931年（32.12）

这组在巴黎制作的镶板是为卡布里斯侯爵让-保罗·德·克拉皮耶位于格拉斯的新居所造的，它代表了纯粹的新古典主义风格。房间里最初有五组双扇门和数量相等的镜子，雕刻并镀金的橡木装饰与反光的玻璃表面交替出现，达到了美丽的和谐。呈弧形的房间角落展示着从蝴蝶结丝带上垂下的乐器奖品。上半部分的门板装饰着以三脚架支起的香炉，这是一种出自古代的经典纹样。表面暗淡的镀金与磨光的镀金相结合，制造出一种特别生动的效果。

位于伦敦伯克利广场的兰斯当宅第及其室内装潢是由罗伯特·亚当设计的。这个"大餐厅"展现了这位英国建筑师新古典主义风格的巅峰。餐厅空间被圆柱屏风所分隔并展示出雕刻木工手艺，同时有九个壁龛可供展示古董雕塑。（今日这些壁龛中的是仿制品。）这个房间最吸引人之处就是饱含了古典主义装饰色彩的石膏浇注装饰。出自托马斯·齐彭代尔之手的桃花心木边椅虽不是此房间中原本就有的，但它们与在1769年提供给兰斯当宅第主人的椅子出自同一个设计图。

上图
以罗伯特·亚当的设计为原型
英国，1728—1792年
克鲁姆宅第的挂毯房间
伍斯特郡，1763—1771年
13英尺10¾英寸 × 22英尺8英寸 × 27英尺1英寸
（4.23 × 6.9 × 8.26米）
塞缪尔·H·克雷斯基金会捐赠，1958年（58.75.1-.22）

这个房间的石膏天花板是在1763年设计的，饰有轮状装饰线脚和以花冠衬托的战利品，它有力地展现了罗伯特·亚当的早期风格。同年，第六代考文垂伯爵委托巴黎的高布林皇家制造厂的雅克·尼尔逊作坊制作了这组以丝线和羊毛为材料的挂毯。几个团花图样中有来自古代神话的象征四大元素的场景，其原型的设计师是弗朗索瓦·布歇。椅子和长靠椅的镀金边框是细木工匠约翰·梅耶和威廉·依斯于1769年在伦敦制作的。挂毯帷幕也是在高布林皇家制造厂制作的。

对页
皇家兵工厂
俄罗斯，图拉，莫斯科南部
中央桌，约1780—1785年
钢、银、镀铜、镀黄铜、椴木，更换后的镜面玻璃，27½ × 22 × 15英寸（69.9 × 55.9 × 38.1厘米）
购买，安那伯格基金会捐赠，2002年（2002.115）

上图
据信作者为
马丁·卡兰
法国，1730—1785年
带折叠面板和底座的写字台，约1776年
橡木、郁金香木、苋属植物、冬青枝和美国梧桐饰面，六块塞夫尔软质瓷饰板以及两块彩绘锡饰板，镀金青铜饰片，大理石架，云纹丝绸，43½ × 40½ × 12⅞英寸（110.5 × 102.9 × 32.7厘米）
查尔斯·赖茨曼夫妇捐赠，1976年（1976.155.110）

这张桌子是大都会博物馆收藏的第一件俄罗斯家具。它是一小组饰有镶嵌银、装饰蚀刻和无数镀金细节的家具中的一件，也是俄罗斯以外唯一已知的一件，其造型也最为精美。这些出色的物品往往是外交礼物或是嫁妆的一部分。最近的学术研究发现，这张炫示桌（指专为展示而用）是为俄罗斯皇室所造的。据记载，它曾摆放在巴甫洛夫斯克宫殿中玛丽亚·费奥多萝芙娜皇后的卧室里。玛丽亚在1801年将这张桌子送给她已逝妹妹的丈夫，奥尔登堡的彼得公爵。

马丁·卡兰以制作安装了塞夫尔瓷饰板的优雅家具而闻名。这件写字台中间的瓷饰板出自埃德姆-弗朗索瓦·布亚之手，其背面有1776年的字母标记。写字台的第一位主人是女高音歌唱家玛丽-约瑟芬·拉盖尔，在她富裕情人的帮助下，她一直享受着奢华放荡的生活。后来玛丽亚·费奥多萝芙娜在还是俄罗斯大公爵夫人时将其买下。她曾于1782年造访巴黎。

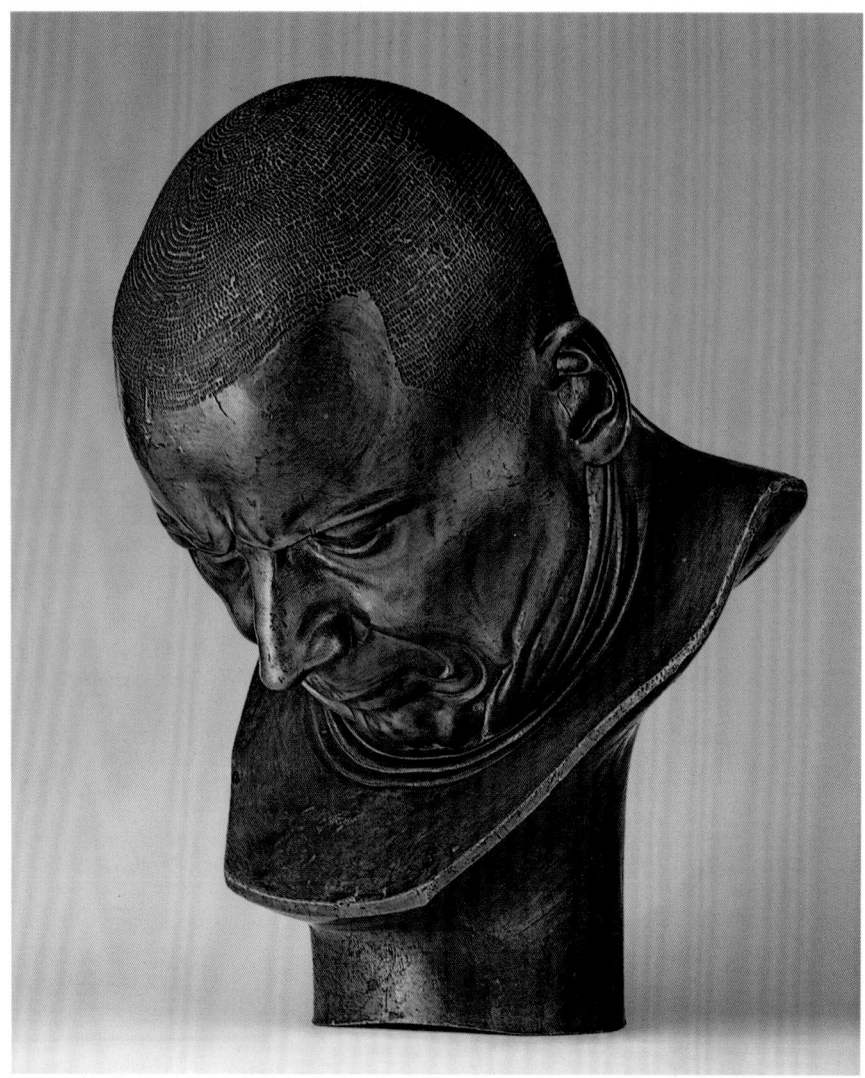

弗朗茨·艾克萨费尔·梅塞施密特
奥地利人,出生于德国,1736—1783年
伪君子与诽谤者,约1770—1783年
锡合金,14⅝ × 9⅝ × 11⅝英寸(37 × 24.4 × 29.5厘米)
购买,欧洲雕塑及装饰艺术基金;莱拉·艾奇逊·华莱士、马克·菲西夫妇、法兰克·E·理查德森夫妇捐赠,2010年(2010.24)

奥地利雕塑家梅塞施密特在其事业晚期时对约六十件人物头像倾注了心血,颇为着迷。这些人物头像或以金属制成,或以雪花石膏制成。它们既认可了把面部表情与情绪相联系的艺术传统,又反映出同一时代的医学理论,将外部感觉和内部感情联系了起来。其中一小部分的主题,比如这一个,表达了人物深层的内省。雕塑家以非常新颖的方式将写实主义与抽象表现相结合,描绘出一个日渐秃顶的结实男子将头低垂在胸前,他那同心的皱纹和对称的下颚制造出富有张力的纹路。

下图
让-安托万·乌东
法国，1741—1828年
受冻的女孩， 1787年
青铜，高56½英寸（143.5厘米）
凯特·特鲁比·戴维森遗赠，1962年（62.55）

作品的法文标题"*frileuse*"指对寒冷敏感的女子。本作品还有一个大理石版，现藏于蒙彼利埃的法布尔博物馆，注明日期为1783年，原本象征着"冬天"。大都会博物馆所藏的这尊青铜雕像由乌东亲自浇铸，来自奥尔良公爵的收藏，艺术家将这个螺旋的圆柱式结构简化到只有最基本的元素。女孩颤抖的身躯有她拉紧的披肩作配衬，披肩虽优雅，却几乎无法蔽体。

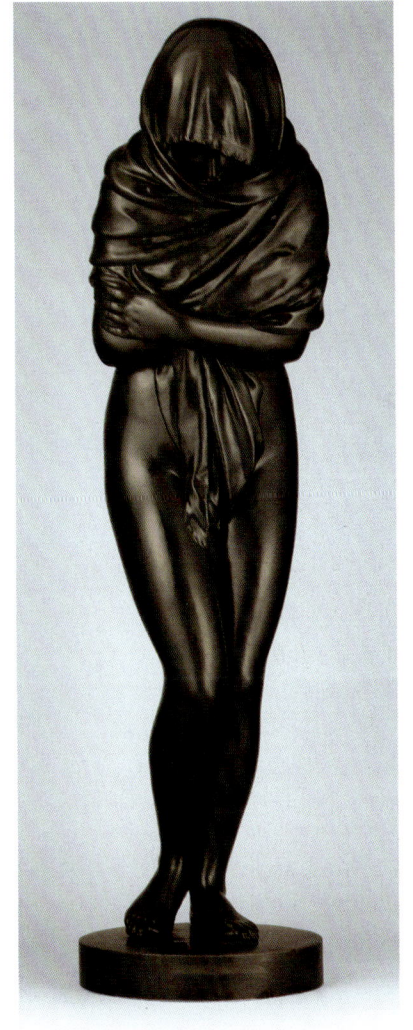

上图
克洛迪翁（克劳德·米歇尔）
法国，1738—1814年
气球纪念碑， 1783年
赤陶，高43⅛英寸（109.5厘米）
购买，罗杰斯基金及匿名捐赠，1944年（44.21a, b）

孟格菲兄弟在1783年首次成功地让热气球升到空中。虽然那只热气球只在空中逗留了十分钟，但这件事仍然被广泛庆祝。当年底，法国王室提议为此建立一座纪念碑。克洛迪翁就是七位参与竞标的出色雕塑家之一。在他想象出来的这场洛可可式的快乐空中之旅中，小天使堆起一捆捆干草以发射热气球，"名誉"在旁指引，风神伊俄勒斯也助了一臂之力，这一场景很难通过大理石来表现。在热气球升空变成一件稀疏平常的事以后，这个项目也就随之中止了。

让-亨利·列斯内
法国，1734—1806年
带折叠面板的写字台，1783年
橡木，黑檀与十七世纪日本漆器饰面；内部以郁金香木、苋属植物、冬青枝、黑檀色冬青枝饰面；镀金青铜饰片；大理石；天鹅绒（非原配），57 × 43 × 16英寸（144.8 × 109.2 × 40.6厘米）
威廉·K·范德比尔特遗赠，1920年（20.155.11）

1783年，让-亨利·列斯内为玛丽·安托瓦内特制作了这件豪华的写字台，同时还有一个配套的斗柜，如今也在大都会博物馆的收藏之中。这是为这位女王位于凡尔赛的一个私人房间制作的，她在那里保留着从母亲——奥地利的玛丽亚·特蕾莎女皇那里继承的日本漆盒。精选的十七世纪日本漆器残片被重新用作这些皇家器具的装饰表面。闪亮的黑底金色漆面和富有光泽的黑檀组成了惹人注目的背景，其上饰有精美的镀金青铜片，由悬垂饰和自然主义的交错花环组成。女王的姓名字母缩写镶嵌在上方横条装饰的中间。

设计者为
让-德莫斯代纳·迪古尔克
法国，1749—1825年
制作者为**卡米耶·佩尔农**
法国，1753—1808年
梵蒂冈风景挂毯，约1799年
编织丝线与金属线，外加丝绣和雪尼尔花线刺绣装饰，
9英尺6¼英寸 × 26¼英寸（291.5 × 66.7厘米）
添购基金，2006年（2006.519b）

这块丝织壁饰板是一对中的一件，属于一整套悬挂物，原本是为了装饰位于西班牙阿兰胡埃斯的拉布拉多府的撞球室，那是在1791年至1803年间为查理四世国王建造的乡间娱乐宫殿。迪古尔克既为法国贵族工作又为西班牙贵族工作，他因能将不同源头的主题巧妙结合而闻名。拉斐尔装饰的梵蒂冈凉廊是这些饰板的主要灵感来源。这些风景挂毯出自卡米耶·佩尔农之手，他是当时里昂数一数二的豪华丝绸制作者，这些作品是编织与刺绣装饰的绝妙结合。

欧洲雕塑及装饰艺术 327

安东尼奥·卡诺瓦
意大利，1757—1822年
珀耳修斯与美杜莎的头，1804—1806年
大理石，高95½英寸（242.6厘米）
弗莱彻基金，1967年（67.110.1）

在1787年至1801年间，卡诺瓦以梵蒂冈博物馆所藏的公元二世纪的罗马雕像《观景楼的阿波罗》为基础，雕刻了一座珀耳修斯的雕像。该雕像中的珀耳修斯挥舞着美杜莎的头颅，他在雅典娜的帮助下杀死了美杜莎。卡诺瓦在自己的工作室里展出这座雕像后，教皇庇护七世出资将其买下，放在原本放置《观景楼的阿波罗》的地方，后者暂时被拿破仑带去了法国。大都会博物馆持有的这个版本是一位名叫瓦莱丽·塔尔瑙斯卡的波兰女伯爵在那以后不久委托卡诺瓦制作的，有几处地方与原作有别。卡诺瓦的这件作品以其在光滑中透出的庄严成为新古典主义英雄之美的典范。

右图
设计者为
让·布莱德利
法国，活跃于1855—1867年
制作者为
夏尔-纪尧姆·迪尔
法国，1811—约1885年
饰片和中央大饰板出自
埃马纽埃尔·弗雷米耶
法国，1824—1910年
储藏柜，1867年
橡木，雪松、胡桃木、黑檀及象牙饰面；镀银青铜饰片，
93¾ × 59½ × 23⅝ 英寸（238 × 151 × 60厘米）
购买，法兰克·E·理查德森夫妇捐赠，1989年（1989.197）

这件储藏柜的原型在1867年的巴黎世界博览会展出时，引起的反响并不太好；该原型目前藏于巴黎的奥赛博物馆。但迪尔想必对展览结果是满意的，因为他为自己做了一个几乎完全相同的柜子，也就是图中这个。这个储藏柜从形状到装饰都是新颖奇特的，它有一块中央饰板，其中的画面让人想起古代传说，同时表达了强烈的法国民族主义情感。画面描绘了国王墨洛维在451年战胜匈人阿提拉之后的庆祝活动。墨洛维站在一辆战车上面，驾车的人正驱赶公牛越过一个敌人的尸体。

左图
设计者为
乔治·霍恩切尔
法国，1855—1915年
制作者可能是
埃米尔·格里特尔
法国，1870—1953年
花瓶，1899—1900年
上釉粗陶，45⅝ × 22½ × 24⅛ 英寸
（115.9 × 57.2 × 61.3厘米）
购买，艾里斯和B·杰拉德·坎托基金会捐赠，
2007年（2007.27）

这件花瓶是法国新艺术派的杰作，它是建筑师、室内装潢师、艺术收藏家和陶艺家霍恩切尔设计的最有野心的陶器作品之一。各种水生主题，如鱼类、甲壳类动物、贝壳和海草等，都巧妙地融入到设计里，而斑驳的绿色釉又增强了这一海洋主题。这只花瓶和与它配对的那只在1900年的巴黎世界博览会上展出时十分显眼。

让-巴蒂斯特·卡尔波
法国,1827—1875年
乌戈利诺和他的儿子们, 1865—1867年
大理石,高77¾英寸(197.5厘米)
购买,约瑟芬·贝·保罗和C·迈克尔·保罗基金会公司、查尔斯·乌尔里克和约瑟芬·贝基金会公司捐赠,弗莱彻基金,1967年(67.250)

这件充满张力的浪漫主义作品的主题来自但丁《神曲·地狱篇》的第33篇,他在其中描述到比萨的叛徒乌戈利诺·德拉·盖拉尔代斯卡伯爵和他的儿孙在1288年被囚禁,并且最终死于饥饿的故事。卡尔波描绘出这位极度痛苦的父亲正抗拒着他的孩子把自己的身体献上让他维持生命的请求。艺术家创作的这组极富想象力、饱受折磨的人物反映出他对米开朗基罗的无比尊敬,尤其是对梵蒂冈西斯廷教堂中的《最后的审判》(1536—1541年)的尊崇,同时还反映出他不懈地追求以写实主义手法来表现有力的人体结构。

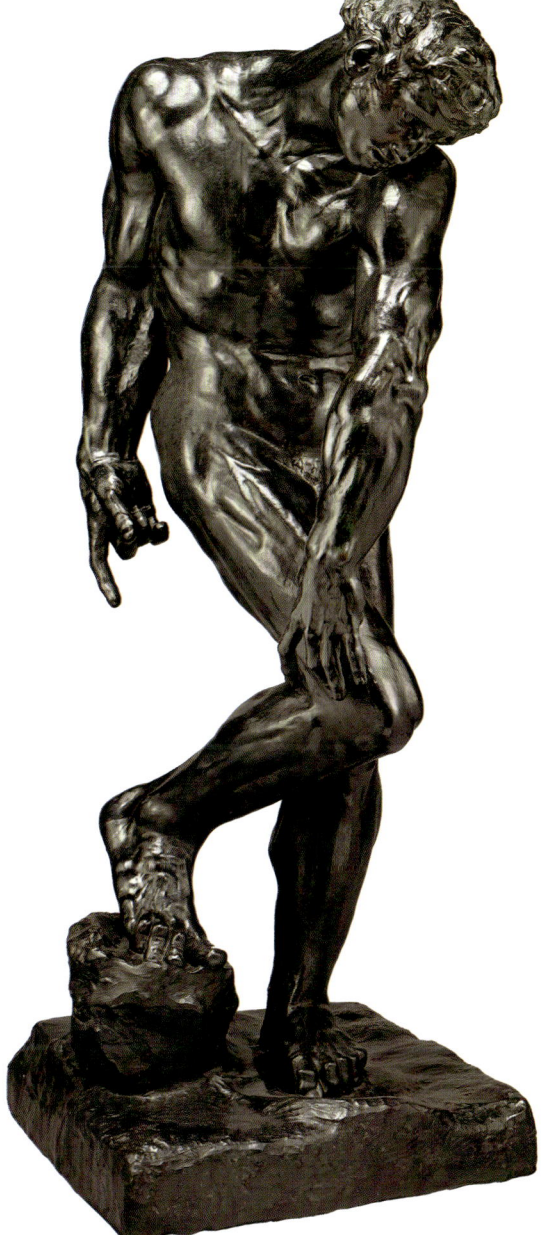

奥古斯特·罗丹
法国，1840—1917年
亚当或创造人类，
原型1880—1881年，浇铸1910年
青铜，76⅜ × 30⅜ × 32½ 英寸
（194 × 77.2 × 82.6厘米）
托马斯·F·莱恩捐赠，1910年（11.173.1）

罗丹曾在意大利和巴黎卢浮宫亲身体验过米开朗基罗的艺术，这种经历似乎为他揭开了这位文艺复兴时期的大师那富有表现力的塑模手法的许多秘密。罗丹在1881年的巴黎沙龙展上展出过这件作品最初的石膏模型，题名《创造人类》。罗丹一度希望把这尊有传奇色彩的有力雕像融入到他的《地狱之门》的设计中，那道门是为一个新的装饰艺术博物馆而造的，但博物馆却从没有动工。大都会博物馆为一个于1912年开张的专门展出罗丹作品的陈列室委托制作了这件雕塑，这是以那件模型为基础的第一尊青铜浇铸作品。

罗伯特·雷曼收藏

罗伯特·雷曼收藏是美国最著名的私人艺术收藏之一，由罗伯特·雷曼先生在1969年遗赠给大都会博物馆。罗伯特·雷曼侧厅中的诸展室遵循捐赠者的意愿，将他的收藏置于与雷曼家族府邸内优雅的室内布景相似的房间中呈现给公众。这批收藏最初由罗伯特·雷曼的父母菲利浦和卡丽在二十世纪早期发起，在接下来的数十年中主要由他们的儿子延续下去。大都会博物馆通过这项遗赠获得的两千六百件作品是许多收藏的集合，涵盖时间跨度超过五百年的西欧艺术品，上至中世纪，下至现代主义。这些作品包括色彩绘画、素描、彩饰手抄本、古典画框、织物、花饰陶器、青铜器、珐琅器、家具和玻璃制品等。雷曼收藏中有丰富的十四和十五世纪的意大利绘画，包括优秀的锡耶纳木板画，它们与大都会博物馆的其他作品一起，使大都会博物馆这方面的收藏在锡耶纳以外的地区独领风骚。例如，西莫内·马丁尼和乔凡尼·保罗等锡耶纳艺术家的作品与同样杰出的佛罗伦萨画派大师贝尔纳多·达迪、洛伦佐·摩纳哥、波提切利等人的作品在这里都有显著地位。同样的，这里收藏的花饰陶器可以说是意大利以外同类艺术品中最为精美的，为大都会博物馆宝贵的光泽陶瓷馆藏添加了数不清的珍宝。出自达·芬奇、丢勒、伦勃朗及其他人之手的纸本作品丰富了大都会博物馆非凡的早期绘画大师素描收藏，同时也见证了一种不同寻常的优秀收藏传统。

西莫内·马丁尼
意大利，活跃于1315—1344年
圣母子，1326年
木板蛋彩画，金粉，22½ × 15⅛ 英寸（57.2 × 38.4厘米）
罗伯特·雷曼收藏，1975年（1975.1.12）

这幅保存良好的绘画作品与雷曼收藏的《圣安沙诺》和《圣安德鲁》（也在大都会博物馆）同属一幅五联板祭坛画，当初由锡耶纳市政府委托制作。这幅祭坛画是为锡耶纳地方长官的官邸而作，以六个月为一个租期，定期重新安置。这幅祭坛画的设计比较特别，其绘有《圣母子》的中央饰板与两侧的饰板一样大，容易折叠，方便在不同宅第之间迁移。西莫内的五块木板画后来都被并入一幅更大的祭坛画中，放在锡耶纳市政厅（*Palazzo Pubblico*）的礼拜堂里。

贝尔纳多·达迪
意大利,约1290—1348年
圣母升天, 约1337—1339年
木板蛋彩画,金粉,42½ × 53⅞英寸(108 × 136.8厘米)
罗伯特·雷曼收藏,1975年(1975.1.58)

贝尔纳多·达迪是乔托之后的那一代佛罗萨画家中最重要的一位。这块木板画可能是他为普拉托大教堂的圣母腰带礼拜堂画的一幅重要祭坛画的上半部分,这座教堂靠近佛罗伦萨,里面供奉着备受崇敬的圣母腰带遗物。六位天使抬着圣母往天堂而去,作为升天的证明,圣母将她的腰带垂下,给了圣多马,后者的双手可在木板的左下缘看到。下半块祭坛画已经失传,可能曾描绘圣多马和其他使徒一起聚集在临终圣母的床边。

洛伦佐·摩纳哥（皮耶罗·迪·乔凡尼）
意大利，约1370—1425年
耶稣诞生，约1406—1410年
木板蛋彩画，金粉，8¾ × 12¼ 英寸（22.2 × 31.1厘米）
罗伯特·雷曼收藏，1975年（1975.1.66）

洛伦佐·摩纳哥是十五世纪早期著名的佛罗伦萨画派画家和书稿彩饰师，也是卡马尔多利会的修士，曾获得允许在他的修道院外经营一间兴旺的作坊，这间修道院属于天使圣母教堂。这幅画是他最有名的作品之一，其中精致、丰富而微妙的和谐色调反映出他作为一位书稿彩饰师的精湛技艺。棚屋上支起的顶棚等构图元素巧妙地与这个四叶饰板不规则的外形相结合，这幅作品原本是一件祭坛画台座的一部分。

亚里士多德和菲莉丝
中世纪水罐
苏格兰低地南部，十四世纪晚期
青铜，高13¼英寸（33.7厘米）
罗伯特·雷曼收藏，1975年（1975.1.1416）

中世纪水罐是一种在世俗生活和宗教仪式中用来倒水洗手的器皿，比如由神父在弥撒前使用，或是在家庭用餐前使用。这件物品可能是放在家里的餐桌上为招待客人所用，水罐上描绘了一个流行的说教故事：古希腊哲学家、亚历山大大帝的老师亚里士多德让他自己落入菲莉丝诱惑的圈套，遭受羞辱，作为给这位年轻君主所上的一课。

让·富凯
法国，约1425—约1478年
上帝的右手保护信徒不受恶魔侵犯，约1452—1460年
羊皮纸金箔蛋彩画，7⅝ × 5¾ 英寸（19.4 × 14.6厘米）
罗伯特·雷曼收藏，1975年（1975.1.2490）

这一张书页来自十五世纪一部非常著名的彩饰手抄本：艾蒂安·希瓦利埃的《时祷书》。希瓦利埃在1452年至1474年间是法国的财政大臣。这幅全页细密画描绘了聚集在一处的信徒仰望从天而降的上帝之手。富凯对中世纪巴黎的刻画因他对地形的精准把握而引人注目。画中可辨认的地点包括巴黎圣母院、圣礼拜堂的塔尖、圣米歇尔桥及西岱岛上的遗迹，如前景中的内勒府。题写在画面下方的是《圣灵时祷》中傍晚祷告的开篇词。

欧瑟尔凡萨师傅
意大利，活跃于1425—1450年
圣安东尼院长在旷野中，约1435年
木板描金蛋彩画，18½ × 13¼ 英寸（47 × 33.7厘米）
罗伯特·雷曼收藏，1975年（1975.1.27）

欧瑟尔凡萨师傅是锡耶纳画派的艺术家萨塞塔的一名弟子，他最著名的作品是八幅描绘圣安东尼院长人生故事的系列画作。在这块木板画中，荒芜的自然景观表明了艺术家极其热衷于表现自然主义细节。此处描绘的风景令人想起红海附近的山区，也就是这位隐修圣人度过生命最后数十年的地方。在前景中，圣安东尼刻意避开身前的一堆黄金（画面上的黄金早已被刮掉），表示他抗拒世俗利益对他的诱惑。

乔凡尼·迪·保罗
意大利,1398—1482年
创造世界与逐出乐园, 1445年
木板描金蛋彩画,18¼ × 20½ 英寸 (46.4 × 52.1厘米)
罗伯特·雷曼收藏,1975年 (1975.1.31)

这幅画描绘了创世故事中的两个情节。它与同在大都会博物馆的木板画《乐园》一起,组成了锡耶纳圣多明尼哥大教堂中圭尔菲礼拜堂祭坛画台座的一部分。天父上帝被众多炽天使托起,他的手指向刚刚被造的诸天和大地:四大元素和十二宫环绕着山川河流。亚当和夏娃被逐出乐园,那里生长着茂盛的果树、百合花、玫瑰和康乃馨。陪伴在旁的天使有不同寻常的裸体人形,可能象征他非常同情人类失去天恩后堕落的处境。

彼得勒斯·克里斯蒂

尼德兰,活跃于1444—1475/1476年

**金匠在他的店铺里,可能是
圣安利日,** 1449年

橡木板油画,38⅝ × 33½ 英寸(98 × 85.2 厘米)

罗伯特·雷曼收藏,1975年(1975.1.110)

这幅著名的画作上有彼得勒斯·克里斯蒂的签名和他注明的日期,他是扬·凡·艾克之后那一代布鲁日画家中最优秀的一位。这幅作品或许是布鲁日的金匠行会委托他画成的,可能是一幅职业绘画(其中精美画就的交易物品就是行会服务的活广告),也可能是一幅风俗画。坐着的人正在为衣着华丽的夫妻称结婚戒指的重量,这幅画更可能是当时某位杰出金匠的肖像,而不是对金匠的保护圣徒圣安利日的刻画。凸面镜是一种制造错觉的装置,把绘画空间从店铺里延伸到外面的街上,映出两个男性路人的形象。

波提切利(亚历山德罗·迪·马里亚诺·菲利佩皮)
意大利,1444/1445—1510年
天使报喜,约1485年
木板描金蛋彩画,7½ × 12⅜英寸(19.1 × 31.4厘米)
罗伯特·雷曼收藏,1975年(1975.1.74)

波提切利的珍贵画作《天使报喜》以房屋的室内结构作为背景,构图上采用了一点透视法,以产生纵深的空间错觉。画面中央一排方形廊柱把信使加百列占据的宽大空间与童贞女玛利亚所处的私密卧室分开来。一幅帘幔被拉到一边,从那里可以看到童贞女玛利亚谦卑的身姿。虽然这幅小型画作的赞助人身份不明,但它极有可能是用作私人敬拜的画像,而不是某件更大作品的一部分。

安东尼奥·波拉约洛
意大利,约1432—1498年
一座骑手纪念碑的试画,约1482—1483年
钢笔与棕色墨水,浅棕色和深棕色晕染;马与骑士的轮廓上有摹印时的穿孔,11¹/₁₆ × 10英寸(28.1 × 25.4厘米)
罗伯特·雷曼收藏,1975年(1975.1.410)

波拉约洛是佛罗伦萨的雕塑家、画家、雕版师和金匠,这幅接近完成的素描可能是他为米兰公爵卢多维科·斯福尔扎准备的,作为给其父弗朗切斯科·斯福尔扎所立的青铜雕像的设计图,但这一计划最终没有实现。这幅素描曾经的拥有者是十六世纪的历史学家、画家乔尔乔·瓦萨里,他在自己的《艺苑名人传》(1568年)中描述了这一作品,也可能是他在画中人物周围加上了深棕色晕染。

汉斯·梅姆林
尼德兰，活跃于1465—1494年
天使报喜，1480—1489年
木板油画转移到帆布上，30⅛ × 21½ 英寸（76.5 × 54.6厘米）
罗伯特·雷曼收藏，1975年（1975.1.113）

梅姆林的这幅《天使报喜》模仿了现藏于慕尼黑的罗吉尔·凡·德尔·维登的《圣高隆巴祭坛画》左翼板，但他的新颖诠释将原本跪着的童贞女玛利亚换成了正要昏厥的童贞女被两个天使托住。与其他十五世纪的佛兰德斯画家一样，梅姆林将宗教的意象隐藏在描绘日常生活的绘画语言之下。百合花象征童贞女的贞洁，空的烛台预示她即将怀上基督——世界之光。天使加百列身着神职人员的装束，暗指弥撒仪式，因此也暗指基督的道成肉身。圣灵的鸽子表明道成肉身正如圣经中所述已经发生，而童贞女玛利亚的左手正指着这段经文。

下图
来自**乔凡尼·马里亚·瓦萨罗**
的作坊
意大利，活跃于十六世纪早期
饰有教皇尤利乌斯二世和博洛尼亚的曼佐利的盾徽的碗，1508年
花饰陶器，高4⅜英寸（10.9厘米），直径12¾英寸（32.5厘米）
罗伯特·雷曼收藏，1975年（1975.1.1015）

这只碗被视为有史以来最漂亮的花饰陶器（一种精美的锡釉陶器）之一，其上装饰着与教皇权威有关的华丽符号，比如钥匙和三重冠，以及有关教皇尤利乌斯二世·德拉·罗韦雷及其家庭的私人标记，比如橡树。尤利乌斯可能是为他的支持者——博洛尼亚公使梅尔基奥雷·迪·乔尔乔·曼佐利委托制作了这只碗，后者的盾徽出现在碗的下缘，这件作品是为了纪念教廷在1506年重新控制博洛尼亚而作。乔凡尼·马里亚·瓦萨罗的名字刻在碗背后，他可能是位于卡斯特尔·多兰特的制作这只碗的作坊里的画家，或是这间作坊的主人。

上图
设计者为
伯纳德·凡·奥利
佛兰德斯，约1488—1541年
编织工可能是
彼得·德·潘内马克尔
佛兰德斯，活跃于1517—1535年
最后的晚餐，约1520—1530年
羊毛，丝线，镀银线，10英尺11⅞英寸 × 11英尺5⅞英寸（3.35 × 3.5米）
罗伯特·雷曼收藏，1975年（1975.1.1915）

这幅豪华的《最后的晚餐》是一组四件挂毯之一，描绘了耶稣受难的故事。它们的设计者是十八世纪布鲁塞尔的著名艺术家——伯纳德·凡·奥利。这件作品体现出凡·奥利将北方传统和意大利样式相结合后创造出来的一种新的挂毯风格。他在这件作品中融入了类似阿尔布雷希特·丢勒的木版画《最后的晚餐》中那种极富表现力的情感和对细节刻画的偏爱，那幅画是这件挂毯构图的灵感源泉，他同时还在这件作品中借鉴了拉斐尔不朽的人物和空间结构。拉斐尔为挂毯系列《使徒行传》所作的底图由西斯廷教堂委托制作，曾被送往布鲁塞尔编织，它们为凡·奥利的作品提供了重要的示范。

伦勃朗（伦勃朗·凡·莱因）
荷兰，1606—1669年
《最后的晚餐》，以列奥纳多·达·芬奇的作品为基础， 1634—1635年
红粉笔，14¼ × 18¾ 英寸（36.2 × 47.5厘米）
罗伯特·雷曼收藏，1975年（1975.1.794）

这件尺幅大得不同寻常的红粉笔素描是伦勃朗在二十八岁时以一幅早期版画为基础而作的，那幅版画模仿了列奥纳多·达·芬奇在米兰恩宠圣母教堂所作的《最后的晚餐》湿壁画。但伦勃朗完全没有照搬其模型，而是探索了画面在表现力和戏剧性方面的诸多可能性：他重新塑造了人物角色，加强了他们听到耶稣的话后的反应，同时缩小了他们各自所占的空间。雷曼收藏中的这件作品是伦勃朗以达·芬奇的《最后的晚餐》为蓝本所作的三幅素描之一，达·芬奇的这件作品唤起了他丰富的想象力。

埃尔·格列柯（多米尼克·提托克波洛斯）
希腊，活跃于意大利和西班牙，1540/1541—1614年
学者圣耶柔米， 约1610年
布面油画，42½ × 35 英寸（108 × 89厘米）
罗伯特·雷曼收藏，1975年（1975.1.146）

格列柯至少画了五幅圣耶柔米的画。这幅画作于格列柯的晚年，画中的圣人穿着红衣主教的红袍，坐在一本打开的书前，表示他曾将《圣经》从希腊文翻译成拉丁文。他憔悴深陷的面部容貌以及长长的白胡须暗指他作为一位忏悔者更为人所知的外貌。这幅画因为艺术家将圣耶柔米作为学者和苦修者的两种角色以新颖的方式结合而著名。

让·奥古斯特·多米尼克·安格尔
法国，1780—1867年
埃莱奥诺尔-玛丽-波利娜·德·加拉尔·德·布拉萨克·德·贝亚恩（1825—1860年），布罗伊公主，
1851—1853年
布面油画，47¾ × 35¾ 英寸（121.3 × 90.8厘米）
罗伯特·雷曼收藏，1975年（1975.1.186）

虽然安格尔可能不太情愿画肖像画，但他所画的著名贵族的肖像画令人着迷，是这类作品中最优秀的。布罗伊公主因美丽和含蓄而闻名，艺术家在画中捕捉到了她的这些特征。安格尔出色地记录下模特衣裙上华丽的绸缎和蕾丝、她昂贵的珠宝、刺绣围巾还有锦缎椅套的质感。

奥古斯特·雷诺阿
法国，1841—1919年
钢琴边的两位少女，1892年
布面油画，44 × 34英寸（111.8 × 86.4厘米）
罗伯特·雷曼收藏，1975年（1975.1.201）

在1891年底或1892年初，雷诺阿受法国政府的邀请为卢森堡博物馆作一幅画；这个位于巴黎的新博物馆专门展出在世艺术家的作品。雷诺阿选择了钢琴边的两位少女这一主题，他深知此画提交后会面临严格仔细的审查，因此在画作上煞费苦心，经过一系列五幅油画的不断改进和构图上的琢磨，才最终完成了这幅作品。

安德烈·德朗
法国，1880—1954年
威斯敏斯特宫，1906—1907年
布面油画，31 × 39英寸
(78.7 × 99.1厘米)
罗伯特·雷曼收藏，1975年
(1975.1.168)

1905至1906年，安德烈·德朗在艺术商安布鲁瓦·沃拉尔的建议下去了伦敦，他为沃拉尔画了好些以伦敦为背景的作品，其中就包括这幅画。根据德朗后来的回忆，这些油画的灵感是克劳德·莫奈在几年前画的伦敦风景画，那些作品"给巴黎留下了深刻印象"。德朗运用拖长的短笔触和明亮大胆的色彩反映出新印象派画家保罗·西涅克和亨利·埃德蒙·克罗斯的影响，同时还有马蒂斯的影响，他和德朗曾一同在法国南部度过1905年的夏天。

亨利·马蒂斯
法国，1869—1954年
科利乌尔的橄榄树，1906年
布面油画，17½ × 21¾英寸 (44.5 × 55.2厘米)
罗伯特·雷曼收藏，1975年 (1975.1.194)

地中海沿岸小镇科利乌尔风景如画，其洒满阳光的美景是马蒂斯和其他同时代艺术家的丰富灵感来源。在保罗·西涅克的鼓励之下（他此时也在法国南部作画），马蒂斯采用了野兽派钟爱的明亮、创新的色彩。这幅画完成后不久就被格楚德和里奥·斯坦因买下，它是马蒂斯短暂的野兽派时期中的一幅重要作品。

美　国

美国馆

大都会博物馆的美国馆主要展出1920年以前的美国艺术品。这里侧重十七和十八世纪来自北美东海岸殖民地的艺术品和物件,以及随着美国在北美大陆的扩张而延续到二十世纪早期的艺术品。早期,大都会博物馆的受托人中不乏画家和雕塑家,在他们的推动下,博物馆收购了大量当代美国艺术家的作品,因此本馆藏有非常丰富的哈得逊河画派的风景画,以及丹尼尔·切斯特·法兰奇、弗雷德里克·雷明顿和奥古斯塔斯·圣-高登斯等雕塑家的大理石和青铜雕塑作品。后来的受托人中出现了殖民时期艺术品的收藏家,他们专注于收购有历史意义的室内设计作品,包括相应的装饰家居。从1970年代开始,本馆的管理团队将馆藏范围扩展到来自十九世纪末和二十世纪初各个领域的艺术品。除此以外,美国馆还因收藏了全世界最有名的两幅美国绘画而自豪,它们是埃马纽埃尔·洛伊茨的《华盛顿横渡特拉华河》和约翰·辛格·萨金特的《X夫人(皮埃尔·戈特罗夫人)》,同时还藏有约翰·辛格尔顿·科普利、吉尔伯特·斯图尔特、温斯洛·霍默、托马斯·埃金斯、詹姆斯·麦克尼尔·惠斯勒等人的代表作,以及玛丽·卡萨特和蔡尔德·哈萨姆等美国印象派画家的作品。与此同时,本馆的装饰艺术馆藏包括著名银匠梅耶·梅耶斯和托马斯·弗莱彻的作品,以及各种柜子,包括纽约赫脱兄弟制作的出色的十九世纪衣橱。

橱柜

北埃塞克斯县,马塞诸萨州,1680—1685年
橡木,枫木,北美鹅掌楸,松木,
58¼ × 49½ × 20¼ 英寸(148 × 125.7 × 52.7厘米)
购买,罗杰斯基金;赛吉基金(交换);塞恩斯伯里-米尔斯基金;安东尼·W和露露·C·王捐赠,以纪念莫里斯·H·赫克歇尔;美国馆之友基金,2010年(2010.467a–p)

在十七世纪的新英格兰,用来储藏织物、银器和其他贵重物品的大型橡木橱柜往往是一个家庭中最精巧的家具。其规模大小和装饰的丰富性使它们成为主人财富和地位的展览品。这件超凡脱俗的作品出自一个无名店铺,该店以出产非常复杂而且风格各异的拼橡木箱和橱柜而闻名。这件作品上有乌木色枫木车削件,自如地诠释了古典形态;抽屉正面带槽并镶嵌有圆形突起物,以有节奏的线状样式装饰着整段横面。

康纳留斯·吉尔斯特德
美国，1674—约1757年
双耳碗，1700—1710年
银，5⅜ × 13⅞英寸（13.7 × 35.1厘米）
塞缪尔·D·李基金，1938年（38.63）

这只双耳银碗的表面錾刻有六个大小相等的装饰面，是早期纽约独有的一种银器外形。这种白兰地酒碗（Brandewijinskom）用于婚礼和葬礼上的仪式环节，尤其是用于新生儿庆祝会（kindermaal）上。在这类庆祝中，邻里的妇女聚在一起迎接新生儿。盛满葡萄干和白兰地的碗在客人中传递，客人则用银勺舀来吃。这只碗靠近碗沿的地方刻着特尼斯·雅各布森·奎克的名字缩写，他是一位富裕的面包师傅，与妻子弗罗伊特在1689年结婚。

马修·普拉特
美国，1734—1805年
美国画派，1765年
布面油画，36 × 50¼英寸（91.4 × 127.6厘米）
塞缪尔·P·艾弗里捐赠，1897年（97.29.3）

普拉特在1764年去伦敦的时候，迎接他的是年纪比他略小的美国同胞本杰明·韦斯特，后者已经走上一条非常成功的职业道路。普拉特的这幅画是一幅独特的韦斯特肖像画，描绘了韦斯特教导美国学生的场景，其不拘形式的构图反映出他对十八世纪晚期在伦敦的美国人中流行的欧洲学院派传统的探索。这幅画在1766年展出，起名为《美国画派》。韦斯特是站在最左边的那个人，正在教授绘画技巧。画架前的人则是普拉特，他被描绘成一位卓有成就的肖像画家。

多屉高柜

波士顿，马萨诸塞州，1730—1760年
枫木，桦木，白松，颜料，涂金石膏粉。86½ × 40 × 21½英寸（219.7 × 101.6 × 54.6厘米）
购买，约瑟夫·普利策遗赠，1940年（40.37.1）

这种带底座的卷顶柜也称多屉高柜，它们将英式带底座的平顶柜与断开的山墙饰相结合，是最具野心、最有美国风格的一种殖民时期家具形式。波士顿约于1730年引进这种家具，当时最昂贵的早期家具往往涂有亮漆或漆饰，意在模仿亚洲漆器。这件作品的独特之处在于与其配套的梳妆台和镜子都完好无损地保存了下来。整件作品涂覆有一层玳瑁色的底漆，其上描金勾勒出中国艺术风格的图案，包括想象中的人物和花园建筑。这件家具是为本杰明·皮克曼制作的，他是马萨诸塞州萨勒姆镇的一名商人，也是新英格兰殖民时期都会优雅风范的代表人物。

梅耶·梅耶斯
美国，1723—1795年
篮子，1770—1776年
银，11⅛ × 14½ × 11⅜ 英寸
（28.4 × 36.7 × 28.9厘米）
莫里斯·K·吉萨普基金，1954年（54.167）

这件极为罕见的美国桌篮是为富有的西印度群岛商人萨缪尔·康奈尔和他的妻子苏珊娜造的，他们是纽约市和北卡罗来纳州新伯尔尼的居民。在康奈尔被任命为北卡罗来纳州议会的成员以后，他委托纽约著名的银匠梅耶·梅耶斯制作了几件出色的作品。

根据篮子下面的铭文记载，康奈尔夫妇后来将其送给了女儿汉娜，她于1786年10月19日嫁给了赫曼·利若伊。这只篮子有网眼花边装饰面，带串珠状圆饰的篮子边缘，以及带铰链的网状镂刻提手，可与最时髦的伦敦银器相媲美。

美国火石玻璃制造厂
美国，1764—1774年
创立者为
亨利·威廉·斯蒂格尔
美国，1729—1785年
口袋玻璃瓶，1769—1774年
吹制纹样铸模玻璃，高4¾英寸（12.1厘米）
弗雷德里克·W·亨特捐赠，1914年（14.74.17）

亨利·威廉·斯蒂格尔是位美国创业家，为了挑战欧洲进口商品的市场主导地位，他在宾夕法尼亚州的曼海姆创立了美国火石玻璃制造厂。他雇用的移民工匠生产出了美国制造的第一批高质量餐具。除无色玻璃器皿以外，这家工厂还生产了具有宝石般华丽色彩的钴蓝色和紫晶色玻璃器皿。这只口袋瓶上由菱形框住的邹菊图案可能是为了模仿当时雕花玻璃中的一种流行设计。

约翰·辛格尔顿·科普利
美国,1738—1815年
丹尼尔·克罗姆林·维普兰克, 1771年
布面油画,49½ × 40英寸(125.7 × 101.6厘米)
贝亚德·维普兰克捐赠,1949年(49.12)

丹尼尔·维普兰克是纽约市一个显赫家族的后人,这幅画中的他只有九岁。在这幅作品中,科普利一如继往地成功运用了年轻贵族模特与一只用金链拴住的宠物松鼠玩耍的主题。松鼠紧抓住维普兰克的腿,泰然自若的维普兰克则冷静地看着观众。这幅画表现出科普利最佳的殖民时期风格,因其敏锐的洞察力和极高的清晰度而引人注目。

科尔登宅第中的维普兰克房间
科登汉姆,纽约,约1767年
9英尺5英寸 × 17英尺9英寸 × 21英尺
(2.87 × 5.41 × 6.4米)
购买,希尔马里斯收藏,乔治·科伊·格雷夫斯捐赠
(交换),1940年(40.127)

这个房间是美国馆内二十个历史房间之一,再现了美国革命之前的纽约生活。其嵌板壁炉墙面和其他建筑配件都来自曼哈顿以北九十五公里的一处乡间别墅,那是在1767年为小卡德沃勒德·科尔登(纽约副总督的儿子)而造的。这个房间里还布置了萨缪尔·维普兰克和他的妻子朱迪丝·克罗姆林。维普兰克从1760年代起在他们位于纽约市华尔街的房子里使用过的物品。这些物品由他们的后代捐赠给大都会博物馆,其中包括约翰·辛格尔顿·科普利画的家庭肖像画,一套纽约制造的独一无二的椅子、长靠椅和牌桌,以及中国出口的瓷器。

下图
拉尔夫·厄尔
美国，1751—1801年
以利亚·鲍德曼，1789年
布面油画，83 × 51英寸（210.8 × 129.5厘米）
苏珊·W·泰勒遗赠，1979年（1979.395）

厄尔的这幅画描绘了衣着时髦的布匹商人以利亚·鲍德曼站在自己位于康涅狄格州新米尔福德的店铺里。画家以一种异乎寻常的肖像手法，捕捉了鲍德曼的创业精神：这位乡村店主的店铺里陈设简洁，他站在毛毡覆盖的账目桌边，储藏室的门敞开着，里面一卷卷昂贵的进口纺织品吸引着观者的目光。桌架上的书籍暗示鲍德曼的商业意识得自渊博的知识。再加上厄尔仔细刻画出的优雅服装以及鲍德曼迷人的直视目光，这幅肖像画成为了赞助人和画家的双重广告。

上图
新不来梅玻璃制造厂
美国，1784—1795年
创立者为
约翰·弗雷德里克·阿梅龙
美国，活跃于1784—约1791年
高脚盖杯，1788年
吹制刻花玻璃，高11¼英寸（28.6厘米）
罗杰斯基金，1928年（28.52a, b）

约翰·弗雷德里克·阿梅龙从德国移民到马里兰州的弗雷德里克县，在新不来梅创立了一个成功的玻璃工厂。这只带盖高脚杯的形状和刻花都表明了这家工厂手艺人的德国背景。杯身上最显著的特点就是以一张巴洛克风格的盾牌为底的德国不来梅市的精美盾徽，这是阿梅龙玻璃器皿上复杂刻花的特征，也是这一时期所有美国玻璃器皿上复杂刻花的特征。这只高脚杯是在德国发现的，杯身上刻着铭文："老不来梅的成功和新的进步。"阿梅龙很可能将这只杯子送给了他的德国投资者，以庆祝他在美国事业的成功。

约翰·特朗布尔
美国,1756—1843年
直布罗陀驻军的突围,1789年
布面油画,71英寸×8英尺11英寸(1.8×2.72米)
购买,宝琳·V·富勒顿遗赠;詹姆斯·沃尔特·卡特夫妇和雷蒙德·J·霍洛维茨夫妇捐赠;厄文·沃尔夫基金会和维恩与哈里·费希基金会公司捐赠;汉森·K·康宁捐赠(交换);玛利亚·德维特·吉萨普和莫里斯·K·吉萨普基金,1976年(1976.332)

特朗布尔和他的美国同道本杰明·韦斯特、约翰·辛格尔顿·科普利等人一样,都有在历史画作上大展宏图的野心,他们希望能画出具有英雄意义的大尺幅画作。在韦斯特的建议下,特朗布尔画出了直布罗陀受到长久围攻这一事件中的一个重要情节,当时西班牙人企图从英国人手中夺走直布罗陀岩。艺术家描绘了英国这场胜利中一个特别的瞬间,即乔治·艾略特将军向他垂死的敌人——年轻的唐·荷塞·德·巴博萨伸出同情的援手。不过,特朗布尔最终的目标是为了赞扬绅士们无论遇到什么情况都能表现出高尚的风度。

鲁弗斯·哈瑟维
美国，1770—1822年
女士与宠物（莫莉·威尔斯·弗布斯），1790年
布面油画，34⅛ × 32英寸（86.6 × 81.3厘米）
埃德加·威廉和伯妮斯·克莱斯勒·贾比斯克捐赠，1963年（63.201.1）

这幅肖像画中的人物可能是马萨诸塞州雷罕镇的莫莉·威尔斯·弗布斯。这幅充满象征意义的画是为了庆祝她与附近马什菲尔德第二公理会教堂的牧师伊利亚·伦纳德牧师订婚而作，他们在1792年结婚。这幅画是哈瑟维已知最早的一件作品，也是美国民间艺术中的一件精美佳作，其中反映了画家试图与欧洲风格相呼应的粗浅尝试。画中人的鸵鸟羽毛和刺猬式的发型模仿了当时法国的流行时尚和肖像画，她各个宠物的位置安排富有象征意味，所有这些可能都是哈瑟维通过版画了解到的。

可能是
海因里希·罗思
美国，活跃于约1790—1810年
圆盘，1793年
红土陶器，彩釉刮除法装饰
直径12¼英寸（31.1厘米）
罗伯特·W·德福莱斯特夫人捐赠，1933年（34.100.124）

十八世纪晚期至十九世纪早期，宾夕法尼亚州的德裔陶工用当地出产的红黏土为本地市场制作实用陶器以及一些更为精美的用品。这些移民工匠从故乡带来了他们的手艺和装饰传统。这件来自北安普敦县的圆盘展示出许多宾州德裔人使用的彩釉刮除法工艺。这种工艺是先在硬化后的黏土上涂一层白色泥釉，再用锐利的工具刮去表面，露出下面的红色黏土层。这件作品与许多同类作品一样，装饰有简化的孔雀图案和花卉纹样。

吉尔伯特·斯图尔特
美国，1755—1828年
乔治·华盛顿，1795年动笔
布面油画，30¼ × 25¼ 英寸（76.8 × 64.1厘米）
罗杰斯基金，1907年（07.160）

斯图尔特在1793年3月从伦敦回到美国，打算给乔治·华盛顿画一幅肖像画。这幅画是华盛顿朝向右边的十八幅半身肖像画之一，这组画也叫"沃恩组"。这幅画中有斯图尔特的第一幅华盛顿写生肖像的痕迹：在黑色颜料下有一件泛红的棕色外套，上面有黄色的纽扣。这表明斯图尔特在画第一幅沃恩肖像画的同时构思出了这幅画。斯图尔特的华盛顿肖像画既逼真又有标志性。此画中，艺术家巧妙地使用蓝灰色阴影突出肤色的立体感，使华盛顿的面部看起来好像大理石，传达出一种不朽的形象。

威廉·拉什
美国，1756—1833年
鹰，1809—1811年
木雕（可能是东部白松），涂石膏粉并镀金，着色铸铁，36 × 68 × 61英寸（91.4 × 172.7 × 154.9厘米）
购买，塞恩斯伯里-米尔斯基金，安东尼·W和露露·C·王、罗伯特·G·戈伊莱特夫妇、安妮特·德·拉·任塔、维拉·赫拉顿-高德曼捐赠，2002年（2002.21.1）

拉什在今日被认为是美国最早的肖像雕塑家之一，也是十九世纪早期活跃的费城工匠界中一位重要的木雕工和镀金工。这只巨型镀金鹰在1847年之前一直悬挂在费城圣约翰福音派路德会教堂的讲道坛上方，之后又被安置在独立厅的议事堂里，直到1914年。在那里，这只鹰与自由钟比邻，下方就是拉什的乔治·华盛顿木雕像。其象征意义也从委托制作这只鹰的教堂的保护圣徒标志，变成了美国爱国主义精神和独立的象征。

朱丽亚-安·菲奇
美国，1791—？年
刺绣样本，1807年
丝线，亚麻布底，18 × 15¾英寸（45.7 × 40厘米）
购买，威廉·卡伦·布莱恩特学会捐赠，2010年（2010.466）

马萨诸塞州哈特菲尔德的朱丽亚-安·菲奇制作了这件家庭记录刺绣样本，其中心图案是一个坐着读书的年轻女子，显然是在评论那个时代正激烈争论的一个话题，即女子教育问题。中间椭圆形图案的四周有十三个圆圈，大多包含了朱丽亚-安·菲奇直系亲属的名字和生卒年份。她也在其中表达了自己的爱国情感：下方有一个圆圈是向乔治·华盛顿的生平表达敬意的，记载了他在1799年刚去世的日子，另一个圆圈中注明了这个新国家诞生的日期。

书桌与书柜

巴尔的摩,马里兰,约1811年
桃花心木,缎木,枫木,彩镶玻璃,雪松木,
91 × 72 × 19⅛ 英寸(231.1 × 182.9 × 48.6厘米)
罗素·赛吉夫人捐赠以及来自多位其他捐赠者的资金
(交换),1969年(69.203)

这套H形的写字桌和书柜是现存美国联邦式家具中独一无二的,它的直接灵感来自英国细木工匠托马斯·谢拉顿的《橱柜指南》(1803年)中的第38张插图——姐妹圆柱体书柜,但制作者用长方形的折叠面板书桌放在两个柱基之间,取代了谢拉顿的伸缩式圆柱面板。涂色并镀金的玻璃门饰板上描绘了身着古装的古希腊少女翩翩起舞。再加上整体的对称性、几何的抽象性和缎木与桃花心木饰面之间形成的对比,这个写字台成为美国家具中最优秀的改良式新古典主义风格作品之一。

托马斯·弗莱彻
美国，1787—1866年。以及
西德尼·加德纳
美国，1787—1827年
展示瓶，1824年
银，23⅜ × 20⅛ × 15⅛ 英寸（59.5 × 51.1 × 38.4厘米）
购买，路易斯·V·贝尔基金和罗杰斯基金；匿名捐赠和罗伯特·G·戈伊莱特捐赠；芬顿·L·B·布朗捐赠和兰森·斯帕福德·胡克夫人的孙儿女为纪念她而捐赠（交换），1982年（1982.4a, b）

一群纽约商人定做了一对纪念瓶，打算在1825年送给州长狄维特·克林顿，以感谢他推动伊利运河的建造。费城的弗莱彻和加德纳模仿著名的古罗马瓮"沃里克瓶"制作了瓶身和双耳，那件古罗马瓮是1770年在意大利蒂沃利的哈德良别墅附近出土的。两只瓶身上都装饰着寓言中的人物和运河沿岸的景色。此处，

墨丘利（掌管商业）和刻瑞斯（农业）站在位于奥尔巴尼的运河保护闸和闸门港两边；背面则是赫拉克勒斯（力量）和密涅瓦（智慧），以及罗切斯特的高架渠和杰纳西河的瀑布。

夏尔-奥诺雷·拉涅尔
法国，1779—1819年
牌桌，1817年
桃花心木饰面、白松、北美鹅掌楸、涂金石膏粉、青绿石、镀金黄铜，31⅛ × 36 × 17¾ 英寸（79.1 × 91.4 × 45.1厘米）
贾丝廷·VR·米利肯捐赠，1995年（1995.377.1）

这张精美绝伦的牌桌原有一对，是联邦时期驻纽约的法国细木工匠夏尔-奥诺雷·拉涅尔制作的一系列标志性镀金雕刻作品之一；拉涅尔从1803年到1819年都在纽约工作。这些署名并注明日期的杰作不仅因其精致美丽而出色，也因其出处而引人注目，它们在最初的拥有者——奥尔巴尼的史蒂芬·范伦斯勒四世的家族中代代相传。一张现存的发票上记录了与此相同的一对桌子标价为250美元，考虑到当时一个熟练的细木工人一天的酬劳才大约一美元，这实在是个令人惊讶的金额。

托马斯·科尔
美国,1801—1848年

暴雨后马萨诸塞州北安普敦圣轭山风景——牛轭湾处, 1836年

布面油画,51½ × 76英寸(130.8 × 193厘米)
罗素·赛吉夫人捐赠,1908年(08.228)

科尔被圣轭山下康涅狄格河那古怪的曲折所深深吸引,这幅巨大的、戏剧性的绘画就是以这个"牛轭湾"为主题。他在这片景色中注入了暴雨后天空中闪现的那种不同寻常的光辉。荒山依然被残留的乌云遮蔽,远处蜿蜒的河流和田野却已经透出光芒。艺术家将未被驯服的荒野与田园风光的村落并置,以强调这个国家的风景中固有的诸多可能性,同时他也以艺术家的洞察力和想象力美化了实际中的场景。在画的前景中可以看到科尔本人,以及他的画架和雨伞。

乔治·加勒伯·宾汉姆
美国，1811—1879年
皮毛商人在密苏里河上顺流而下，1845年
布面油画，29 × 36½ 英寸（73.7 × 92.7厘米）
莫里斯·K·吉萨晋基金，1933年（33.61）

密苏里河发源于落基山脉，流至圣路易斯时汇入密西西比河，在密苏里长大的宾汉姆对这条大河上的生活有亲身体验。来自北部荒野的人靠顺流而下的独木舟进行交通和运输，此图中的独木舟由一位上了年纪的法裔商人掌舵，一旁休息的儿子以一杆步枪护航（他的父母分别是欧洲裔美国人和印第安人），两人要去市场售卖他们的皮毛货物。穿不透的薄雾和沉默笼罩着画面，令人陶醉。事实上，宾汉姆描绘的这种经商方式在十九世纪中期早已过时，但这幅画在纽约展出时还是深深地吸引住了东部的观众。

埃马纽埃尔·洛伊茨
美国，1816—1868年
华盛顿横渡特拉华河，1851年
布面油画，12英尺5英寸 × 21英尺3英寸
（3.79 × 6.48米）
约翰·斯图尔特·肯尼迪捐赠，1897年（97.34）

对页
约翰·H·贝尔特
美国，1804—1863年
沙发，1850—1860年
黄檀木，53¼ × 66 × 25英寸（135.3 × 167.6 × 63.5厘米）
购买，美国馆之友基金和莱拉·艾奇逊·华莱士捐赠，
1999年（1999.396）

1776年12月25日，华盛顿带着2500人在新泽西的特伦顿向黑森雇佣军发动的进攻是美国独立战争中的一个转折点。洛伊茨对这个事件的描绘在美国和德国都获得了好评，他是在德国画这幅画的。这件作品享有盛名主要在于艺术家所选择的题材迎合了十九世纪中叶活跃的民族主义情感，巨大的尺幅也增加了其感染力。虽然有一些与史实出入的地方，但这幅画至今依然受到推崇，是美国艺术中最著名、刊印次数最多的图像之一。

长期以来，约翰·H·贝尔特被誉为十九世纪美国奢侈品市场上制作洛可可复兴风格高档家具的最重要的工匠之一。他制作的一系列客厅家具为他赢得了国际声誉，这些家具中许多都是以雕饰华美的黄檀木薄板制成的。他是一位多产的细木工匠，他在纽约的店铺出产了许多家具。贝尔特制作的豪华客厅沙发上饰有写实的花束，这些沙发是他全部作品中的精华。

希兰·鲍尔斯
美国，1805—1873年

安德鲁·杰克逊， 1834—1835年，雕刻于1839年
大理石，34⅛ × 23½ × 15½ 英寸
（88.3 × 59.7 × 39.4厘米）
弗朗西斯·V·纳什夫人捐赠，1894年（94.14）

鲍尔斯最初因为将美国政坛上的重要人物刻画得栩栩如生而展露出他在雕塑方面的才华，这尊安德鲁·杰克逊总统的雕像开启了他的艺术家生涯。作为一名艺术家，他的大部分时间都是在意大利度过的。1834年，鲍尔斯来到华盛顿，杰克逊总统在白宫为他做肖像模特。这尊雕像真实地描绘了当时67岁的总统，皱纹在他瘦长的脸上留下深深的痕迹，缺少牙齿使他的嘴和双颊下陷，起皱纹的前额上是一排往后梳的蓬乱而浓密的头发。鲍尔斯于1837年在佛罗伦萨定居之后用大理石刻出了这尊半身雕像。

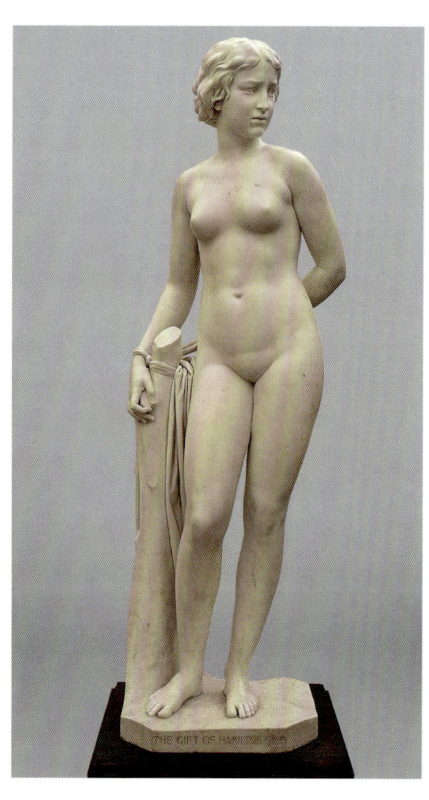

伊拉斯塔斯·道·帕尔默
美国，1817—1904年
白人俘虏， 1857—1858年，雕刻于1858—1859年
大理石，65 × 20¼ × 17英寸（165.1 × 51.4 × 43.2厘米）
汉密尔顿·菲什遗赠，1894年（94.9.3）

十九世纪中叶的美国雕塑界被新古典主义风格所主导，以白色大理石雕刻的作品因这种材料与古典作品的密切联系而特别受到欢迎。虽然这件真人大小的优雅裸体雕像有明显的新古典主义色彩，但它很可能是作者受印第安人和白人开拓者之间的边界冲突所启发而创作的一件作品。帕尔默刻画出一位年轻女子在睡梦中被人掳走，她的双手被捆住，她身上的睡袍被脱去后拴在树桩上。帕尔默来自纽约州北部，他自学成才，和他同时期的人不一样的是，他从未出国求学。

对页
马丁·约翰逊·赫德
美国,1819—1904年
暴风雨来临, 1859年
布面油画,28 × 44英寸(71.1 × 111.8厘米)
厄文·沃尔夫基金会和厄文·沃尔夫夫妇捐赠,
以纪念黛安·R·沃尔夫,1975年(1975.160)

阿尔伯特·比斯塔特
美国,1830—1902年
落基山脉,兰德峰, 1863年
布面油画,73½英寸 × 10英尺 ¼ 英寸
(1.87 × 3.07米)
罗杰斯基金,1907年(07.123)

这幅画是以海岸风暴为题材的较小的一系列画作中的一幅早期作品,这一系列特别能体现赫德的野心和原创性。这幅画是其中唯一已知以一个特定地点观察到的气象事件为基础画成的画,这一地点是:在罗得岛的纳拉甘西特湾从普鲁登斯岛往石颈公园的方向看。赫德不落俗套,没有描绘暴风雨的狂暴,而是用鲜活的方式记录下(以当时一位评论家的话说就是)"不祥的肃静",也就是暴风雨来袭前乌黑的天空传达出的紧张感,以及焕发奇异光彩的大地。

出生于德国的比斯塔特以落基山脉的画作稳定地确立了自己作为美国西部画家的身份。他在1859年与腓特烈·W·兰德上校一起在今日怀俄明州和犹他州进行的考察为这幅画奠定了基础,这幅画将一种清楚的国家边疆风光呈现在美国人面前,同时助长了"天定命运论"——这种流行的观点认为美国人受到上天的指派,要成为美洲大陆的主宰。这幅画有对称的构图,展现出大胆、简单的光线对比。前景中描绘了一个肖肖尼族印第安部落的营地。比斯塔特的这一巨幅绘画在公众面前展出时获得了巨大的成功,使他成为当时著名美国风景画家弗雷德里克·丘奇的竞争对手。

温斯洛·霍默
美国，1836—1910年
前线来的俘虏， 1866年
布面油画，24 × 38英寸（61 × 96.5厘米）
法兰克·B·波特夫人捐赠，1922年（22.207）

作为《哈泼周刊》的艺术家通讯员，霍默曾两次造访内战时期的联邦前线。这幅画作于战争结束以后，描绘了陆军准将佛朗西斯·钱宁·巴罗在1864年5月的斯波特瑟尔韦尼亚战役中俘虏了南部邦联的士兵和军官。画中刻画了参战双方的典型特征，并以他们中间的距离和成对比的姿势象征南北之间在意识形态上的分裂。这幅画确立了霍默在纽约国家设计学院的声望，在1867年的巴黎世界博览会上展出时也获得了评论界的赞誉。

右图
弗雷德里克·埃德温·丘奇
美国，1826—1900年
安第斯之心， 1859年
布面油画，66$^{1}/_{8}$英寸 × 9英尺11$^{1}/_{4}$英寸（1.68 × 3.03米）
玛格丽特·E·道斯遗赠，1909年（09.95）

丘奇很早就因创作出细节丰富的北美东部风景画而成名。在德国博物学家亚历山大·冯·洪堡的启发下，丘奇在1853年和1857年前去南美探险。《安第斯之心》结合了丘奇在厄瓜多尔所作的大量铅笔和油画素描，表现出洪堡曾在赤道附近的安第斯山脉观察到的从热带到温带再到寒带的多样化气候。丘奇最初将这幅画放在一个巨大的窗式画框中展出，并且建议塞满展厅的公众使用观剧镜观看，这样才能更好地欣赏画中美妙的植物细节以及大陆全景。

约翰·昆西·亚当斯·沃德
美国，1830—1910年
自由人，1863年，铸造于1891年
青铜，19½ × 14¼ × 9¾ 英寸（49.5 × 37.5 × 24.8厘米）
查尔斯·安东尼·兰博和巴里亚·兰博·西利捐赠，以纪念他们的祖父查尔斯·罗林森·兰博，1979年（1979.394）

在亚伯拉罕·林肯于1862年9月22日公布其《解放黑人奴隶宣言》的第一部分之后，沃德制作了这个坐着的非洲裔美国人小塑像。这座塑像宣告了沃德的废奴主义观点，给那个时代最主要的政治和道德话题作了一个生动的注释。这位前奴隶的左手腕上和右手中象征奴役的镣铐已经断裂。沃德是十九世纪重要的现实主义雕塑家，他准确地描绘了这位健壮的主角的身体结构和面部特征。他可能在自己的家乡——俄亥俄州厄巴纳的某位居民身上找到了这位人物的灵感，也可能是在1858年造访南部时获得的灵感。

美国馆

下图
约翰·拉·法奇
美国，1831—1910年
风吹牡丹，约1880年
含铅乳白玻璃，75 × 45英寸（190.5 × 114.3厘米）
苏珊·德怀特·布利斯捐赠，1930年（30.50）

约翰·拉·法奇与路易斯·康福特·蒂芙尼一起，彻底改变了美国彩绘玻璃窗的面貌。他早期的这件《风吹牡丹》玻璃窗借鉴了一幅描绘牡丹盛开的中国画卷轴。在1879年至1909年间，拉·法奇以这一题材制作了至少七扇玻璃窗，这是其中最早的一扇。这扇窗中使用了创新的、不常见的玻璃——宝石玻璃、凸圆形玻璃、模制和压制玻璃，以及波纹乳白玻璃等。不同的质地和大胆的色彩给作品注入了一种具有高度装饰性的异国情调。这扇玻璃窗是在纽约制作的，后来安装在亨利·G·马昆德位于罗德岛新港市的宅第中。

上图
设计者为
詹姆斯·霍顿·怀特豪斯
美国，1833—1902年
蒂芙尼公司
制造
美国，1837年至今
布莱恩特花瓶， 1875—1876年
银，33½ × 14 × 11¼英寸（85.1 × 35.6 × 28.7厘米）
威廉·卡伦·布莱恩特捐赠，1877年（77.9a, b）

为了庆祝诗人和报纸编辑威廉·卡伦·布莱恩特的八十岁生日，他的几位朋友委托制作了"一个有着新颖设计和精美工艺的纪念花瓶"以"体现……[他在]文学和公民生涯上的榜样"。瓶子的设计结合了新文艺复兴和唯美主义运动的特征，具有古希腊花瓶的外形，上面饰有各种象征肖像和图案，皆与布莱恩特的生活和工作相关。这只花瓶是纽约市的蒂芙尼公司制作的，完成于1876年，并在第二年捐赠给了大都会博物馆，使它成为大都会博物馆收藏的第一件美国银器作品。

赫脱兄弟
美国，1864—1906年
衣橱， 1880—1885年
樱桃木，78½ × 49½ × 26英寸（199.4 × 125.7 × 66厘米）
肯尼思·O·史密斯捐赠，1969年（69.140）

德国移民古斯塔夫·赫脱和克里斯蒂安·赫脱兄弟设在纽约的公司为镀金时代的美国客户制作豪华家具并整合室内设计。他们制作各种不同风格的家具，包括英国的"设计改良运动"风格和这件作品所体现出的英日风格等，后者因英国建筑师E.W.戈德温的推动而得以流行。这件衣橱的黑檀色表面和风格化的嵌金菊花与叶子图案令人联想到日本漆器；而落菊下方浓郁的黑色留空更进一步标识出亚洲装饰特征。

托马斯·埃金斯
美国，1844—1916年
单人双桨冠军（马克斯·施密特在单人双桨小艇中），1871年
布面油画，32 ¼ × 46 ¼ 英寸（81.9 × 117.5 厘米）
购买，阿尔弗雷德·N·庞尼特捐赠基金和乔治·D·普拉特捐赠，1934年（34.92）

对页
约翰·辛格·萨金特
美国，1856—1925年
X夫人（皮埃尔·戈特罗夫人），1883—1884年
布面油画，82⅛ × 43¼ 英寸（208.6 × 109.9 厘米）
亚瑟·霍波克·赫恩基金，1916年（16.53）

1870年，从欧洲求学回到费城以后，埃金斯开始创作一系列以赛艇为主题的绘画作品。这是该系列中第一幅主要作品，也是他当时最成功的一幅画作。这幅画可能是为纪念马克斯·施密特在1870年10月于斯库基尔河上举行的一场重要比赛中取得的胜利；施密特是一位律师和老练的业余划手。埃金斯也是一位活跃的划手，他坐在一艘小艇中出现在画面的中景里。埃金斯以学院派的手法创作了这幅作品，这种手法是他在巴黎时的主要老师让-里奥·杰洛姆所推崇的。

维尔日妮·阿梅莉·阿维诺·戈特罗出生在路易斯安那州，是巴黎的社交名媛，因她高超的装扮技巧而闻名。萨金特希望画她的肖像并展出画作来增加自己的名气。虽然作这幅画没有佣金，但在模特的配合之下，萨金特突出了她大胆的个人风格，表现出她长裙的右肩带正从肩上滑落的瞬间。这幅画在1884年的巴黎沙龙展上受到的奚落多过赞赏，于是萨金特重新画了肩带并自己保留了画作。他把这幅画卖给大都会博物馆时说："我想这是我最好的作品吧。"但他要求博物馆隐去模特的名字。

左图

詹姆斯·麦克尼尔·惠斯勒
美国,1834—1903年
肤色与黑色的布置:西奥多·杜雷肖像, 1883年
布面油画,76⅛ × 35¾ 英寸(193.4 × 90.8厘米)
凯瑟琳·罗瑞拉德·沃尔夫收藏,沃尔夫基金,
1913年(13.20)

巴黎收藏家和艺术评论家西奥多·杜雷曾是古斯塔夫·库尔贝、爱德华·马奈和印象派画家的早期支持者,他在惠斯勒位于伦敦的画室里为这幅肖像画做模特。在杜雷的要求下,惠斯勒描绘了身穿晚礼服的杜雷,但画家提议让杜雷拿一件粉红色的带面具头套的化装舞衣在手上,这种化装舞衣的颜色与人的肤色相近,使画中以黑色和灰色为主的朴素色彩不那么单调。这幅肖像画展示出惠斯勒的成熟风格,它将娴熟刻画的人物头部与服装和环境相结合,以制造出一种和谐的"布置"效果。

右图

蔡尔德·哈萨姆
美国,1859—1935年
西莉亚·撒克斯特的花园,缅因州浅滩岛, 1890年
布面油画,17¾ × 21½ 英寸(45.1 × 54.6厘米)
匿名捐赠,1994年(1994.567)

哈萨姆于1890年代的夏天在艾普多岛上创作了一系列画作;艾普多岛是浅滩岛中的一个岛屿,位于新罕布什尔的朴茨茅斯东边十六公里处。这幅画是该系列中最精美的作品之一。这系列画作描绘了哈萨姆的朋友——诗人西莉亚·撒克斯特在她的花园中栽种的漂亮野花,花园与岛上崎岖的地势形成了鲜明的对比。在这幅画中,鲜红色的罂粟花从绿叶缠

绕中脱颖而出,远处是泛白的"芭布石"。这幅画代表了美国印象派画家哈萨姆处于巅峰时期的创造力。

威廉·梅里特·切斯
美国,1849—1916年
海边, 约1892年
布面油画,20 × 34英寸(50.8 × 86.4厘米)
阿德莱德·米尔顿·德·格鲁特小姐(1876—1967年)
遗赠,1967年(67.187.123)

从1891年到1902年,切斯在纽约州南安普敦镇的辛尼科克山暑期艺术学校担任总监。他每周授课两天,其他时间就作画并享受和家人共处的时光。这幅油画中,妇女和儿童在海滩上休息玩耍。那里可能是辛尼科克湾,是天气好的时候上流社会的理想休闲地点。海滩上方是一片宽阔的天空,充满了油画的整个上半部分,其中顺风疾行的云朵与下面儿童明亮的白色衣裙交相呼应。

玛丽·卡萨特
美国,1844—1926年
茶桌边的女士, 1883—1885年
布面油画,29 × 24英寸(73.7 × 61厘米)
作者捐赠,1923年(23.101)

卡萨特的这幅肖像画描绘了她母亲的近表亲——玛丽·迪金森·里德尔主持午茶的场景,午茶会是中上层阶级妇女的每日例行活动。里德尔夫人拿着一个茶壶,它属于一整套镀金青花广东瓷器餐具,这组餐具是她女儿在之前送给卡萨特家的。这幅肖像画就是作为餐具的回礼,画中表现出卡萨特对印象派画法的精通,包括其素描般的润饰,对身体结构漫不经心的处理,以及画中人物对观众的漠不关心。由于里德尔夫人的女儿不喜欢这幅肖像画,卡萨特就一直自己保存着,直到H.O.哈弗梅耶夫人说服她把画送给大都会博物馆。

丹尼尔·切斯特·法兰奇
美国,1850—1931年
来自米尔莫纪念碑的死亡天使和雕塑家, 1889—1893年,雕刻于1921—1926年
大理石,93½英寸 × 8英尺4½英寸 × 32½英寸
(2.38 × 2.55 × 0.83米)
由部分大都会博物馆受托人捐赠,1926年(26.120)

法兰奇的米尔莫纪念碑是波士顿雕塑家马丁·米尔莫的家人委托他制作的,以纪念马丁和他的兄弟约瑟夫。最初的青铜雕像于1893年安置在马萨诸塞州牙买加平原的森林小丘墓园里;这件大理石复制品是后来专为大都会博物馆雕刻的。一位死亡天使出现在一位年轻的雕塑者面前,伸出手去阻止他的工作。她的右手中握着罂粟花,象征永恒长眠。法兰奇是二十世纪早期重要的纪念雕塑家,他最著名的作品就是为华盛顿特区的林肯纪念堂雕刻的林肯坐像。

下图
弗雷德里克·雷明顿
美国，1861—1909年
山里人， 1903年，铸造于1907年3月前
青铜，27¾ × 12 × 10英寸（70.5 × 30.5 × 25.4厘米）
罗杰斯基金，1907年（07.79）

雷明顿的绘画、插画、雕塑和文字作品使他成为美国西部的一位出类拔萃的记录者。这位艺术家在《山里人》中选取了一位猎人在日常生活中设陷阱捕兽的戏剧性时刻，他正和坐骑从一个几乎垂直的斜坡上下山，人和马被身上带着的捕熊夹、斧子、铺盖卷和步枪所累，他们一起小心地在危险的陡坡上前行。这座青铜铸造的作品和雷明顿最优秀的小雕像作品一样，表现出丰富多样的肌理变化，比如带流苏的鹿皮衣服、多毛的马皮以及岩石般的底座。

上图
奥古斯塔斯·圣-高登斯
美国，1848—1907年
胜利， 1892—1903年，铸造于1914—1916年
镀金青铜，38 × 9½ × 18½ 英寸
（96.5 × 24.1 × 47厘米）
罗杰斯基金，1917年（17.90.1）

圣-高登斯是十九世纪最主要的雕塑家之一，他是曾去巴黎学习的第一代美国艺术家中的一员，其作品充满生命力，有自然主义的风格。这座小雕像是一件缩小版，其原始大小的雕像在纽约中央公园东南角的谢尔曼纪念碑上，带领着马背上的内战将军威廉·特库赛·谢尔曼。她的右臂高举，这位带着翅膀的天仙般的人物象征一股引导的力量，她头上的桂冠和左手中的棕榈叶都具有传统象征意义。她的胸前还装饰有一个美国鹰纹章。

美国馆 377

弗雷德里克·威廉·麦克莫里斯
美国，1863—1937年
酒神的女祭司和婴儿农牧神，
1893—1894年，铸造于1894年
青铜，84 × 29¾ × 31½ 英寸（213.4 × 75.6 × 80厘米）
查尔斯·F·麦金捐赠，1897年（97.19）

这件作品集中体现了主导十九世纪末美国雕塑界的颇具戏剧性的法国美术学院派风格。一位酒神的女祭司（专为酒神巴克斯服务的纵酒的妇人）高举一串葡萄在自己的头上，同时左臂里还抱着一个婴儿。充满活力的螺旋形态和有丰富肌理的表面制造出一种生机勃勃的效果。麦克莫里斯把这座青铜像送给了建筑师查尔斯·麦金，后者又将其放在他公司设计的波士顿公共图书馆的庭院中。在有人抗议这座青铜像那"不得体的醉态"之后，麦金将这座雕塑送给了大都会博物馆。

上图
乔治·E·欧
美国，1857—1918年
茶壶，1897—1900年
陶器，7¼ × 7⅛ 英寸（18.3 × 18.1厘米）
小罗伯特·A·埃利森许诺捐赠（L.2009.22.279a, b）

密西西比艺术家乔治·E·欧自封为"比洛克西的疯陶工"，他比后来陶器界的抽象表现主义早了几乎半个世纪。欧氏是位典型的艺术陶工，他自己挖的黏土，在转盘上精心制作出陶壶，上他自己调制的釉彩，并且在自己的窑里烧制。这只红色的陶茶壶代表了他在陶艺上采取的新颖、实验性的方式。他改变了传统茶壶的外形，把壶身往里推，又把壶柄捏起来，表达出一种独创性和与众不同，向当时中规中矩的陶器挑战。茶壶上起泡的红釉是一种异乎寻常的表面处理方式，更体现出欧氏的智巧。

下图
设计者为
路易斯·康福特·蒂芙尼
美国，1848—1933年
蒂芙尼玻璃与装饰品公司
制造
美国，1892—1902年
花瓶，1893—1896年
法夫赖尔玻璃，14⅛ × 11½ 英寸（35.9 × 29.2厘米）
H.O.哈弗梅耶捐赠，1896年（96.17.10）

在1890年代早期，路易斯·康福特·蒂芙尼和他雇佣的熟练工人一起在他位于纽约科罗纳的工作室里研制出一种新的吹制玻璃，他将其命名为"法夫莱尔玻璃"。古代玻璃器皿和自然世界为蒂芙尼的花瓶和饰板提供了许多形状、色彩和润饰上的灵感。这只有代表性的花瓶上有蒂芙尼标志性的彩虹色光辉，恰到好处地捕捉了孔雀翎毛上的油性光泽。扇子似的外形模仿的正是孔雀开屏。蒂芙尼的忠实主顾路易森和亨利·奥斯本·哈弗梅耶在1896年送给大都会博物馆一大批物品，这只花瓶就是其中之一，当时离蒂芙尼开始制作装饰吹制玻璃容器只有三年。

塞西莉亚·博斯
美国，1855—1942年
埃内斯塔（小孩和保姆），1894年
布面油画，50½ × 38⅛ 英寸（128.3 × 96.8厘米）
玛利亚·德维特·吉萨普基金，1965年（65.49）

博斯两岁大的侄女埃内斯塔·准克尔是她最喜欢的模特。在这幅画中，埃内斯塔抓住保姆马蒂的手，画家大胆地裁去了马蒂的形象。这种激进的构图和自由的笔触反映出博斯对爱德华·马奈和埃德加·德加作品的欣赏。埃内斯塔在抛光的地板上以幼儿的速度迈步，好像迭戈·委拉斯凯兹笔下的皇室孩童，高贵而脆弱。马蒂的手是保护和安全的普世象征，她宽阔的围裙和制服反衬出埃内斯塔微小的身躯。

温斯洛·霍默
美国,1836—1910年
东北强风, 1895年,修改于1901年以前
布面油画,34½ × 50英寸(87.6 × 127厘米)
乔治·A·赫恩捐赠,1910年(10.64.5)

在缅因州海岸,东北强风是一种强度特别大、持续时间特别长的风暴。霍默在1895年首次展出这幅油画时,画中有两个为抵御恶劣天气做好全副武装的人蹲在溅起的浪花之下,其中的浪花没有这么大。虽然这幅画获得了好评,并且被重要的美国艺术收藏家乔治·A·赫恩买下,但霍默还是修改了画作,使画面的效果更有力。一位评论家说,《东北强风》表现出了"三个基本现实——岩石粗犷而朴实的力量,大海壮丽而庄严的运动,以及未被渺小的人类占据的巨大的自然空间"。

威廉·格拉肯斯
美国,1870—1938年
中央公园,冬天, 约1905年
布面油画,25 × 30英寸(63.5 × 76.2厘米)
乔治·A·赫恩基金,1921年(21.164)

在格拉肯斯的画中,行为端庄的小孩们在纽约中央公园里坐雪橇滑下一座雪后的小圆丘,几位大人在一旁照看。小孩都穿得很暖和,大人也衣着时髦,表明这是中产阶级消遣的故事。格拉肯斯和一批艺术家同属"垃圾箱画派"。虽然他们名义上献身于以不加修饰的方式表现当代生活和都市艰辛的真实故事,但这些艺术家却是戴着桃红色的眼镜来看世界,以委婉的方式来表现这个城市。

弗兰克·劳埃德·赖特
美国，1867—1959年
弗朗西斯·W·利特尔宅房间，明尼苏达州维扎塔，1912—1914年
13英尺8英寸 × 28英尺 × 46英尺
(4.17 × 8.53 × 14米)
购买，埃米莉·克莱恩·查德本遗赠，1972年（1972.60.1）

这是美国馆的诸多时代展室中年代最晚的一个，其设计者是美国最著名的建筑师——弗兰克·劳埃德·赖特。这原本是一个宏大的独立式会客厅，为弗朗西斯·W·利特尔夫妇位于明尼苏达州明尼阿波利斯附近住宅的一端而建。这个房间有着低矮的天花板和宽阔的垂悬屋檐、未上漆的白橡木装潢、一块块透明的含铅玻璃窗等，它代表了赖特标志性的草原风格家具建筑。所有的家具都是赖特设计的，并且完全按照他的意图摆放。浅色的家具是专为这个房间而造的，深色的家具则是为了搭配赖特之前为利特尔夫妇设计的另一栋房子，那栋房子设计于1903年，位于伊利诺伊州的皮奥瑞亚。

设计者可能是
阿格尼丝·F·诺斯洛普
美国,1857—1953年
蒂芙尼工作室
制作
美国,1902—1932年
秋景,1923—1924年
含铅法夫赖尔玻璃,11英尺 × 8英尺6英寸
(3.35 × 2.59米)
罗伯特·W·德福莱斯特捐赠,1925年(25.173a-o)

蒂芙尼公司创始人的儿子路易斯·康福特·蒂芙尼是美国最优秀的艺术家之一,他在自己长久并且成功的职业生涯中熟练掌握了许多装饰材料。但他最具创新的作品却是玻璃制品。这幅落日时分的秋景是蒂芙尼以含铅玻璃描绘的自然风光中的杰作,它运用了蒂芙尼在他位于纽约的工作室中发展出的所有的技巧和工艺。使熔化状态的玻璃起皱就形成了斑驳的表面;不同寻常的光线效果是使用杂色玻璃和五彩玻璃达成的;纵深和透视感则是通过覆盖不止一层玻璃而产生的。

现代时期

时装学院

时装学院百科全书式的收藏包括从十六世纪晚期直至今日的时尚礼服,来自亚洲、非洲、欧洲和美洲等地的服装,以及时装配饰和照片。1937年,艾琳·路易松带领一批人成立了时装艺术博物馆,该博物馆在1946年与大都会博物馆合并,成为后来的时装学院。时装学院获得时尚界提供的资金支持,其中格外引人注目的是每年的时装学院慈善晚会。2009年,布鲁克林博物馆将其声名在外的时装收藏转让给大都会博物馆。这些在一个多世纪内积聚起来的藏品补充了大都会博物馆的现有收藏,其中包括十九世纪晚期到二十世纪中期的优秀欧美时装,以及美国女装设计师查尔斯·詹姆斯的一组无与伦比的设计作品。今天,时装学院继续在这些方面增强实力,着重于收藏古往今来的标志性礼服和大师级杰作,同时展示出一个全面的西方时尚史年表,此处略举几例。

紧身上衣

法国,1620年代早期
乳白色丝罗缎,上织粉红色、黄色、紫红色、绿色和紫色花卉图案
时装学院基金,以纪念波莱尔·魏斯曼,1989年
(1989.196)

这件出色的紧身上衣来自1620年代,类似款式的服装目前仅存两件,另一件收藏在伦敦的维多利亚和阿尔伯特博物馆。它代表了一种转瞬即逝的时尚风格。以奢华的丝锦缎制成的这件紧身上衣采用了锯齿切裁和装饰开衩的装饰手法。用锯齿剪刀刻意划开布料在当时是一种流行的装饰手法,可以透过裂缝展示出下面的衬衣、无袖衫或是彩色的衬里。这件衣服所使用的丝缎可能曾是为了别的用途而划开的,因为这些裂缝呈现出来的花样与衣服的剪裁并不完全相符。

宫廷服

英国，约1750年
蓝色丝质塔夫绸，上织花样锻银和银线，外加银边饰
购买，艾琳·路易松遗赠，1965年（C.I.65.13.1a-c）

十八世纪最出色的礼服都有极端的比例，从侧面看只比身体略宽一点，但从正面和背面看却出奇地阔大。这件英式礼服的裙摆有55英寸（1.4米）宽，由裹在亚麻布里的弯曲柳条或鲸骨制成的裙撑（边箍）支撑起来。一位女士若是穿着这种带裙撑的礼服，在进出多数门口时就要平滑地侧身通过，这是礼仪的规定。这件礼服可以说是展示奢华丝锦缎的平面舞台，锦缎上饰有包银丝线的刺绣和其他银边饰。这在服装界就相当于是一张宣告穿着者财富和地位的广告牌。

下图
套装
美国，约1820年
深蓝色和奶油色羊毛细布，天然抛光棉，白色亚麻布
购买，艾琳·路易松遗赠，1976年（1976.235.3a–e）

1820年代女士礼服中的高腰廓型也在同一时期的男士服装中略有反映。剪裁后的短上衣紧贴胸腔，高腰裤突出了双腿的长度。虽然这种风格只是微妙地改变了人体比例，但它依然成为讽刺漫画的对象。男士服装在十九世纪越是发展，就越不被多变的时尚所左右；最终，男士行头中最有表现力的元素减少至领巾和马甲，以及非正式服装中衬衫的布料。从纨绔子弟的角度来看，男士服装剪裁变成了"整齐划一的痛苦制服，见证着平等"。

上图
男士外套和背心
可能来自法国，约1730年
红色羊毛细布，金线与亮片刺绣
伊莎贝尔·舒尔茨基金，2004年（2004.411a, b）

这件精美的外套以优雅的实例说明了十八世纪上半叶男士服装的奢华和做工。以马鬃加固的全长外套的下摆和敞开的袖口都是这一时期夸张比例的典型。这种服饰的诸多结构元素在大都会博物馆收藏的绘画中有很好的记载，尤其是尼古拉斯·德·拉吉利埃在1727年给安德烈·弗朗索瓦·阿洛伊斯·德·德伊斯·德·赫库雷所作的肖像画中。红色羊毛细布上的金线刺绣是这一时期最奢华的装饰形态之一。与其相称的背心上的装饰特别丰富，其上有金线织就的涡卷形羽毛花纹和镀金亮片。

右图
礼服
美国或欧洲,约1855年
象牙色透明硬纱,上印绿色和黑色玫瑰花样
詹姆斯·R·克瑞尔四世以及劳伦斯·G·克瑞尔
夫妇捐赠,1992年(1992.31.2a–c)

这套服装配有两件可替换的上衣,代表着高级时装中难得一见的实用主义。重要的礼服通常都与两件上衣一同流传下来,一般是为日间和晚餐所用,或者是为晚餐和晚间招待会所用。臃肿的钟形裙摆由一层层褶皱覆盖在多层绷紧的衬裙上,这是1850年代十分新潮的款式。虽然这件礼服的制作日期可以确认,但其出产国家却不那么容易确定。由于当时出现了大量用以传达最新服装款式的模板,因此巴黎出现的新式样很快就能传播到别处,任何有类似布料的地方都能及时复制。

左图
礼服
英国,约1868年
绿色斑纹丝塔夫绸
凯瑟琳·布雷耶·范·博梅尔基金会基金,
1980年(1980.409.1a–c)

到1866年的时候,夸张饱满的宽裙摆开始转移到礼服的中后方,并且组合成各种不同的装饰结构。有些礼服上会加一件单独的外裙来制造类似的褶皱效果。在接下来的几年中,用来支撑裙摆的巨大的马鬃或棉质衬圈在两侧有了大幅度缩窄,使正面轮廓显得更加笔直。这件礼服保留了1860年代的廓型,同时也在背部引入一个细节,预示此后二十年中臀垫的流行。

婚礼套装

法国，1864年
白棉欧根纱
詹姆斯·苏利文夫人捐赠，以纪念卢曼·里德夫人，1926年（26.250.2a-e）

在视觉上突出脖子长度的三角形斜肩线是十九世纪大部分时期炙手可热的款式。这种审美观念也反映在1860年代正式外衣的紧身上衣细节上，通常以露出肩膀、有平底小舟般的领口线条为特点。由于肩膀露在外面，因此里面的紧身胸衣要么是无肩带的，要么就是肩带很低并向外张开。这一时期的裙装之所以可以采用宽大的钟形廓型要得益于一个世纪以前发明的裙衬架。到1860年代中期，这些越来越宽的衬架已经能够撑起最极端的裙摆幅度了。

晚礼服

美国或欧洲，1884—1986年
暗红色与桃色丝缎，棕色丝绒
J·兰德尔·克瑞尔四世夫人捐赠，1963年
(C.I.63.23.3a, b)

1870年代开始流行起来的臀垫到1885年时达到了最夸张的程度。在裙摆最极端的时候，它几乎与腰间垂直，看上去里面衬料的大小和装饰程度不亚于当时客厅里的一个膝垫。那时一个流行的玩笑是，这些臀垫的支架可以撑起一整套茶具。为了撑住裙摆的重量，臀垫填料常穿在又轻又柔韧的金属丝、藤条或鲸须之下。就座时需要先改变位置然后将箍环折叠起来。

克里斯汀·迪奥

法国，1905—1957年
"维纳斯"晚礼服， 1949—1950年秋冬季
灰色丝网上刺绣乳白色亮片、莱茵石、仿珍珠和闪光饰片
拜伦·C·佛伊夫人捐赠，1953年 (C.I.53.40.7a–e)

克里斯汀·迪奥的"维纳斯"以十八世纪的暗灰色来表现，这是迪奥的标志性色彩。上衣与裙摆的贝壳形状上饰有闪亮的金属片、亮片和珍珠，既表达出海贝的主题，也表现出波提切利的《维纳斯的诞生》(1485年)中的新月形波浪纹。在第二次世界大战之后，迪奥重新引入了巴黎"美丽年代"的细腰，形成一种以紧身胸衣为基础的轮廓；当时的公众十分渴望那个更优雅的时代的奔放想象力。在这个设计中，无肩紧身上衣中撑满骨架。对迪奥来说，美丽在于打扮。"我的梦想就是，"他曾写道，"拯救女性于自然中。"

保罗·波烈
法国，1879—1944年
化装舞会服装，1911年
绿色丝薄纱，银线织物，蓝箔，蓝色和银色缠绕玻璃纸绳补花；蓝色、银色、珊瑚色、粉红色和绿松石色纤维素串珠
购买，艾琳·路易松信托捐赠，1983年（1983.8a, b）

1910年，谢尔盖·狄亚基列夫的舞蹈公司俄罗斯芭蕾舞团在巴黎上演《谢赫拉莎德》，加上由里昂·巴克斯特设计的充满异国情调的舞台和服装，这出表演在欧洲重新点燃了人们对东方文化的欣赏热情。这件化装舞会套装是为参加波烈在1911年举办的著名派对"一千零二夜"制作的，他在这场派对上以一场富丽堂皇的帕夏舞会来推广他的新作品。波烈在他的自传中否认他的作品和巴克斯特的艺术作品有任何关联，但鉴于波烈举办的奢华派对仅发生在《谢赫拉莎德》获得轰动一时的成功一年之后，这清楚地表明了这名设计师很愿意把赌注押在被这些俄国人唤起的潮流上。

左图
克里斯特巴尔·巴伦夏加
西班牙,1895—1972年
晚礼服, 1951年
黑色丝绒,粉红色丝塔夫绸
吉娜·赫拉尔多捐赠,1993年(1993.393.1)

克里斯特巴尔·巴伦夏加被认为是二十世纪最伟大的高级时装设计师之一。他在男装和女装裁缝上同样精通,使他闻名的是他对结构的强烈辨识力,这点甚至体现在他最柔软的礼服上。这件裙子和他大部分的作品一样,以自信的廓型为特色。这件裙子同时也明显地表露出巴伦夏加的西班牙传统,比如紧贴身体的廓型以及前短后长的开口裙下摆,这与弗拉明戈舞衣一样。不过,设计师把弗拉明戈舞者裙后摆上典型的多层褶皱转移到了裙摆的里面。这些奔放的粉红色褶皱并不作为衬里,而是提供了闪烁的媚态。

右图
鲁迪·格恩莱赫
美国,出生于奥地利,1922—1985年
套装, 1967年
粉红色羊毛平针织物,透明乙烯基塑料
乳白色羊毛平针织物,透明乙烯基塑料
里昂·宾和奥雷斯特·F·普恰尼捐赠,1988年
(1988.74.2a–e, 1988.74.1a–f)

1960年代的流行式样已经与巴黎风格的正式高级时装渐行渐远,正沿着更年轻的轨道发展。格恩莱赫的清新几何设计的灵感部分来自一种对科技的乌托邦式可能性的信仰,这是美国对于巴黎的安德鲁·库雷热、皮尔·卡丹、帕科·拉巴纳等人所倡导的建筑学未来主义风格的回应。格恩莱赫的太空时代美学观可以从他使用的细节中看到,比如透明的乙烯基塑料、霓虹色彩和短靴等。

查尔斯·詹姆斯
美国,出生于英国,1906—1978年
"蝴蝶"晚礼服, 1955年
灰色丝质雪纺绸和丝缎;深紫色、浅紫色、淡黄色薄纱
大都会艺术博物馆的布鲁克林博物馆时装收藏,布鲁克林博物馆捐赠,2009年;约翰·德·门尼尔夫人捐赠,1957年(2009.300.816)

查尔斯·詹姆斯从1930年代开始他的设计生涯,在1940年代晚期至1950年代中期经历了一段特别有创造力的时期。詹姆斯被视为在真正的高级时装传统中创作的唯一一位美国人,他的品牌中的每一件服装都是自己亲自装饰和构思的。这件礼服以詹姆斯的方式诠释了1880年代早期带臀垫的紧身裙。紧贴身体的塑形上衣固定住这个设计,突出女性曲线;巨大的后裙摆呈扩张的丝网状,移动时有如波浪翻滚,风情万种。这件礼服重达18磅(8.2公斤),使用了25码(22.9米)长的薄纱。

伊夫·圣罗兰
法国,出生于阿尔及利亚,1936—2008年
晚礼服套装, 1983—1984年秋冬季
黄色丝罗缎,黑色丝绒
托马斯·L·肯普纳捐赠,2006年(2006.420.51a, b)

伊夫·圣罗兰的1983—1984年秋冬系列高级时装中最惹人注目的服饰之一就是这件外套,它罩在一件简约优雅的黑色礼服之外。为了直接呼应在"二战"后高级时装的黄金时期出产的宽松晚礼服外套,这件圣罗兰出品的沉重丝罗缎结合了克里斯汀·迪奥的奢华浪漫主义以及克里斯特巴尔·巴伦夏加作品中戏剧性的廓型。这件外套的斜裁衣领一直延伸到前面的领结处,穿着时既可以把衣领收缩到贴近脖子的地方,也可以让衣领在后背和双肩处滑下来,正如其主人南·肯普纳更偏爱的那样;她的名字常年出现在"全球最佳着装榜"上。

Comme des Garçons (CdG)
日本，成立于1969年
渡边淳弥
日本，出生于1961年
套装，2000—2001年秋冬季
浅米黄色涤纶透明硬纱，银色涤纶
和玻璃纸光辉绒
购买，理查德·马丁遗赠，2001年
（2001.742a, b）

渡边淳弥把他的2000—2001年秋冬季服饰称作"工艺时装"。这件套装采用了创新的布料，其巨大的蜂窝状皱领的华丽装饰独具匠心，颇费人工，整套服装是手工和实验的结合。皱领与裙子是分开的，可以折叠成一个小的环状长方形存放进一个信封里。裙子是一件无袖紧身衣，有窄敞口褶边，其样式在腰部和臀围处制造了成角度的隆起，给人感觉仿佛是不小心造成的歪斜。裙子中融入这个"瑕疵"，表明了设计者那颇具颠覆性的美学观。

现当代艺术

大都会博物馆自从成立以来就一直收藏并展出在世艺术家的作品；今天，本博物馆的现当代艺术藏品包括跨越所有艺术媒介的一万两千多件作品。在许多著名的精华作品中，有巴尔蒂斯、布拉克、马蒂斯、米罗、莫迪里阿尼和毕加索等现代大师的标志性作品。本部门还收藏了以阿尔弗雷德·斯蒂格里茨为中心的早期美国现代派艺术圈的丰富作品，包括德夫、哈特利、欧姬芙和马林等人的画作；以及德·库宁、波洛克和罗斯科等抽象表现主义画家的大尺幅画作；在现代设计领域，则包括了从约瑟夫·霍夫曼和"维也纳工坊"成员的作品到勒奈·拉利克的"新艺术"珠宝等。近年增添的大型收藏也扩充了我们的馆藏，包括雅克和娜塔莎·戈尔曼收藏的二十世纪杰作以及穆里尔·卡里斯·斯坦伯格·纽曼收藏的战后绘画等，此外还新添了一些著名的单幅作品，如贾斯培·琼斯的《白旗》和查克·克洛斯的《卢卡斯》等。

巴勃罗·毕加索
西班牙，1881—1973年
在狡兔酒吧，1905年
布面油画，39 × 39½ 英寸（99.1 × 100.3厘米）
沃尔特·H和利奥诺·安那伯格收藏，沃尔特·H和利奥诺·安那伯格捐赠，1992年，沃尔特·H·安那伯格遗赠，2002年（1992.391）

这幅描绘巴黎波希米亚式生活的绘画可以说是这一题材中的标志性作品，毕加索在其中借鉴了他的早期偶像亨利·德·图卢兹-劳特累克那无所不在的海报中的元素。这幅画的最初目的只是作为背景为这个蒙马特酒馆提供内部装饰，它也是唯一一幅从1905年到1912年一直连续在巴黎向公众展示的毕加索画作。毕加索在画中将自己描绘成一名丑角，这或许是他第一次隐藏在另一个自我形象之下出现在画中，他将在此后一生中保持这个形象。在他身边的是杰曼（洛尔·加尔加洛），在他们身后的是狡兔酒吧的主人，弗雷德·热哈赫。

古斯塔夫·克里姆特
奥地利，1862—1918年
玛达·普利马弗斯（1903—2000年），
1912年
布面油画，59 × 43½ 英寸（149.9 × 110.5厘米）
安德鲁和克莱拉·梅顿斯捐赠，以纪念她的母亲，珍妮·普利策·斯坦纳，1964年（64.148）

银行家、实业家奥托·普利马弗斯是"维也纳工坊"的主要资助人之一，他在1912年为女儿玛达委托制作了这幅肖像画。玛达在艺术家位于维也纳的工作室里为这幅画做模特，在同一地点，克里姆特还在1914年为玛达的母亲、女演员尤金妮亚·普利马弗斯（娘家姓为布切克）画了一幅肖像画。克里姆特先在大量铅笔试作中尝试了各种不同的姿势，最终采用了这个直立的正面姿势，以表现这个九岁女孩的充沛精力。

亨利·马蒂斯
法国,1869—1954年
旱金莲与画作《舞》,1912年
布面油画,75½ × 45⅜ 英寸(191.8 × 115.3厘米)
斯科菲尔德·赛厄遗赠,1982年(1984.433.16)

这幅作于1912年的画描绘了马蒂斯位于巴黎西南部伊西莱穆利诺的工作室,那时他已经结束了一次在摩洛哥的长期旅行回到法国。画面左边的木质扶手椅只露出一部分;右边的三脚桌上放着一瓶旱金莲。占据整个背景的是马蒂斯的大型绘画《舞(第1号)》(1909年)的一角,那幅画的名字出现在这幅画的标题中,原画则藏于纽约现代艺术博物馆。马蒂斯就这一题材画了两个同样大小的版本:这幅仿佛草图般的、色彩明亮的第一版,以及色调浓烈的第二版(藏于莫斯科的国立普希金造型艺术博物馆),其背景是《舞(第2号)》(1909—1910年,藏于圣彼得堡的国立艾尔米塔什博物馆)。

阿美迪奥·莫迪里阿尼
意大利，1884—1920年
躺卧的裸体， 1917年
布面油画，23⅞ × 36½ 英寸（60.6 × 92.7厘米）
克劳斯·G·佩尔斯夫妇收藏，1997年（1997.149.9）

莫迪里阿尼从1917年开始创作他著名的裸体画系列。这些女性都是以特写呈现，通常画家采取俯视的视角，她们被风格化处理了的躯干横跨整个画面。她们身下的深色床罩突出了肤色的光泽。模特的双脚和双手则总是处在画面以外。其中有一两幅画的主角似乎正在熟睡，但通常她们都面朝观众，正如这幅。在这些作品中，艺术家延续了描绘裸体维纳斯的传统，这种实践始自文艺复兴时期，一直延续到十九世纪。

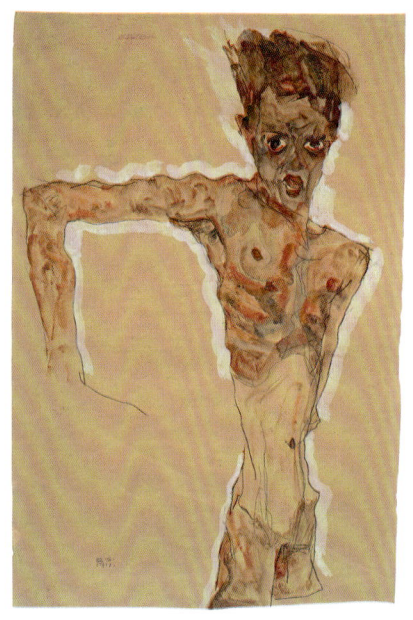

埃贡·席勒
奥地利，1890—1918年
自画像， 1911年
纸面水彩、水粉颜料、石墨，20¼ × 13¾ 英寸（51.4 × 34.9厘米）
斯科菲尔德·赛厄遗赠，1982年（1984.433.298ab）

席勒在他短暂而投入的职业生涯中非常多产。他在二十八岁时死于流感，在那以前，他创作了三百多幅油画和数千幅以纸为媒介的作品。他的大部分作品都以人像为题材，往往表现出人物的充沛精力。他在1910年至1918年间创作的许多自画像是他对自己精神状态的激烈探索。在这幅1911年的自画像中，他采用的姿势令人联想到被钉十字架的基督，他蓬乱的头发向上悚立，目光粗野地向外直视。

巴勃罗·毕加索
西班牙，1881—1973年
格特鲁德·斯泰因，1905—1906年
布面油画，39⅜ × 32英寸（100 × 81.3厘米）
格特鲁德·斯泰因遗赠，1946年（47.106）

斯泰因在毕加索位于巴黎的工作室里为这幅著名的肖像画做模特，她庞大的身躯被一件温暖的棕色灯心绒外衣所遮盖。毕加索被这位美国作家敏锐的心思和潇洒的举止所打动，主动提出要给她画一幅肖像画。在1905年秋天，斯泰因开始多次给毕加索做模特，按照她的说法，她去了接近九十次，但鉴于毕加索作画向来迅速，这一说法未必可信。在1906年春天，毕加索对画中人的面部不满意，于是用颜料将其覆盖。那年秋天他回到巴黎，在没有和斯泰因见面的情况下创作了这张面具般的脸，其颇具古风的神态预示着新风格的来临，这种新风格是毕加索那年夏天在西班牙戈索逗留时酝酿出来的。毕加索大胆地将具有立体派雏形的头部嫁接到斯泰因那玫瑰时期风格的身体上，创作出一幅惊人的独特肖像。

加斯顿·拉雪兹
美国，出生于法国，1882—1935年
站立女子，1912—1915年，浇铸于1930年
青铜，73⅜ × 32 × 17¾ 英寸（187.6 × 81.3 × 45.1厘米）
斯科菲尔德·赛厄遗赠，1982年（1984.433.34）

这尊人像的身体结构特征可能来自拉雪兹的终身缪斯——美国人伊莎贝尔·杜淘德·纳格尔，他们于1917年结婚。这位艺术家于二十世纪初期在巴黎开始其雕塑生涯，并于1906年跟随伊莎贝尔去了美国，在那里度过余生，成为美国最重要的人像雕塑家之一。《站立女子》是他第一件真人尺寸的雕塑作品。对拉雪兹来说，这尊人像丰满的躯体、扁平的后背和臀部、饱满外张的胸部、修长的双手和逐渐变细的腿脚都代表了原始意义上的理想妇女形象。

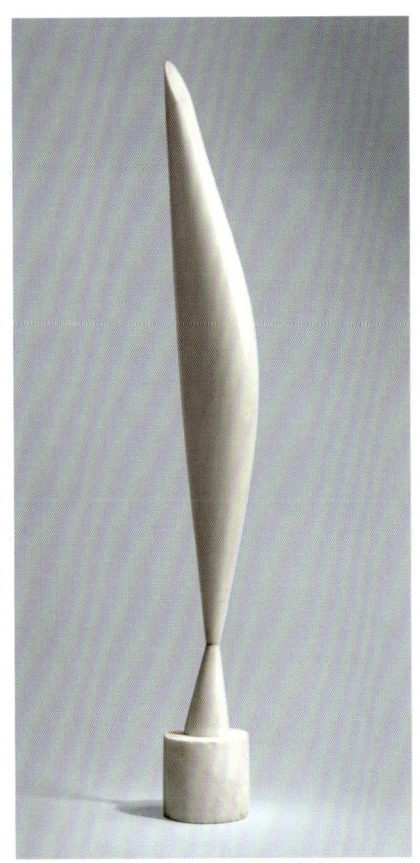

左图
康斯坦丁·布朗库西
法国,出生于罗马尼亚,1876—1957年
空间中的鸟, 1923年
大理石,高56¾英寸(144.1厘米)(连底座)
弗洛雷纳·M·舍恩博恩遗赠,1995年(1996.403.7ab)

布朗库西一生对鸟这个主题十分着迷。在《空间中的鸟》中,艺术家将更多的精力放在捕捉飞翔这一动作的精髓上,而不是鸟本身。翅膀和羽毛都被排除,躯体的隆起部分被拉长,头和鸟喙被提炼成一块倾斜的椭圆形平面。在接下来的二十年,直至1940年代,布朗库西的主要创作精力均放在以这件雕塑为首的一系列作品上。关于这一主题,他另外还创作了七个大理石版本和九个青铜版本。

右图
翁贝特·波丘尼
意大利,1882—1916年
空间中连续的独特形体, 1913年,浇铸于1949年
青铜,48 × 15½ × 36英寸(121.9 × 39.4 × 91.4厘米)
莉迪亚·温斯顿·马尔宾遗赠,1989年(1990.38.3)

波丘尼是意大利未来主义的主要倡导人之一,该运动颂扬以抽象的方式描绘形式的速度、运动和动感。这位多才多艺的艺术家创作了素描、绘画和雕塑,还撰写了许多未来主义宣言。在他事业的巅峰期,他的雕塑作品专注于表现一个健壮有力、精力充沛的人物在空间中疾行,通过男性身体的极度扭曲来强调动力。这件作品被认为是波丘尼的雕塑实验中最成功的一件,这一系列共有五件,其中一件采用石膏做成(同样在1913年)。在1949年进行的浇铸由未来主义艺术家菲利波·托马索·马里内蒂监督,捐赠者正是从马里内蒂的收藏中获得了这件作品。

马斯登·哈特利
美国，1877—1943年
一位德国军官的肖像， 1914年
布面油画，68¼ × 41⅜ 英寸（173.4 × 105.1厘米）
阿尔弗雷德·斯蒂格里茨收藏，1949年（49.70.42）

哈特利于"一战"初期仍住在柏林的时候创作了他最高深的抽象画。这一"战争主题"系列表达了他为德国军队那壮观华丽的排场而着迷，同时也表达了他因一位密友的死亡而感到悲伤；这位朋友是位年轻的骑兵军官，名叫卡尔·冯·弗赖堡。这幅抽象肖像画由标记、符号、纹样和色彩构成，传达出与这位朋友的生平和服役相关的信息：他的名字缩写（Kv.F）、年龄（24）、所属军团（"E"指"巴伐利亚铁路"）、铁十字勋章以及巴伐利亚州旗（蓝白相间）。

费尔南·莱热
法国，1881—1955年
女人与猫， 1921年
布面油画，51⅜ × 35¼ 英寸（130.5 × 89.5厘米）
弗洛雷纳·M·舍恩博恩捐赠，1994年（1994.486）

这个以灰色装饰画法画成的有力的裸体女子像由球形、圆锥形和管状形态构成。构图上的简单纯粹与简约的红、黄、黑、白色调相搭配。这幅画属于一组描绘大型女子人像的系列——有的在阅读，其他的在喝茶。这批画集中体现了艺术家在1918年到1923年"机械"时期的巨幅人像风格。

埃米尔-雅克·鲁尔曼
法国,1879—1933年
"国家"橱柜, 1926年
望加西乌木,范属植物,象牙,50¼ × 33¼ × 14英寸
(127.6 × 84.5 × 35.6厘米)
购买,小爱德华·C·摩尔捐赠,1925年(25.231.1)

鲁尔曼是"装饰艺术风格"时期最著名的法国设计师。美学上的精致、豪华的材料以及无可挑剔的构造手法都使这件作品堪与十八世纪最精美的家具媲美,而后者也为鲁尔曼的设计提供了形式和装饰上的灵感。1925年,大都会博物馆委托制作了这件橱柜,这是之前一件被法国政府购买的橱柜的变体,因此起名为"国家"。鲁尔曼有时会复制自己的家具样式,根据客户的喜好修改细节。以木材和象牙制作的饰面堪称绝技,使人想起复杂的拼图。

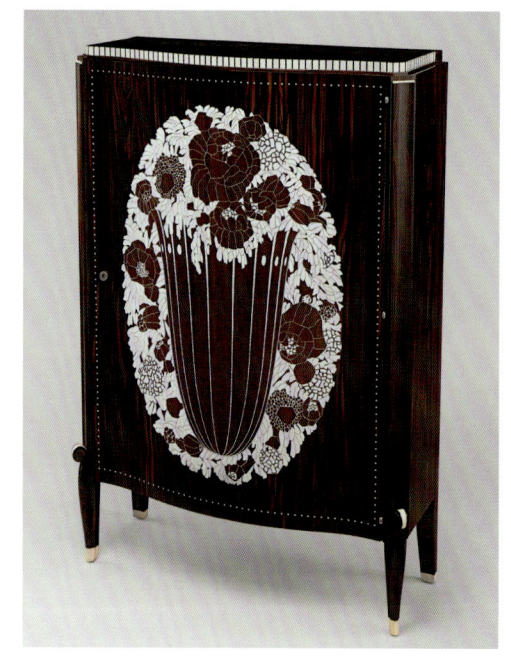

卢西恩·利维-杜默
法国,出生于阿尔及利亚,
1865—1953年
"紫藤"餐厅, 1910—1914年
各种材料,12英尺2英寸 × 17英尺3英寸 × 26英尺3英寸
(3.71 × 5.26 × 8米)
哈里斯·布里斯班·迪克基金,
1966年(66.244.1-.25)

这个餐厅来自工程师奥古斯特·拉多位于巴黎的公寓,是美国博物馆展出的唯一一个完整的法国新艺术派房间内景。该项目的监督人是利维-杜默,他原本是位陶艺家,后来从事绘画与装潢。每个房间都有一个统一的主题,这个房间的主题是象征欢迎的紫藤。壁画上描绘了紫藤盛开的风景中点缀着小鸟,带胡桃木饰面的墙壁上镶嵌着淡紫色的花朵。胡桃木家具上雕刻有花朵,皮革装饰品上同样印有花卉图案。青铜和雪花石膏制成的灯具让人联想到紫藤的藤蔓,而地毯上则织就了散落的花瓣图案。

设计者为
让·杜帕斯
法国，1882—1964年
制造者为
夏尔·尚皮涅勒
法国，1907—1955年
"航海史"壁画，1934年
玻璃，颜料，金，银，钯箔，20英尺5英寸 × 29英尺½英寸
（6.22 × 8.86米）
欧文·R·伯曼医生及夫人捐赠，1976年
（1976.414.3a-ggg）

诺曼底号客轮是法国"装饰艺术风格"的最后一次壮观的表达。这幅壁画是四幅壁画之一，为头等舱的客厅而作。航海史是其名义上的主题：大量的准历史船只和神话中的生物显然不是为了讲述一个故事，而是制造一种装饰效果。诺曼底号上的乘客所支付的交通费不及他们为享受特殊氛围而付出的金钱，这个客厅就是一座魅力的殿堂。此处镜面般的光泽出自彩镶玻璃工艺，也就是将装饰花纹绘制在玻璃板的背面，然后在安装玻璃板时使其正面朝向房间。

保罗·克利
德国，出生于瑞士，1879—1940年
五月画，1925年
纸板油画，16⅜ × 19½ 英寸（41.6 × 49.5 厘米）
贝格鲁恩·克利收藏，1984年（1984.315.42）

保罗·克利曾是包豪斯的积极成员之一；包豪斯是德国建筑师沃尔特·格罗皮乌斯于1919年创立的一所学校，其目的是将建筑、雕塑和绘画结合成一种统一的创作表现方式。1924年12月，格罗皮乌斯关闭了位于魏玛的包豪斯学校，并在1925年春天重新在德绍开张。克利可能就是在那时在这幅画上署名和注明日期并将其命名为《五月画》的。

这幅作品属于一个名叫"神奇方块"的系列，这一系列画作以克利于1914年在突尼斯创作的水彩画为基础，那时，他已开始尝试将风景分裂成一个个方块。这系列作品也和克利对色彩规律的着迷有关，受到了他在包豪斯时的教学启发。此画中的各种形状让人联想到奇形怪状的石头，其色彩涵盖了彩虹的所有颜色，还有各种色度的灰色，一同组成抽象的马赛克。1911年在慕尼黑时，克利成为瓦西里·康定斯基的邻居，对页中的画就是康定斯基的《即兴第二十七号》。后来在德绍的时候，两位艺术家共同居住在格罗皮乌斯为包豪斯大师们修建的双家庭住宅中的其中一处。

瓦西里·康定斯基
法国,出生于俄罗斯,1866—1944年
即兴第二十七号(爱的花园二号),1912年
布面油画,47⅜ × 55¼ 英寸(120.3 × 140.3厘米)
阿尔弗雷德·斯蒂格里茨收藏,1949年(49.70.1)

俄罗斯出生的康定斯基于1896年在慕尼黑开始了他的艺术生涯,到1911年的时候,他已经在宗教、形而上学、神智学观念的启发下发展出自己的创新艺术语言。他的抽象画的用意是通过明亮色彩和脱离具体形态的线状元素的组合唤起观者情感上的回应。这幅画是三十六幅名叫"即兴"的系列画作之一,这些画频繁使用《圣经》里的主题作为隐喻图像的灵感来源。康定斯基在此画中探索了伊甸园的故事。这片质朴宜人的景色围绕一个巨大的黄色太阳构图,其中也包括了各种不祥的元素,比如分布在画面四处的黑色形状,仿佛预示着亚当和夏娃即将被驱逐出乐园,以及迫在眉睫的第一次世界大战之灾。

左图
乔治·德·基里科
意大利,出生于希腊,1888—1978年
犹太天使, 1916年
布面油画,26⅝ × 17¼ 英寸(67.5 × 44厘米)
雅克和娜塔莎·戈尔曼收藏,1998年(1999.363.15)

这幅静物画是德·基里科的全部作品中尤为出色的一件,他在1911年至1917年间创作的意大利都市奇幻风景广受好评,影响了十年之后的超现实主义画家。包括一个有粉红色点的曲线板、一个蓝白相间的米尺和多个直角尺在内的彩绘木质元素乱七八糟地堆放在看似为公里标记的东西上。在这些物体之中,一只粗略画在一张大纸上的眼睛使观者感到意外。德·基里科的父亲是一家铁路公司的工程师,一说这种脚手架般的结构和眼睛可能是他的一幅抽象肖像画。

右图
胡安·米罗
西班牙,1893—1983年
荷兰室内之三, 1928年
布面油画,51⅛ × 38⅛ 英寸(129.9 × 96.8厘米)
弗洛雷纳·M·舍恩博恩遗赠,1995年(1996.403.8)

米罗在1928年5月逗留于荷兰时,对荷兰风俗画和静物画产生了浓厚的兴趣。他在参观了莫瑞泰斯皇家美术馆和阿姆斯特丹国家博物馆之后,带回了几张有亨德里克·索赫和扬·施特恩画作的明信片。同年夏天在西班牙时,他在三幅表现荷兰室内的系列画作中模仿了两位艺术家的作品元素,以他特有的超现实主义的生物形态风格加以表现。从这系列的前两幅画中能明显追寻到索赫和施特恩两人的具体绘画的痕迹,但这第三幅画则混合了两位艺术家的各种不同主题。

利奥诺拉·卡琳顿
墨西哥，出生于英格兰，1917—2011年
自画像，约1937—1938年
布面油画，25⅝ × 32英寸
（65 × 81.3厘米）
皮埃尔和玛丽亚-加埃塔纳·马蒂斯收藏，
2002年（2002.456.1）

在这幅自画像中，艺术家炫耀着她的白色骑马裤、维多利亚风格的靴子、海草绿夹克衫和一头蓬乱的头发。卡琳顿孤身一人处在这个令人捉摸不透的房间里，坐在蓝色的扶手椅上，唯一陪伴她的就是一只昂首阔步的土狼，它有三个松垂的乳房。巨大的白色摇摆木马和它的阴影似乎是画在墙壁上的。透过有黄色窗帘装饰的窗户看到的风景里有另一匹身形较小的马。画中奇怪的角色选择可能出自卡琳顿同一时期某个极其怪诞的短篇小说。

马克斯·恩斯特
法国，出生于德国，1891—1976年
加拉·艾吕雅，1924年
布面油画，32 × 25¼英寸（81.3 × 65.4厘米）
穆里尔·卡里斯·斯坦伯格·纽曼收藏，穆里尔·卡里斯·纽曼捐赠，2006年（2006.32.15）

1921年，恩斯特在科隆与诗人保罗·艾吕雅和他的俄国妻子会面。他们的到访开启了两个男人之间持续终身的友谊，并燃起恩斯特和加拉之间突如其来的爱火。1922年，恩斯特搬到巴黎，和艾吕雅夫妇一同居住到1924年。那时他已经成为超现实主义的奠基者之一。在与加拉的关系结束之前，恩斯特在这幅以曼·雷的一张照片为基础的画中引入了这位迷人的俄国女郎的双眼。她的头顶剥落，向前卷曲，好像墙上的一张海报那样。

现当代艺术　413

奥托·迪克斯
德国，1891—1969年
商人马克斯·勒斯贝格，德累斯顿，1922年
布面油画，37 × 25英寸（94 × 63.5厘米）
购买，莱拉·艾奇逊·华莱士捐赠，1992年（1992.146）

1920年代在德国兴起了一种名叫"新客观主义"（Neue Sachlichkeit）的风格，追求一种不动声色、实事求是的写实主义，迪克斯就是这一运动中最知名的画家。他以冷静而且时常无情的写实主义手法加上些许生动的细节捕捉了模特们的个性特征，这些人包括律师、医生、艺术品商人，以及诗人、妓女和舞者。在这幅委托绘成的勒斯贝格的肖像画中，不见迪克斯那恶毒的坦率；勒斯贝格是一位工业设备的制造商，他也收藏年轻德累斯顿艺术家的作品，其中就包括迪克斯的。栩栩如生的细节反映出模特正在他位于镇上的小办公室中，刻画这件办公室时选用了象征商业和货币的朴素色彩。

对页
阿尔贝托·贾科梅蒂
瑞士,1901—1966年
高个的人,1947年
青铜,79½ × 8⅝ × 16¼英寸
(201.9 × 21.9 × 41.3厘米)
皮埃尔和玛丽亚-加埃塔纳·马蒂斯收藏,
2002年(2002.456.111)

马克斯·贝克曼
德国,1884—1950年
开端,1949年
布面油画;三联画,中央饰板71½ × 61½英寸
(181.6 × 156.2厘米);双翼板各67½ × 36英寸
(171.5 × 91.4厘米)
阿德莱德·米尔顿·德·格鲁特小姐(1876—1967年)
遗赠,1967年(67.187.53a–c)

1945年之后的某个时期,贾科梅蒂不再制作一两厘米高的实验性人像,转而开始制作大型人像。到1947年,他的作品中出现了三个主要题材:行走的人、站立的女人以及半身像或头像。这尊超过真人实体大小的站立女人像没有体积感和量感,显得疏远冷漠;艺术家在青铜上涂的哑光米黄色颜料使这一人像看似来自另一个世界。这尊人像看上去仿佛承受了数个世纪的风雨洗礼,表面因此而变得坚硬锈蚀。人物的姿势有一些古埃及雕像的影子。

贝克曼于1946年在阿姆斯特丹的时候着手创作《开端》,他在1947年移民美国,并于1949年完成了这幅画作。这是他创作的十幅三联画中的第八幅,其主题是童年。在右边的教室场景里,一位严厉的老师身材高大,站在他的学生中间。在左饰板中,一个头戴王冠的男孩从窗户往外看一个盲人手风琴演奏者,他的音乐召唤来天使合唱。中间一幅画描绘出一间阁楼里的娱乐室,其中一位女孩从烟斗里吹出气泡,一位身着戎装的男孩在骑摇摆木马,"靴猫剑客"倒挂在墙上。

查尔斯·德穆思
美国，1883—1935年
我看到了金制数字5，1928年
油画颜料、石墨、墨水、金箔涂于厚纸板上（厄普森纸板），
35½ × 30英寸（90.2 × 76.2厘米）
阿尔弗雷德·斯蒂格里茨收藏，1949年（49.59.1）

在1920年代，德穆思创作了一系列具有象征意义的海报肖像画，向同时代的美国艺术家、作家和表演者致敬。这幅作品是献给美国诗人威廉·卡洛斯·威廉斯的，他的诗歌《巨大的数字》启发了这幅画的题目和意象。如同在诗歌里那样，五号消防车在这个灯火通明的雨中城市街道上呼啸而过。破碎的形状、文字和线条包含了借鉴于法国立体主义和意大利未来主义的动感和声响，但这一都市主题、比例感和轮廓鲜明的边线都是纯粹的美国精确主义画风。

乔治亚·欧姬芙
美国，1887—1986年
牛头骨：红、白、蓝，1931年
布面油画，39⅞ × 35⅞英寸（101.3 × 91.1厘米）
阿尔弗雷德·斯蒂格里茨收藏，1952年（52.203）

欧姬芙在1920年代因绘制大幅花朵而闻名，但到1929年以后，她的画作题材灵感就主要来自新墨西哥的风景，她几乎年年都去那里旅行（1929—1946年），并最终在那里定居（1949年）。对她来说，捡拾到的动物遗骨代表了沙漠不朽的魅力和美国精神中的坚忍不拔。虽然这幅画表面看来是写实主义的，但艺术家在细节上有所增删，以强调其严酷的美。画作的标题和三色调是讽刺那些沉迷于识别出一种权威的美国风格的艺术家、作家和音乐家们。

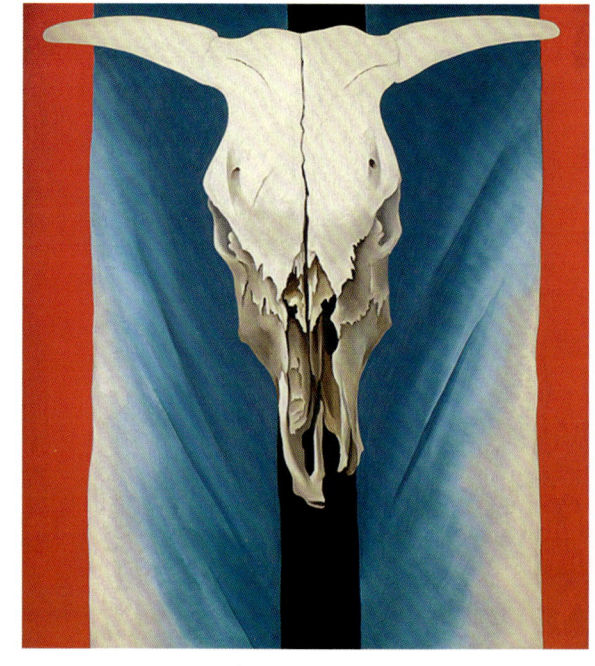

爱德华·霍普
美国，1882—1967年
女士餐桌，1930年
布面油画，48¼ × 60¼ 英寸（122.6 × 153厘米）
乔治·A·赫恩基金，1931年（31.62）

在"大萧条"的背景下，霍普的绘画《女士餐桌》反映了时代的改变，女性不仅已成为工作场合的一部分，如画中的收银员和女服务员一样，而且成为那些为女性提供餐饮服务的地方的新主顾。艺术家以描绘环境的素描和详细的笔记为基础，忠实再现了精巧的食物展示、"鲜红色的木工"、"瓷砖地板"、"美貌的女服务员"，以及"廉价餐馆的粗鄙色彩"。虽然画面明亮，色彩温暖而带有装饰性，但这不是一个特别欢乐的场面。两位用餐者正在交谈，收银员和女服务员则专注于各自的心事和工作。与霍普的许多绘画一样，这种不动声色的写实主义总是唤起孤立和疏远之感，不论是在人的处境中，还是在场景环境中。

皮埃尔·博纳尔
法国，1867—1947年
弗农纳的阳台，1939年
布面油画，58¼ × 76¾ 英寸（148 × 194.9厘米）
佛罗伦斯·J·古尔德，1968年（68.1）

1912年，博纳尔在弗农附近的弗农纳买了一栋房屋，并以它作为绘画题材直到1939年。在这件色彩鲜艳的大尺幅晚期作品中，我们看到阴凉处的阳台一角，这个形状不规则的加高阳台围绕着房屋四周。奇怪的是，粗壮的树干所受到的重视更甚于三位女性。一排栏杆表明有可下行的台阶延伸到宽阔芜杂的花园里。这里的阳台起到舞台的作用，远处上升的花园则好比幕布。

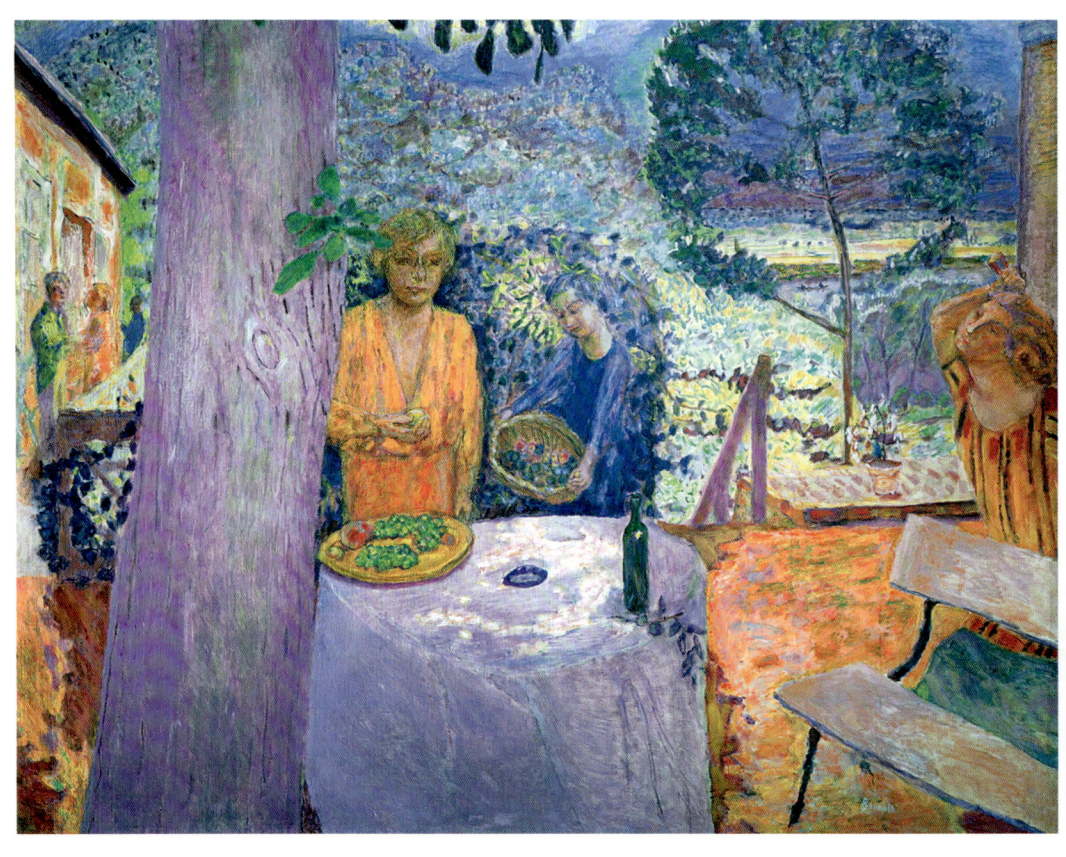

巴尔蒂斯（巴尔塔扎·克洛索夫斯基）
法国，1908—2001年
大山，1936—1937年
布面油画，8英尺2英寸 × 12英尺（2.49 × 3.66米）
购买，内特·B·斯平戈尔德夫妇和内森·卡明斯夫妇捐赠，
罗杰斯基金和阿尔弗雷德·N·庞尼特捐赠基金（交换），
哈里斯·布里斯班·迪克基金，1982年（1982.530）

这幅画描绘了瑞士伯尔尼高地顶端的一片想象中的高原。在对巴尔蒂斯后来的成长产生重要影响的少年时期，他在瑞士度过了几个夏天。艺术家在这幅油画中注入了丰富的指涉物，既有涉及他生活中人的隐喻，又有明显借鉴自他欣赏的画家如尼古拉斯·普桑和古斯塔夫·库尔贝作品中的人物。这幅画鲜明地分为明暗两个区域，其焦点则是一位身形魁梧的金发妇女，她的双臂夸张地伸展在头顶上。在一段艰难的追求之后，巴尔蒂斯在画成《大山》那年与画中这位女性模特结婚。1939年，这幅画在纽约皮埃尔·马蒂斯画廊展出时的副标题为"夏日——四幅季节绘画中的第一幅"。巴尔蒂斯后来没有画另外三个季节。

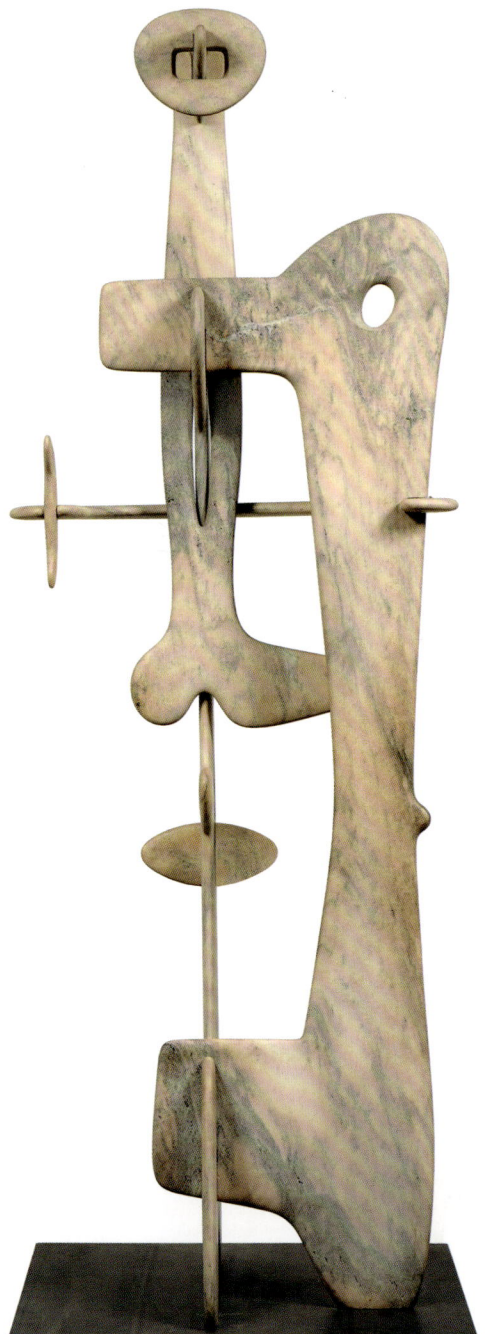

对页
斯图亚特·戴维斯
美国，1892—1964年
来自岩港的报告，1940年
布面油画，24 × 30英寸（61 × 76.2厘米）
伊迪斯和米尔顿·洛温塔尔收藏，伊迪斯·亚伯拉罕森·
洛温塔尔遗赠，1991年（1992.24.1）

丰富的色彩、线条、形状和装饰元素几乎遮掩了这幅画的主题——马萨诸塞州岩港镇的广场。帆布画面上充满加油泵、树木和店面标志，以及这一地区繁荣的捕鱼业的象征，比如水、航海旗、绳子和一个有"塞纳河"标记的渔网等图像。戴维斯运用了他的新"色彩空间"理论，通过将某些色彩并置制造出深度的错觉，同时又以绝对平面的形状和色场对其加以否定。对这位艺术家来说，这种矛盾捕捉了现代美国生活在世纪中叶的活力、分裂和速度。

左图
野口勇
美国，1904—1988年
库洛斯，1944—1945年
大理石，高9英尺9英寸（2.97米）；底座：34 1/8 × 42英寸（86.7 × 106.7厘米）
弗莱彻基金，1953年（53.87a–i）

野口这个雕塑组合创作于1940年代中期，那是他在"二战"期间被拘禁在一个日裔美国人囚禁营之后。雕塑组合中有各种石刻的有机形态，组装时没有使用黏合剂或小齿轮。这个出色的"库洛斯"以粉红色和灰色的大理石联结而成，传达出优美却又难以捉摸的平衡。雕塑家野口在给大都会博物馆的信中将这件作品和其灵感源头——古希腊"库洛斯"雕塑相比，他写道："作为青年男子的'库洛斯'形象是我学生时代……对贵馆收藏的粉红色'库洛斯'的记忆（在本指南前面有介绍）……石材的重量将其托起在空中——各种力量的平衡之精确和不稳定，正如同人生。"

右图
亚历山大·考尔德
美国，1898—1976年
项链，1940年
黄铜线，21¼ × 22 × 10英寸（54 × 55.9 × 25.4厘米）
穆里尔·卡里斯·斯坦伯格·纽曼收藏，穆里尔·卡里斯·纽曼捐赠，2006年（2006.32.5）

考尔德一生制作了一千八百余件珠宝，其中大部分出自1933年至1952年间。这些作品中的许多件是专为家人或朋友而作的，并在特殊场合赠予他人。每件项链、手镯、戒指、饰针或耳环都是独一无二的手工样式，展现了他作为金匠的手艺和他的视觉理解力，正如他在创作动态雕塑和铁丝雕塑时表现出的才华。这条项链的制作方法是，将黄铜线锤打成扁平的条状，再将它们制作成与他的早期铁丝肖像直接相关的线状设计。

上图
威廉·德·库宁
美国，出生于荷兰，1904—1997年
阁楼， 1949年
油画颜料、珐琅漆和报纸转移到帆布上，61⅞ × 81英寸（157.2 × 205.7厘米）
穆里尔·卡里斯·斯坦伯格·纽曼收藏，穆里尔·卡里斯·纽曼捐赠，以纪念她的儿子格伦·大卫·斯坦伯格，1982年（1982.16.3）

在德·库宁的这幅早期杰作中，彼此碰撞的黑色和白色形态之间只有微小的色彩残留痕迹。此处动态的构图一部分借鉴了这位艺术家对图形的创新使用。他在这幅画中对图形元素进行了擦除、重着色和重新组合，同时使人想起杰克逊·波洛克那种覆盖整块画布的作品。德·库宁最初考虑过把这幅作品称作"内部"。他的妻子不同意，他最后选择了《阁楼》，"因为你把什么东西都往里放"。制作这幅画时，德·库宁用报纸盖住整块帆布以避免颜料变干，并且接受了新闻纸在表面留下的文字和图像。

对页
克里福特·斯蒂尔
美国，1904—1980年
1947—1948-W1号，1947—1948年
布面油画，91¾ × 70¾ 英寸
（233 × 179.7厘米）
克里福特·斯蒂尔夫人捐赠，1986年（1986.441.3）

上图
杰克逊·波洛克
美国，1912—1956年
秋韵（第30号），1950年
帆布面珐琅漆，8英尺9英寸 × 17英尺3英寸
（2.67 × 5.26米）
乔治·A·赫恩基金，1957年（57.92）

从1945年开始，斯蒂尔定期在纽约居住，不过他的人格形成期是在美国西岸度过的。1961年，他在马里兰州定居。他的成熟作品以难以名状的不整齐形态为特点，通常是用调色刀上色形成的。在这幅画中，大块的黑白区域中闪现出红、黄、蓝色的斑点。虽然斯蒂尔不承认他的抽象作品有联想意义，但一些学者指出这些作品是暗指美国西部严峻的地势，另一些学者则认为这些竖直的形态令人想起置于环境背景中的人像。

1945年，波洛克携画家妻子李·科瑞丝娜一同搬到纽约州东汉普顿的斯普林斯地区的一栋小房子里。在其后的数年中，波洛克在自家仓库那相对隔绝的环境中工作，逐渐发展出他那独具特色的滴画技巧。他用简单的木棍或是搅拌颜料的棍子搭配自制的珐琅漆创作（有时直接从罐里往外倒颜料），把书法式的色彩线条直接甩到地上未拉伸的原始帆布上。《秋韵》是他优秀的滴画作品中最大的一件，大都会博物馆在波洛克不幸早逝的次年从科瑞丝娜手中买下这幅画。

贾斯培·琼斯
美国，出生于1930年
白旗，1955年
帆布面蜡画、油画颜料、新闻纸、炭笔，
6英尺6½英寸 × 10英尺¾英寸（1.99 × 3.07米）
购买，莱拉·艾奇逊·华莱士、丽巴和戴夫·威廉斯、斯蒂芬和南·斯维德、罗伊·R和玛丽·S·纽伯格基金会公司、路易斯和贝西·阿德勒基金会公司、宝拉·库西、玛丽亚-加埃塔纳·马蒂斯、巴奈特·纽曼基金会、珍和罗伯特·卡洛尔、艾略特和威尔逊·诺伦、德拉德·H·鲁顿伯格夫妇、露丝和西摩·克莱恩基金会公司、安德鲁·N·希夫、考尔斯慈善信托、梅里尔·G和艾米达·E·黑斯廷斯基金会、约翰·J·罗什、莫莉和沃尔特·巴雷斯、琳达和莫尔顿·詹克洛、亚伦·I·弗莱施曼、林福德·L·洛赫德等捐赠，以及大都会博物馆之友捐赠；凯瑟琳·E·赫恩、丹尼丝和安德鲁·索尔·乔治·A·赫恩、亚瑟·霍恩、约瑟夫·H·海森基金会购买，辛西娅·海森·保尔斯和里昂·B·保尔斯基等基金；迈耶基金；弗洛雷纳·M·舍恩博恩遗赠；赛维·沙尔夫斯坦因和希曼·布朗教授及夫人捐赠，以及来自不同捐赠者的其他捐赠、遗赠和资金（交换），1998年（1998.329）

《白旗》是琼斯的旗帜绘画系列中最大的一幅，也是以单色呈现旗帜的第一幅。蜡画这种迅速凝结的创作媒介使琼斯的每一笔触都独具特色，同时四十八颗星的旗面设计为丰富多变的表面提供了基本结构。《白旗》画在三块不同的帆布面上：星区、星区右方的七道条纹和下面较长的六道条纹。琼斯把在熔化的蜂蜡里浸泡过的纸片和布片敷在画布上，形成星星、围绕星星的负空间和条纹。旗帜是琼斯最常绘画的题材之一，他曾说，这是一个由梦唤起的灵感，他在那个梦中看到自己在画美国国旗。与琼斯的其他早期主题一样，比如靶子、数字和字母等，旗帜的图像吸引琼斯是因为它已经存在了，琼斯不必将其虚构出来。从1955年开始，琼斯创作了数十幅旗帜作品，大小不一，色彩和材料各异。

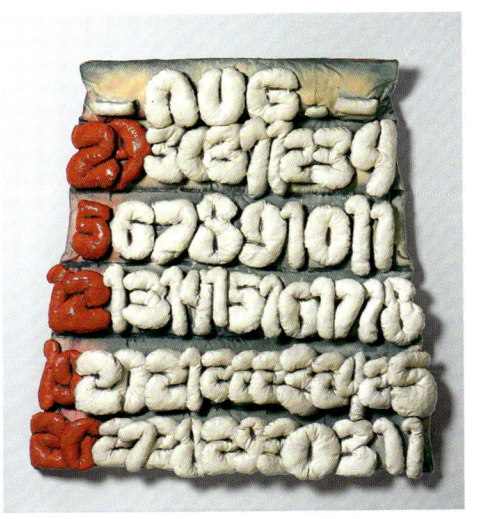

上图
克拉斯·奥登伯格
美国，1929年出生于瑞典
八月的软月历，1962年
用碎泡沫胶填充的帆布，以丽唯特丙烯颜料和珐琅漆上色，
41¾ × 42½ × 4¼ 英寸（106 × 108 × 10.8厘米）
穆里尔·卡里斯·斯坦伯格·纽曼收藏，穆里尔·卡里斯·纽曼捐赠，2006年（2006.32.49）

下图
安迪·沃霍尔
美国，1928—1987年
九个杰奎琳，1964年
帆布面丙烯颜料和丝网印刷；整体60⅜ × 48⅛ × ¾ 英寸（153.4 × 122.2 × 1.9厘米）；九块面板，各20 × 16英寸（50.8 × 40.6厘米）
侯斯顿捐赠，1983年（1983.606.14–.22）

奥登伯格向来善于以矛盾转化身边的平凡事物，使它们拥有生气。在他的艺术品中，硬的变软，微小的变得巨大，在《软月历》中，平面的变成立体的。奥登伯格的填充布雕塑始自1962年，起初作为他的活动雕塑中的道具，后来发展成独立的艺术作品。《软月历》中的大数字有枕头般的浑圆形态，让人感觉舒服，重叠的排列突出了体积感。一旦将帆布形态布置好后，奥登伯格就给雕塑表面上色，用明亮的红色使每个周日脱颖而出，再将一周中剩下的日子以散发光泽的白色珐琅漆覆盖。

1963年11月22日，约翰·F·肯尼迪总统在达拉斯遇刺，其后的数周里，沃霍尔开始收集充斥大众报刊的丧偶的第一夫人的照片。1964年，在他即将搬入东47街上的新画室（他著名的纽约"工厂"画室的第一处地址）以前，他着手用丝网印刷法将这些照片以蓝色和金色粉末印到小型帆布上。此处的特写画面再现了枪击开始前不久的一个瞬间；急切密集的重复画面突出了无所不在的新闻报道以及公众对这场悲剧事件着魔般的关注。

现当代艺术 425

马克·罗斯科
美国，出生于俄国，1903—1970年
第13号（黄底白红）， 1958年
布面油画颜料、丙烯颜料和粉状颜料，95⅜ × 81⅜ 英寸
（242.3 × 206.7厘米）
马克·罗斯科基金会公司捐赠，1985年（1985.63.5）

1950年以后，罗斯科开始将他的画作中的水平色带限制在三或四块，他在去世前一直以这种形式创作。罗斯科使用了几种湿性媒介以及不同的颜料层厚度，他有时还在画室中改变画作的方向。的确，这幅画中的一些滴落形态表明，艺术家在一段时间里曾把画布上下倒转来创作。罗斯科希望他的这些明亮的绘画能将观者围绕，他曾评论说他创作大型作品不是为了追求"富丽堂皇和高傲自大"，而是要表现出"非常的私密和人性化"。

埃尔斯沃斯·凯利
美国,出生于1923年
蓝绿红, 1963年
布面油画,91 × 82英寸(231.1 × 208.3厘米)
亚瑟·霍波克·赫恩基金,1963年(63.73)

凯利和他同时代的许多画家不同的是,他是通过观察自己的周遭来创作抽象画的。他曾说:"我的灵感来自不断研究事物呈现的面貌。"

《蓝绿红》是凯利在1963年至1965年间以这三种色彩完成的八幅大型系列绘画中的第一幅,使人想起凯利1958年的作品《面具》,该画以一本打开的书上投下的阴影为基础,也是以这三色组成。《蓝绿红》中平整紧绷的形状和明亮、未经调整的色彩创造出一种有力的视觉效果,并且在轮廓和背景之间制造出波动的关系。

戴维·史密斯
美国，1906—1965年
贝卡，1965年
不锈钢，9英尺5¾英寸 × 10英尺3英寸 × 30½英寸
（2.88 × 3.12 × 0.76米）
购买，阿德莱德·米尔顿·德·格鲁特小姐遗赠（交换），
1972年（1972.127）

史密斯是二十世纪最有影响力的美国雕塑家之一，他在1961年至1965年间创作了《立方》系列，即以高度抛光的钢制成的大型作品。这些雕塑结合了堆叠的立方形态以及重叠的矩形平板。《贝卡》以史密斯的两个女儿之一命名，创作于他去世那年，该作品显示出他对这些几何形态进行了大胆的简化。史密斯用一个磨光机打磨作品平面，制造出书法般的纹路来捕捉光线。这些作品可以安装在室内或室外，但史密斯本人特别欣赏自然中变幻无常的环境因素在反光表面上造成的变化。

左图
芭芭拉·赫普沃斯
英国，1903—1975年
有线条和色彩的椭圆形， 1966年
榆木、上色榆木和棉线，33½ × 22½ × 21⅝ 英寸
（85 × 57 × 55厘米）
购买，彼得·I·B·拉文阁下及夫人（交换），2007年
（2007.95）

芭芭拉·赫普沃斯与亨利·摩尔同为二十世纪最伟大的英国雕塑家，她也是有史以来最著名的女性雕塑家之一。艺术家直接从一根巨大的英国榆树圆木上刻成了《椭圆形》，当时她正值创作巅峰，而这件作品也是她成熟期的关键作品。卵形外观是为纪念她在1933年访问康斯坦丁·布朗库西在巴黎的画室，那是一次改变她人生的造访；棉线则借鉴了她的好友纳姆·嘉宝和拉斯洛·莫霍利-纳吉的作品，这两位都是难民，后来成为以赫普沃斯和她丈夫本·尼科尔森为中心的英国艺术家圈子中的一部分。

右图
尚·丁格利
瑞士，1925—1991年
纳尔瓦， 1961年
铜条、金属轮、管子、铸铁、金属丝、铝材、线，220伏电动机，86 × 78 × 63英寸（218.42 × 198.1 × 160厘米）
购买，焦孔达·金遗赠（交换），以及路易斯·S和玛丽·迈耶基金会捐赠，2006年（2006.277a–fff）

达达艺术运动于1916年在苏黎世诞生。其特点是将现成品运用到作品中，以使艺术与生活之间的界限变得模糊，达达主义作品颂扬混乱，或者至少指向潜藏在文明外表之下的混乱无序。1950年代，由于受到马塞尔·杜尚的影响，尚·丁格利等年轻艺术家扩展了达达运动，创作出引发争议、嘈杂刺耳又引人注目的艺术品。丁格利在事业刚进入繁荣期时创作了《纳尔瓦》。这件作品是现代生活中各种物品的集合，以其不可思议的复杂让人发笑，好像一只巨大的散了架的时钟。

詹姆斯·罗森奎斯特
美国，出生于1933年
火焰之屋， 1981年
布面油画，6英尺6英寸 × 16英尺6英寸
(1.98 × 5.03米)
购买，亚瑟·霍波克·赫恩基金，乔治·A·赫恩基金和莱拉·艾奇逊·华莱士捐赠，1982年 (1982.90.1a–c)

罗森奎斯特接受的训练是绘制广告牌画，他从1960年代开始作为一名波普艺术家创作构图华丽的大型作品。《火焰之屋》散发出的活力和激发美感的光泽代表着他的作品自那时以来的特色。在这幅富有寓意的三联画中，平淡无奇的物品看似危险得怪异：一只食品袋神奇地悬浮在空中，一桶钢液发出神奇的光芒从窗户中垂下来，火红的口红排列得仿佛一组枪炮。此处对暴力、性和消费主义的暗示使人想起罗森奎斯特的早期作品，比如1965年的巨幅作品《F-111》，他在其中将一架美国空军战斗轰炸机与一个小孩、一堆意大利面条的图像混合在一起，增强了诱惑与危险感。

罗伊·利希滕斯坦
美国，1923—1997年
走出去， 1978年
帆布面油画颜料和马格纳颜料，86 × 70英寸
(218.4 × 177.8厘米)
购买，莱拉·艾奇逊·华莱士捐赠，亚瑟·霍波克·赫恩基金，亚瑟·勒基瓦基金以纪念尚·阿尔普；伯恩希尔基金、约瑟夫·H·海森基金会公司、萨缪尔·I·纽豪斯基金会公司、沃尔特·巴雷斯、玛丽、班农·麦克亨利、路易丝·史密斯、史蒂芬·C·斯维德等捐赠，1980年 (1980.420)

利希滕斯坦在他创作于1960年代的波普艺术中注入了日常文化中的图像，到1970年代时，他则将目光转向了现代艺术史。他以自己标志性的明亮三原色为原料，用颜料使人联想到在漫画杂志等商业印刷图像中制造色调和阴影的"本戴"点。此处，艺术家借用了费尔南·莱热的著名画作《乡村郊游》(1954年) 中一个衣冠楚楚的角色，并加入了一个女性人物，其面部特征经过戏剧性的削减和错置，酷似毕加索在1930年代画过的超现实主义女人。

右图
查克·克洛斯
美国，出生于1940年
卢卡斯， 1986—1987年
帆布面油画颜料和石墨，8英尺4英寸 × 7英尺
（2.54 × 2.13米）
购买，莱拉·艾奇逊·华莱士捐赠，阿诺德和米莉·格里姆彻捐赠 1987年（1987.282）

克洛斯为艺术家卢卡斯·萨马拉斯所作的巨幅肖像画以一张宝丽莱相片为基础，相片用网格分段，便于放大。1960年代晚期，克洛斯开始用丙烯颜料精心创作大幅照相写实主义肖像画。他坚持以剪裁紧凑的头像为形式，自那时起也试验性地运用各种惊人的方法来实现画面的逼真度，包括拼贴和指纹作画。贴近画面看时，萨马拉斯的脸就分解为数千个小方块，每个都有独一无二的色彩结构；距离拉开些看时，这些抽象形态的出色扩散汇聚成一幅极具冲击力的画面，捕捉了这位模特那具有强烈催眠效果的认真表情。

罗马勒·比尔登
美国，1911—1988年
街道， 1971年
剪切和粘贴的印刷纸、彩纸和金属纸，复印照片，石墨，墨水记号笔，水粉、水彩、墨水等着于美森耐纤维板上；整体48英寸 × 18英尺（1.22 × 5.49米）；六块板，各48 × 36英寸（121.9 × 91.4厘米）
萨缪尔·肖尔夫妇捐赠，1978年（1978.61.1–.6）

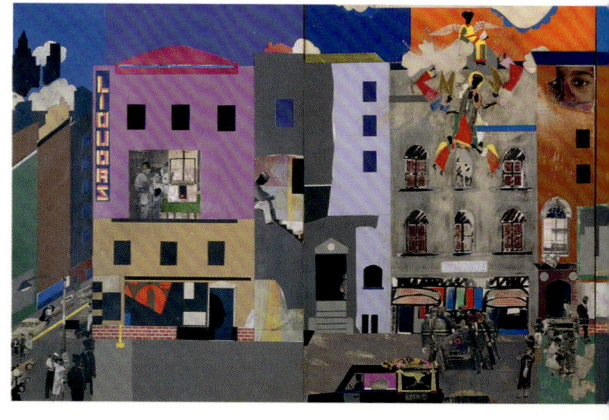

这幅壁画大小的生动画面是向罗马勒·比尔登居住的纽约市哈林街区致敬。这一排矮房（廉价出租公寓、教堂、理发店、酒铺等）以他在132街和133街之间的莱诺克斯大道上画的素描为基础。不同的小品细节描绘出街上和楼内（可通过窗户和剪去的外壳看到）的人们在工作、休息和玩耍，为人际关系和社会仪式提供了生动的，有时甚至是幽默的观察。

比尔登创造性地运用了拼贴画，并以捉摸不定的方式变动大小和比例来增强表现力，这都恰到好处地捕捉了都市人生的活力和复杂。虽然比尔登使用的图像和材料是简单的，但他给画面注入了意味深长的层层含义，指向其他艺术和文化，比如文艺复兴时期的绘画、基督教圣像画、立体主义和非洲部落雕塑等。

安塞姆·基弗
德国，出生于1945年
冬日景观， 1970年
纸面水彩、水粉、石墨，16⅞ × 14英寸（42.9 × 35.6厘米）
丹尼丝和安德鲁·索尔基金，1995年（1995.14.5）

对荒野或所谓"崇高"风景的凝视是浪漫主义的常见题材，在德国尤其如此。基弗的《冬日景观》唤起了那个时代的记忆，但被冰雪覆盖、犁得很粗糙的土地给画面增添了几分荒凉。一个脱离实体的女人头部出现在田野上空，她的脖子里流出鲜血，血红色的水彩斑点给苍白的大地轻染上了颜色。基弗或许是想表现神话中自然的化身——比如达芙妮，其父将她变成一棵月桂树，以使其逃避阿波罗的追求。然而，这幅画对染血的荒地的描绘让人很难将之与"二战"带来的充满伤痛的记忆分开。

菲利普·古斯顿
美国，1913—1980年
街道，1977年
布面油画，69英寸 × 9英尺2¾英寸
（1.75 × 2.81米）
购买，莱拉·艾奇逊·华莱士和安德鲁·索尔夫妇捐赠，乔治·A·赫恩捐赠（交换），亚瑟·霍波克·赫恩基金，1983年（1983.457）

古斯顿在1960年代晚期回归具象主题，使这位前抽象表现主义者的追随者们大感意外；这幅巨型绘画融合了代表那次回归的许多主题。正如古斯顿在1974年写下的那样，他在这一时期以直率的方式完成的绘画描绘了一种"类似但丁《地狱篇》那样的土地"。这幅作品是一个有力的黑色幽默的战争场景，其中的街道上集中了各种混乱、对抗和垃圾。画中表现出古斯顿晚期作品中典型的反差，其中卡通人物充斥在噩梦式的场景中，以大量阴沉的灰色、明亮的红色和泡泡糖似的粉红色来呈现。

吕西安·弗洛伊德

英国，出生于德国，1922—2011年
裸体男子背面， 1991—1992年
布面油画，72¼ × 54⅛ 英寸（183.5 × 137.5厘米）
购买，莱拉·艾奇逊·华莱士捐赠，1993年（1993.71）

弗洛伊德是英国最重要的写实主义画家之一，他的作品常揭示出其创作主题的人性，同时生动地描绘出他们的身体面貌。这幅画的模特叫利·波维瑞，他是伦敦的一位澳大利亚表演艺术家，也是弗洛伊德最钟爱的模特之一。出乎意料的是，虽然波维瑞以奇装异服和古怪的打扮而闻名，但此处弗洛伊德却记录了一丝不挂的他，笨重地坐在这位艺术家的画室里一张低矮的板凳上。他那肥胖的、如山般的后背几乎是艺术家用厚重的颜料雕刻出来的。从本质上说，这不是一幅传统的肖像画，而是皮肤的静物画。

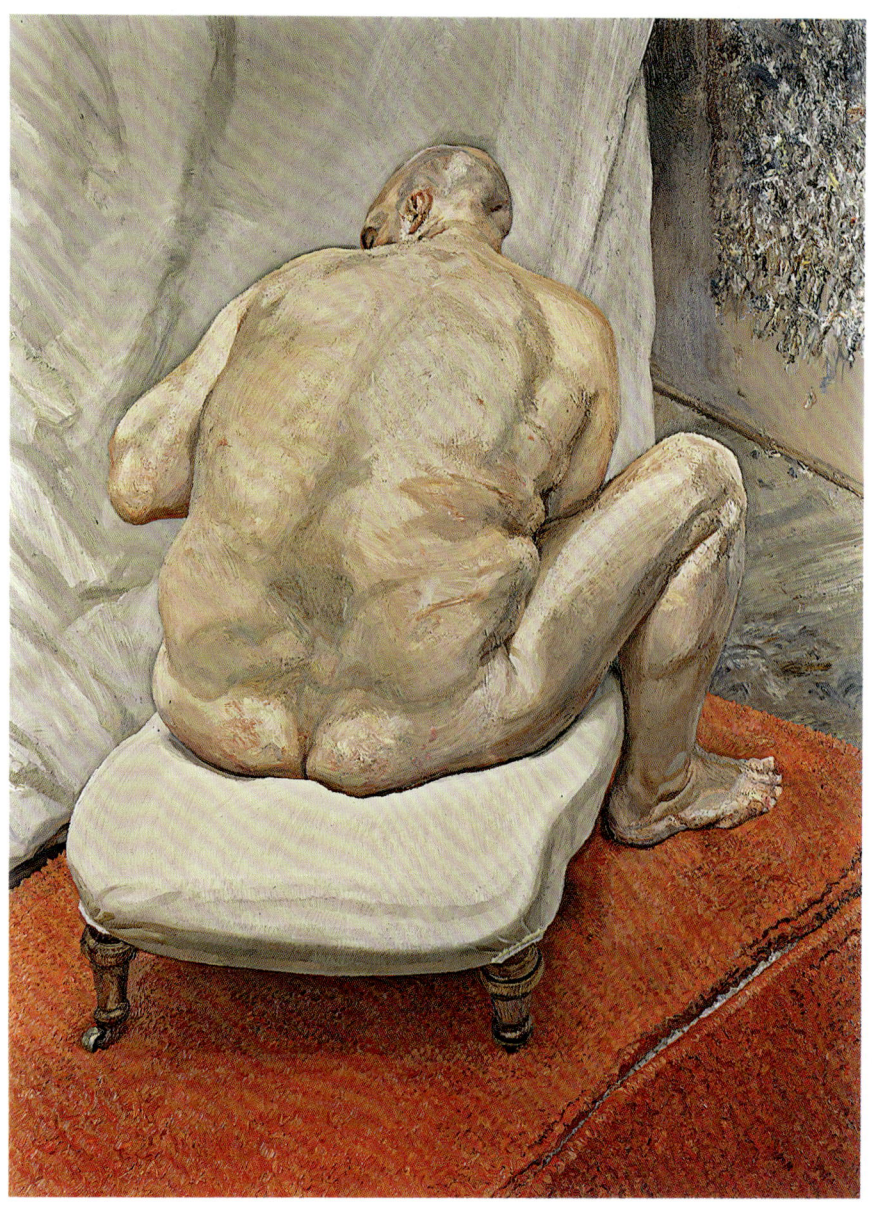

艾尔·阿纳遂
加纳，出生于1944年
杜萨萨二号，2007年
现成铝材，铜线，塑料圆盘，
19英尺8英寸 × 24英尺 × 2英寸
（5.99米 × 7.32米 × 5.1厘米）
购买，雷蒙德和贝弗莉·萨克勒21世纪艺术基金；斯蒂芬和南·斯维德、罗伊·R和玛丽·S·纽伯格基金会公司捐赠；亚瑟·勒基瓦基金，以纪念尚·阿尔普，2008年（2008.121）

阿尔·阿纳遂出生于加纳，如今在尼日利亚工作。普遍认为他是今日最重要的当代非洲雕塑家。他的壁挂作品都是利用现成品来创作的，一般是将数千个废弃的酒瓶铝盖和封印压平、重塑和穿孔，再煞费苦心地用铜线穿接起来。虽然阿纳遂认为自己是位雕塑家，但其一丝不苟地协调各种材料的态度仿佛一位画家，或是一间挂毯作坊里的主管。他的作品紧扣传统非洲文化（加纳肯特布）、西方艺术（马赛克、挂毯和古斯塔夫·克里姆特的绘画），以及当代生活（对酒的消费和消费主义的侵蚀）。根据他的说法，标题"杜萨萨"可以译为"一群城镇居民共同制作的拼布作品"，这群居民正类似于这位艺术家的一群助手们。

摄影

大都会博物馆收藏了四万余幅摄影作品，时间上跨越了这一媒介的整部历史——从1830年代相机的发明开始，直到最近在视频和新媒体中表现出来的形式。大都会博物馆的收藏始于1928年，当年美国摄影师阿尔弗雷德·斯蒂格里茨首次捐赠了自己的二十二幅作品，他后来还通过捐赠和遗赠给予博物馆六百余件画意摄影作品，进一步丰富了我们的摄影馆藏。斯蒂格里茨收藏是大都会博物馆的主要收藏之一，其他还有福特汽车公司收藏的约五百件两次世界大战之间美国和欧洲的先锋派摄影作品；卢贝尔收藏，提供了早期英国摄影杰作；吉尔曼收藏，提供了丰富的十九世纪法国、英国和美国摄影作品以及本世纪初和现代派时期的杰作；还有美国摄影师沃克·埃文斯和黛安·阿勃丝的作品档案。在体现自1960年以来摄影艺术的不同趋势方面，大都会博物馆的藏品优势也日益增强：比如摄影在观念艺术、大地艺术和人体艺术中扮演的角色；以伯恩和希拉·贝歇以及他们学生的作品为特色的杜塞尔多夫摄影学派；图片的一代；以及其他重要的以摄影为媒介的当代艺术家。大都会博物馆摄影艺术的核心馆藏因各种一流的新闻、时装、广告、科学、人种学和日常摄影作品而得到充实，见证了这种媒介的广泛运用及其在现代社会中的无所不在。

让-巴蒂斯特-路易·葛罗

法国,1793—1870年

葛罗男爵的客厅, 1850—1857年

银版摄影,8⅝ × 6¾ 英寸(22 × 17.1厘米)

购买,弗莱彻基金、乔伊斯·F·曼斯谢尔捐赠、路易斯·V·贝尔基金、阿尔弗雷德·斯蒂格里茨学会以及W·布鲁斯和德莱尼·H·伦德伯格捐赠,2010年(2010.23)

葛罗不仅娴熟掌握了银版摄影的技术,还拥有精确的视觉敏感性,表现在这幅作品中就是布景的华美以及微妙诱人的光线运用。这里的每一处细节都校准得恰到好处——执壶在窗户上投下漂亮的剪影,时髦的高背椅安放在闪烁的阳光下颇为引人注目,画架上的银版照片虽然表面如镜面反光,但仍清晰可见,紧闭的窗帘提供了戏剧式的背景。这既是一幅房屋内景,又是一幅静物照,但最主要的是体现了葛罗男爵的社会地位、美学鉴别力、旅行经历和才干。

上图
艾伯特·桑兹·索思沃思
美国，1811—1894年
乔赛亚·约翰逊·霍斯
美国，1808—1901年
勒缪尔·萧，马萨诸塞州最高法院首席法官，1850年代
银版摄影，8½ × 6½ 英寸（21.6 × 16.5厘米）
爱德华·S·霍斯、爱丽丝·玛丽·霍斯和玛丽恩·奥古斯塔·霍斯捐赠，1938年（38.34）

索思沃思和霍斯在波士顿合伙经营的公司为美国制作了最精美的银版摄影肖像照，其客户包括著名政治家、知识分子和艺术家等。这种第一代摄影工艺于1839年在巴黎公开展示之后，很快就传播到全世界。每一张制作精良的薄银铜板都是先在暗箱里曝光，然后以水银蒸气显影的独一无二的图像。若在恰当的光线下观看，就会看到出色的细节和立体感。勒缪尔·萧的堂堂仪表经过强烈的日光和杰出的艺术洞察力所修饰，与传统肖像截然不同，后者通常是在工作室里摆好姿势，并间接打光。

下图
奥内斯普·阿瓜多
法国，1827—1894年
女人背面像，约1862年
冲印自玻璃底片的盐纸照片，12⅛ × 10⅛ 英寸（30.8 × 25.8厘米）
吉尔曼收藏；购买，乔伊斯·F·曼斯谢尔捐赠，2005年（2005.100.1）

这张照片的作者是一位富裕的业余摄影师和法国宫廷的常客。它既是一幅肖像，又是一个时装样板，还是一个玩笑。女子繁复的发髻显然出自一位灵巧的侍女之手，加上低调的珠宝以及豪华的布料，全都表明了这名女子的地位，可谓"合乎礼仪"的缩影。虽然我们可能好奇于她的身份，但她的身份或许不如她投射出的这种强烈的神秘感重要。与此搭配的一幅照片显示了同一名女子的侧面像，展现出她困惑的面部表情和后缩的下巴。

古斯塔夫·勒·格雷
法国，1820—1884年
大浪，赛特港，1857年
冲印自玻璃底片的蛋白银盐照片，13¼ × 16¼ 英寸
（33.7 × 41.4厘米）
约翰·戈德史密斯·菲利普斯捐赠，1976年（1976.646）

勒·格雷的诸多海景照片中阳光、云朵和海水制造的戏剧性效果使他同时代的人非常震惊，在那时，大多数摄影师都认为要在同一幅照片中使地面风景和天空都达到适度曝光是不可能的。勒·格雷解决这一问题的办法是在同一张纸上冲印两张底片，一张为海洋曝光，另一张为天空曝光，这些底片通常是在不同的时刻或不同的地点拍摄的。勒·格雷的海滨照片成为一时的轰动，不仅因为它们是技术上的力作，也因为它们拥有一种诗意的效果，是当时的摄影中前所未有的。

卡尔顿·沃特金斯
美国，1829—1916年
靠近塞利罗的合恩角， 1867年
冲印自玻璃底片的蛋白银盐照片，15¾ × 20⅝ 英寸（40 × 52.4厘米）
吉尔曼收藏，购买，霍勒斯·W·戈德史密斯基金会捐赠（通过乔伊斯和罗伯特·曼斯谢尔），2005年（2005.100.109）

卡尔顿·沃特金斯是最优秀的风景艺术家之一。他在一张巨大的玻璃底片上创作了这幅由天空、河流、铁路和岩石组成的迷人风景照，地点是俄勒冈州波特兰市哥伦比亚河上游一百六十公里处。塞利罗是俄勒冈蒸气航海公司委托的一次为期四个月的勘查所抵达的最远地区。这幅照片中的自然与人类入侵之间的巧妙平衡可以解读为"天定命运论"的视觉隐喻，这种观念认为美国注定要在美洲大陆上扩展其主权。

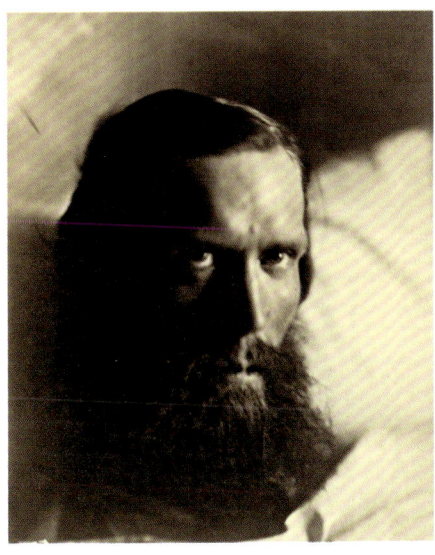

上图
朱丽亚·玛格丽特·卡梅隆
英国,1815—1879年
菲利普·斯坦霍普·沃斯利, 1866年
冲印自玻璃底片的蛋白银盐照片,12 × 9⅞英寸
(30.4 × 25厘米)
吉尔曼收藏,购买,霍勒斯·W·戈德史密斯基金会
捐赠(通过乔伊斯和罗伯特·曼斯谢尔),2005年
(2005.100.27)

菲利普·斯坦霍普·沃斯利是一位牛津大学毕业的诗人,他曾将整部《奥德赛》和一部分《伊利亚特》翻译成斯宾塞体的韵文。他自小患有结核病,三十岁时死于怀特岛上的弗雷什沃特,朱丽亚·玛格丽特·卡梅隆也曾在那里居住。卡梅隆的这幅肖像生动地传达了沃斯利丰富的精神生活及其悲剧性,照片拍摄于诗人去世那年。卡梅隆在模糊的背景中剥离出她拍摄对象的脸孔,将他那向上抬起的逼迫眼神置于画面正中。她还在沃斯利那异常严肃的神情中加入了对牺牲的暗示,将他的身体和巨大的、几乎实体大小的头部都包裹在戏剧性的黑暗中。

下图
托马斯·埃金斯
美国,1844—1916年
两位着希腊装束的学生, 1883年
铂金照片,14½ × 10½英寸(36.8 × 26.7厘米)
大卫·亨特·麦克艾尔宾基金,1943年(43.87.17)

托马斯·埃金斯将相机作为给他的绘画作品注入更多自然主义的一种方式。他以他在宾夕法尼亚美术学院的学生为模特,制作了丰富的摄影目录册,为他研究人类形体提供了直接帮助。这幅照片在一张大型铂金相纸上冲印出来,反映了作者对人物姿态和手势的研究,其中模特的站姿刻意模仿了埃金斯的浮雕作品《阿卡迪亚》(1883年)中的人物,她们在一张工作台边休息,工作台上悬挂的是艺术家的一对木质调色板。

爱德华·斯泰肯
美国,出生于卢森堡,1879—1973年
熨斗大厦, 1904年
树胶重铬酸盐铂金照片,18⅞ × 15⅛ 英寸
(47.8 × 38.4厘米)
阿尔弗雷德·斯蒂格里茨收藏,1933年(33.43.43)

虽然斯泰肯的色调运用让人想到惠斯勒的夜景画,而前景中的树枝也呼应着世纪之初巴黎流行的日本版画中常见的主题,但他的题材明显是现代的、美国的。刚刚竣工的二十二层摩天大厦高耸在纽约的麦迪逊广场上,以至于摄影师的镜头都装不下。斯泰肯冲印的三幅不同的《熨斗大厦》照片是大都会博物馆摄影馆藏中的至宝,每幅都有不同的色调,仿佛是黄昏时分的三个连续时刻,以强有力的方式宣称,摄影在规模、色彩、个性和表现力方面都可与绘画媲美。

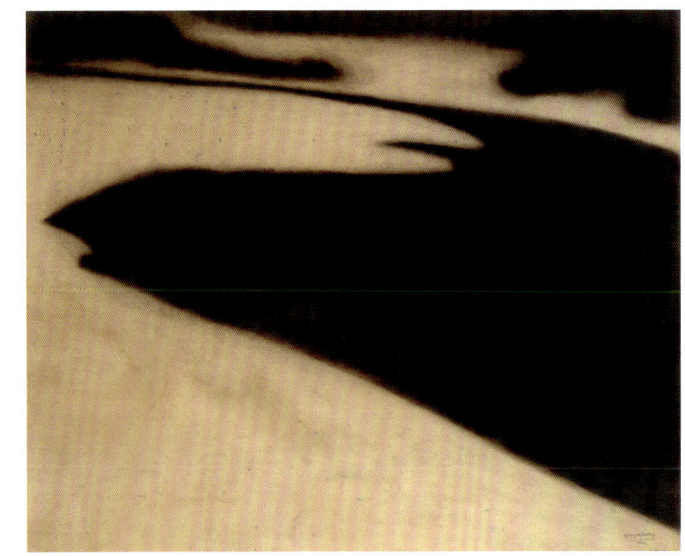

乔治·西利
美国，1880—1955年
冬景，1909年
树胶重铬酸盐铂金照片，17¼ × 21¼英寸
（43.7 × 53.8厘米）
吉尔曼收藏，购买，霍勒斯·W·戈德史密斯基金会
捐赠（通过乔伊斯和罗伯特·曼斯谢尔），
2005年（2005.100.116）

西利在波士顿学习绘画并于1906年参加了"摄影分离派"，这是阿尔弗雷德·斯蒂格里茨推动的一个结构比较松散的艺术家圈子。1908年，西利借着自己的作品在斯蒂格里茨的"291"画廊展出之际造访纽约，第一次看到同事的原版照片。这幅以冰雪覆盖在冻结的池塘上为题材的作品，可能是西利对爱德华·斯泰肯作品的回应，后者的作品给他留下了深刻印象。这幅作品大胆地简化了色调，鞭状轮廓与新艺术派的蜿蜒形态完全契合，这是当时最坚定的抽象摄影作品之一。

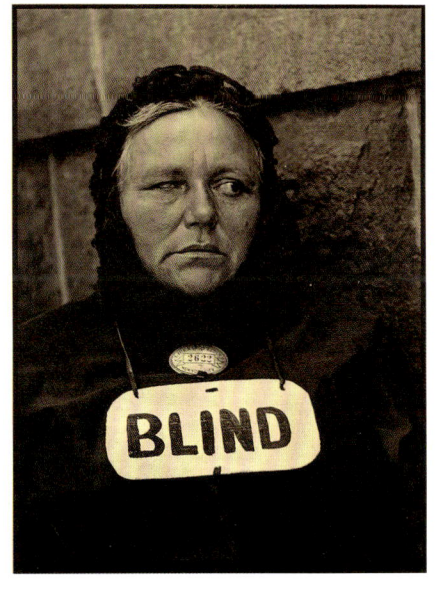

保罗·斯特兰德
美国，1890—1976年
盲人，1916年
铂金照片，13⅜ × 10⅛英寸（34 × 25.7厘米）
阿尔弗雷德·斯蒂格里茨收藏，1933年（33.43.334）

1916年，斯特兰德拍摄了一系列街头肖像，他使用一个在侧面装有假镜头的相机，以便将相机朝向一个方向时拍下另一个方向的画面。这幅富有创意的街头小贩肖像于1917年发表在阿尔弗雷德·斯蒂格里茨的杂志《摄影作品》上。它立即成为新式美国摄影的标志，这种摄影将记录社会的人道主义与大胆简化的现代派形态相结合。这张大型铂金照片是目前所知这幅图像唯一一张当年展出的版本。

右图
曼·雷
美国，1890—1976年
雷氏照片，1923—1928年
明胶银盐照片，19¼ × 15⅝ 英寸（49 × 39.8厘米）
吉尔曼收藏，购买，霍勒斯·W·戈德史密斯基金会
捐赠（通过乔伊斯和罗伯特·曼斯谢尔），2005年
（2005.100.140）

没有什么工艺比黑影照片更能满足曼·雷对超现实主义的模糊含义的追求，该工艺无需相机，直接把物体放在感光纸上暴露在光线中。曼·雷的朋友特里斯坦·查拉称这些黑影照片为"雷氏照片"，它们独一无二、不可重复，在一定程度上也是无法控制的。这是曼·雷最大的雷氏照片之一，其中不同的白热形状漂浮在由化学药水"画"出的朦胧背景之上，可能代表一个创世的比喻。

左图
阿尔弗雷德·斯蒂格里茨
美国，1864—1946年
乔治亚·欧姬芙——脖子，1921年
钯金照片，9¼ × 7½ 英寸（23.6 × 19.2厘米）
乔治亚·欧姬芙捐赠（通过乔治亚·欧姬芙基金会
及詹妮弗和约瑟夫·杜克的慷慨相助），1997年
（1997.61.19）

这幅照片是斯蒂格里茨在1917年至1937年间为乔治亚·欧姬芙拍摄的三百多张照片之一，也是一组出色的肖像组合之一。斯蒂格里茨相信，肖像应该记录一个人的全部体验，组成一个富于意味的动作、情感和姿势的马赛克，而这个集合要能唤起真实的人生。"要求一张肖像成为任何人的完整肖像，"他宣称，"就好比要求把一部电影浓缩成一幅剧照般徒劳。"

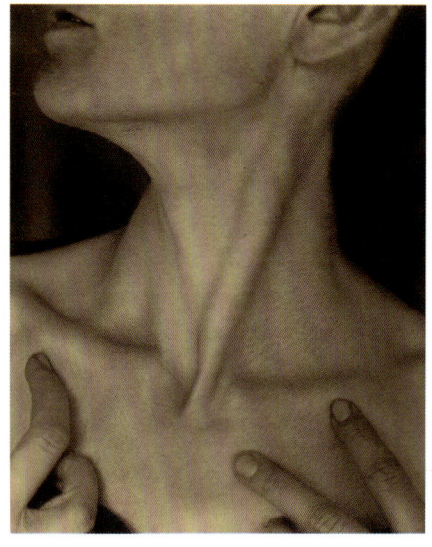

查尔斯·希勒
美国，1883—1965年
十字运输带，福特汽车公司胭脂河工厂，1927年
明胶银盐照片，9¼ × 7⅜ 英寸（23.5 × 18.8厘米）
福特汽车公司收藏，福特汽车公司和约翰·C·瓦德尔捐赠，1987年（1987.1100.1）

希勒是一位非常写实的精确主义画家，同时也是位摄影师，他总是能够在本土的美国建筑那棱角分明的形态中找到和谐的一致性。他为底特律附近的福特工厂拍摄的系列照片是这家汽车公司通过一间广告公司委托他完成的。这张气势雄伟的照片在1920年代的欧洲和美国广为流传，其中展现出的技术乌托邦成为现代时期早期工业生产卓绝力量的不朽纪念。

沃克·埃文斯
美国，1903—1975年
佃户农舍的厨房一角，亚拉巴马州黑耳县，1936年
明胶银盐照片，7⅞ × 6⅜ 英寸（19.5 × 16.1厘米）
购买，霍勒斯·W·戈德史密斯基金会捐赠（通过乔伊斯和罗伯特·曼斯谢尔），1988年（1988.1030）

1936年夏天，沃克·埃文斯与他的作家朋友詹姆斯·艾吉共同创作了一篇有关美国南部棉花佃农的文章（未发表），该文章最终成为大萧条时期的名著《现在让我们赞美名人》（1941年）。艾吉采访了三个农场家庭，埃文斯拍下了他们的肖像以及他们房屋、家具、衣物和土地的细节。这幅私密而可敬的照片上有一个简单的扫帚、一块老旧的粗棉布以及带梯状椅背的椅子，它们使人想起艾吉说的俏皮话。他曾说，这些家庭的小屋里的每件东西"就算再用舌头舔一遍，也不会更干净了"。

黛安·阿勃丝
美国，1923—1971年
纽约中央公园里拿着玩具手榴弹的小孩，1962年
明胶银盐照片，15½ × 15⅛ 英寸（39.5 × 38.3厘米）
购买，詹妮弗和约瑟夫·杜克捐赠，2001年（2001.474）

黛安·阿勃丝是过去半个世纪中最具影响力的艺术家之一，她以美国社会中正常的和边缘的人物为题材创作的刺痛人心、就事论事的照片，永远改变了我们对肖像的期待。1962年一个闲适的日子，这位摄影师在中央公园同一个小男孩正面相接。他们以灼热的凝视和相对无害的武器（一个塑料玩具手榴弹和一个相机）为武装，达成暂时却紧张得令人无法忍受的对峙。阿勃丝以敏锐的先见捕捉了那具有爆炸性的潜力，并将其转化为一幅关于童年愚蠢的举动、战争以及摄影师在社会中的角色的不可磨灭的照片。

安迪·沃霍尔
美国，1928—1987年
自拍照， 1979年
即现彩色照片，24 × 20英寸（61 × 50.8厘米）
购买，安迪·沃霍尔视觉艺术基金会捐赠，乔伊斯和罗伯特·曼斯谢尔捐赠，罗杰斯基金，1995年（1995.251）

沃霍尔的大部分作品都可视作对生命无常的沉思，从他对坚忍受苦的杰奎琳·肯尼迪的标志性描绘到1970年代中期的头骨绘画都是如此。此处的艺术家双眼紧闭，脸色苍白得可怕，他好像一位殉道的圣人，悬在肉身的痛苦和来世的炫目白光之间。这幅直指人心的照片

没有他许多自拍照中的狡诈，似乎既是暗指他在1968年遭遇刺杀一事，又是在冷酷地预示他的早逝。

杰夫·沃尔
加拿大，出生于1946年
讲故事的人， 1986年
银染漂白幻灯片置于灯箱中，7英尺6¼英寸 × 14英尺4⅛英寸（2.29 × 4.37米）
购买，夏琳和大卫·霍韦、亨利·尼亚斯基金会公司、詹妮弗·索尔、罗伯特·亚法、哈丽特·埃姆斯慈善信托、加里和莎拉·沃考维兹捐赠，2006年（2006.91）

沃尔为这件作品重新编排了他曾直接目睹的一个日常画面。他使用几位非专业演员和一个真实的场地，将最终的图像以背后照明的幻灯片的方式呈现，如同在汽车站和机场看到的那种一样。不过，机敏的观者可能会发现，图中某些人物的姿势呼应着爱德华·马奈和乔治·修拉的著名法国油画，而这两位画家在他们的时代也曾在作品中指涉从前的大师。

上图
理查德·普林斯
美国，出生于1949年
无题（牛仔），1989年
显色照片，50 × 70英寸（127 × 177.8厘米）
购买，霍勒斯·W·戈德史密斯基金会捐赠（通过乔伊斯和罗伯特·曼斯谢尔），詹妮弗和约瑟夫·杜克捐赠，2000年（2000.272）

《无题（牛仔）》是普林斯对一个美国原型的持续解构所达到的顶峰，这一原型最早可追溯到首批开拓者，最新又可在当时即将离任的总统——罗纳德·里根身上找到影子。普林斯的照片是一个神话（牛仔）的复制品（广告）的复制品（照片），尖锐地指出我们的文化持续被图像而不是真实体验所吸引，而这位艺术家将后者描述为"离真实最近的东西"。

对页下图
托马斯·斯特鲁斯
德国，出生于1954年
圣洛伦佐马焦雷教堂的文物修复者，那不勒斯，1988年
显色照片，46⅞ × 62⅞英寸（119.1 × 159.7厘米）
购买，重要项目基金公司捐赠（通过乔伊斯和罗伯特·曼斯谢尔）；阿尔弗雷德·斯蒂格里茨学会捐赠；詹妮弗·索尔捐赠；莫蒂默·D·萨克勒医生、特蕾莎·萨克勒及家人捐赠；加里和莎拉·沃考维兹捐赠，2010年（2010.121）

斯特鲁斯在1980年代末创作了这幅照片，当时他感觉艺术已经迷失在一种商品和媒体炒作的文化中。《文物修复者》既是他的标志性作品，也是他后来最著名的大型彩色照片系列的序幕，该系列作品展现了人们在博物馆、教堂和其他"文化殿堂"中观看艺术品。这也是某种意义上的一幅家庭肖像，它描绘了不是因为血缘而是因为共同目标走到一起的一群人，这些人为了今天的需要而挽救过去，正如艺术家本人所做的那样。

大卫·哈蒙斯
美国，出生于1943年
无忧无虑， 1995年
单频录像；彩色；有声；
5分14秒，尺寸不定
购买，阿尔弗雷德·斯蒂格
里茨学会捐赠，2003年
（2003.269）

哈蒙斯既是位萨满巫师又是位叫卖小贩，他曾在纽约上城的人行道上售卖冰激凌；用鸡骨头和从哈林区一间理发店收集的头发制作过精美而又不那么转瞬即逝的雕塑；他还于1989年在华盛顿特区的街道上展出过一幅巨大的广告牌肖像，上面是白脸的杰西·杰克逊。《无忧无虑》是这位艺术家的第一件也是唯一一件录像作品，影片开始时传来非常大声而且持续不断的声响，好似有人正狂怒地敲打垃圾桶；等真相大白时，画面中那位在夜里沿包厘街"踢桶子"（译注：在英文中为双关语，也有"翘辫子"之意）的神秘人物成为既来势汹汹又令人振奋的一记警钟。

作品索引

阿尔贝托·贾科梅蒂,《高个的人》,415页

阿尔伯特·比斯塔特,《落基山脉,兰德峰》,367页

阿尔布雷希特·丢勒,《忧郁I》,222页;《圣母子与圣安妮》,246页

阿尔布雷希特·阿尔特多费尔,《双云杉风景图》,224页

阿尔弗雷德·斯蒂格里茨,《乔治亚·欧姬芙——脖子》,444页

《阿尔西诺伊二世头像》(古埃及),59页

《阿玛萨斯石棺》(塞浦路斯),67页

阿美迪奥·莫迪里阿尼,《躺卧的裸体》,402页

《阿蒙霍特普三世狮身人面像》(古埃及),49页

《阿蒙神小雕像》(古埃及),55页

阿诺德·勃克林,《死者之岛》,286页

埃德加·德加,《舞蹈课》,289页

埃尔·格列柯,《红衣主教的肖像,可能是红衣主教唐费尔南多·尼尼奥·德·格瓦拉》,253页;《学者圣耶柔米》,342页;《托莱多风景》,254页

埃尔斯沃斯·凯利,《蓝绿红》,10页、427页

埃贡·席勒,《自画像》,402页

埃马纽埃尔·弗雷米耶,《储藏柜》,329页

埃马纽埃尔·洛伊茨,《华盛顿横渡特拉华河》,364页

《埃米尔·阿伊达金·阿拉伊·本都可达尔陵墓的清真寺油灯》(埃及),130页

埃米尔-雅克·鲁尔曼,《"国家"橱柜》,408页

埃皮米尼斯,《圣甲虫宝石雕像,雕刻有弓箭手验箭图案》,69页

艾伯特·桑兹·索思沃思,《勒缪尔·萧,马萨诸塞州最高法院首席法官》,438页

艾尔·阿纳遂,《杜萨萨二号》,435页

爱德华·伯恩-琼斯爵士,《爱之歌》,286页

爱德华·霍普,《女士餐桌》,417页

爱德华·马奈,《穿斗牛士服装的V小姐》,285页

爱德华·斯泰肯,《熨斗大厦》,442页

安布罗修斯·杰姆里克,《查理五世皇帝的双管簧轮手枪》,163页

安德烈·阿蕾蒂,《小提琴》,170页

安德烈·德朗,《威斯敏斯特宫》,345页

安德烈·夏尔·布勒,《斗柜》,312页

安德烈亚·德尔·萨托,《圣家庭与年轻的施洗约翰》,249页

安德烈亚·曼特尼亚,《牧羊人的朝拜》,239页;《酒神节的狂欢与酒瓮》,219页

安迪·沃霍尔,《玛丽莲》,233页;《九个杰奎琳》,425页;《自拍照》,447页

安蒂科,《帕里斯》,300页

安东尼·凡·戴克,《卢卡斯·凡·乌菲尔》,257页

安托万·华托,《弹吉他的梅兹坦》,269页

安东尼奥·波拉约洛,《一座骑手纪念碑的试画》,339页

安东尼奥·卡诺瓦,《珀耳修斯与美杜莎的头》,328页

安东尼奥·罗塞利诺,《圣母子与诸天使》,298页

安尼巴莱·卡拉齐,《圣母加冕》,253页

安塞姆·基弗,《冬日景观》,432页

《安提阿"圣餐杯"》(拜占庭),180页

《奥古斯都皇帝浮雕肖像》(古罗马),79页

奥古斯塔斯·圣-高登斯,《胜利》,377页

奥古斯特·雷诺阿,《乔治·夏邦杰夫人与她的孩子若尔热特-贝尔特和保罗-埃米尔-夏尔》,290页;《钢琴边的两位少女》,344页

奥古斯特·罗丹,《亚当或创造人类》,331页

奥内斯普·阿瓜多,《女人背面像》,2页、438页

奥诺雷·杜米埃,《三等车厢》,284页

奥托·迪克斯,《商人马克斯·勒斯贝格,德累斯顿》,414页

巴勃罗·毕加索,《在狡兔酒吧》,399页;《格特鲁德·斯泰因》,403页

巴尔蒂斯(巴尔塔扎·克洛索夫斯基),《大山》,419页

巴尔塔扎·佩尔莫瑟,《玛尔绪斯半身像》,1页、310页

巴比罗密欧·克里斯多佛利,《钢琴》,173页

巴尔洛米·埃斯特班·牟利罗,《圣母子》,261页

芭芭拉·赫普沃斯,《有线条和色彩的椭圆形》,429页

《百花香料瓶》(法国),317页

《半跏思惟菩萨像》(朝鲜),109页

《半圆形后殿》(西班牙),204页

保罗·波烈,《化装舞会服装》,393页

保罗·高更,《万福玛利亚》,295页

保罗·克利,《五月画》,410页

保罗·塞尚,《玩牌者》,293页;《静物:水罐、杯子和苹果》,291页

保罗·斯特兰德,《盲人》,443页

保罗·委罗内塞,《战神与维纳斯因爱结合》,252页

《宝座上的毗湿奴》(印度),115页

《宝座上的圣母与圣婴》(法国),186页

《宝座上的圣母子》(法国),200页

《宝座上的圣母子》(英国),209页

《北山羊图案彩陶罐》(伊朗),23页

《北野天神缘起绘卷》(日本),102页

贝尔纳多·达迪,《圣母升天》,334页

《贝壳海草纹和服》(日本),105页

《贝莱斯布兰科城堡庭院》(西班牙),302页

彼得·保罗·鲁本斯,《着汉服的耶稣会士金尼阁》,224页;《鲁本斯与妻子海伦娜·福尔曼及他们的一个孩子》,259页

彼得·德·潘内马克尔,《最后的晚餐》,341页

彼得勒斯·克里斯蒂,《金匠在他的店铺里,可能是圣安利日》,338页;《加尔都森派教徒肖像》,238页

彼特·佩克,《查理五世皇帝的双管簧轮手枪》,163页

毕堆纽斯,《大门》,202页

《毕日柱》(新几内亚),153页

《壁龛》(伊朗),133页

《表现战争场面的浮雕》(古埃及),48页

波提切利,《天使报喜》,339页;《圣耶柔米最后的圣餐》,242页

《玻璃爪状杯》(法兰克),182页

伯纳德·凡·奥利,《最后的晚餐》,341页

布立大师,《女像柱权座》,148页

布龙齐诺,《年轻男子肖像》,248页

《布艺画,描绘母牛节庆祝场面》(印度),12页、120页

蔡尔德·哈萨姆,《西莉亚·撒克斯特的花园,缅因州浅滩岛》,374页

查尔斯·德穆思,《我看到了金制数字5》,416页

查尔斯·希勒,《十字运输坝,福特汽车公司胭脂河工厂》,445页

查尔斯·詹姆斯,《"蝴蝶"晚礼服》,395页

查克·克洛斯,《卢卡斯》,431页

《长笛》(德国),172页

长毛萨梯的画家,《绘有希腊人和阿玛宗人之战及半人马和拉皮斯之战的涡形双耳喷口杯》,70页

《持贡品者雕像》(美索不达米亚),32页

《持祭品的女子》(古埃及),43页

《持书卷的妇女半身像》(拜占庭),179页

《橱柜》（美国），349页
《船只模型》（古埃及），42页
《春屋妙葩顶相》（日本），103页
Comme des Garçons（CdG），渡边淳弥，《套装》，397页

《大马士革房间》（叙利亚），142页
大卫·哈蒙斯，《无忧无虑》，449页
大卫·伦琴，《斗柜》，320页
《大卫王头像》（法国），187页
《大卫与歌利亚之战圆盘》（拜占庭），183页
《带阿拉伯铭文的碗》（伊朗），127页
《带发条装置的天体仪》（奥地利），306页
《带盖卡诺皮克罐》（古埃及），51页
《带盖漆盒》（朝鲜），109页
《带野人尖顶饰的执壶》（德国），216页
《带原皮革匣子的梳妆用具》（德国），317页
《带状花云纹样瓷砖》（土耳其），140页
《戴面纱的舞者小雕像》（古希腊），72页
戴维·史密斯，《贝卡》，428页
黛安·阿勃丝，《纽约中央公园里拿着玩具手榴弹的小孩》，446页
《丹铎神庙》（古埃及），58页
丹尼尔·切斯特·法兰奇，《来自米尔莫纪念碑的死亡天使和雕塑家》，376页
《德瓦南达十四吉梦预言大雄出生》（印度），118页
蒂尔曼·里门施奈德，《主教坐像》，215页
蒂芙尼工作室，《秋景》，383页
《吊坠及串珠》（美索不达米亚），28页
杜乔·迪·博塞尼亚，《圣母与圣婴》，235页
《对龙纹剑格》（中国），135页
《对兽纹地毯》（土耳其），131页
《盾牌》（所罗门群岛），153页
《多屉高柜》（美国），351页

《厄洛斯睡像》（古希腊或古罗马），73页

《法尔内塞石桌》（意大利），305页
《法国国王亨利二世的盔甲》（法国），164页
《柉禁诸器》（中国），85页
菲利波·尼格洛立，《复古面甲头盔》，163页
菲利皮诺·利比，《圣母子》，243页
菲利普·古斯顿，《街道》，433页
费尔南·莱热，《女人与猫》，407页
《佛像》（印度），114页

《佛坐像，可能是阿弥陀佛》（中国），88页
《夫妻》（马达加斯加），146页
《夫妻坐像》（马里），146页
弗拉·菲利波·利比，《女子与窗扉边的男子肖像》，238页
弗兰克·劳埃德·赖特，《弗朗西斯·W·利特尔宅房间，明尼苏达州ডিয扎塔》，382页

弗兰斯·哈尔斯，《忏悔节的寻乐者》，255页
弗朗茨·艾克萨费尔·梅塞施密特，《伪君子与诽谤者》，324页
弗朗切斯科·迪·乔治·马丁尼，《古比奥公爵府的书房》，301页
弗朗索瓦·布歇，《维纳斯的梳妆室》，270页
弗朗索瓦-托马斯·热尔曼，《咖啡壶》，318页
弗雷德里克·埃德温·丘奇，《安第斯之心》，368页
弗雷德里克·雷明顿，《山里人》，377页
弗雷德里克·威廉·麦克莫里斯，《酒神的女祭司和婴儿农牧神》，378页
《浮雕石棺，雕有酒神狄俄尼索斯的胜利及四季神》（古罗马），80页
《浮雕双耳大酒杯一对》（古罗马），79页
《符咒石碑》（古埃及），57页
《斧形礼器》（印度尼西亚），121页
《妇人头像，可能是狮身人面像》（古希腊），68页

《伽倪墨得斯首饰套件》（古希腊），72页
《盖乌斯皇帝半身雕像，又名卡利古拉》（古罗马），77页
《高脚酒杯》（古埃及），55页
戈雅，《巨人》，231页；《曼努埃尔·奥索里奥·曼里克·德·祖尼加》，275页
《宫廷服》（英国），388页
龚贤，《山水册与题诗》，99页
《古地亚坐像》（美索不达米亚），27页
古斯塔夫·克里姆特，《玛达·普利马弗斯》，400页
古斯塔夫·库尔贝，《女人与鹦鹉》，283页
古斯塔夫·勒·格雷，《大浪，赛特港》，439页
《观音与金刚手菩萨随侍佛陀宝座像》（印度尼西亚），122页
《管篜斧》（巴克特里亚·马尔吉阿纳），28页
圭尔奇诺，《参孙被非利士人捕获》，256页

《贵族男孩雕像》（古罗马），77页
《跪牛持带流瓶》（伊朗），24页
郭熙，《树色平远图》，92页
《国王圆柱像》（法国），187页
《国王坐像香炉》（危地马拉），154页
《果阿石与金盒》（印度），142页

《哈伦海布书吏雕像》（古埃及），52页
《哈特谢普苏特狮身人面像》（古埃及），47页
《海那塔薇之棺》（古埃及），54页
海因里希·罗思，《圆盘》，357页
韩幹，《照夜白图》，89页
汉斯·巴尔东·格里恩，《圣约翰在拔摩岛》，244页
汉斯·梅姆林，《天使报喜》，340页；《托马索·迪·弗克·波提纳利和玛利亚·波提纳利》，240页
《诃里诃罗立像》（柬埔寨或越南），122页
《河马陶塑》（古埃及），46页
赫曼·保罗·让·德·林堡，《贝里公爵的美丽时祷书》，214页
赫脱兄弟，《衣橱》，371页
赫希菲尔德作坊，《葬仪双耳喷口杯》，63页
亨德里克·德·布吕根，《耶稣受难与圣母和圣约翰》，257页
亨利·德·图卢兹-劳特累克，《沙发》，291页
亨利·马蒂斯，《旱金莲与画作〈舞〉》，401页；《科利乌尔的橄榄树》，345页
后藤程乘，《筝》，171页
后藤佑乘作坊，《筝》，171页
胡安·马丁内斯，《萨克森选侯克里斯蒂安二世的轻剑》，164页
胡安·马丁内斯·蒙塔涅斯，《施洗者圣约翰》，309页
胡安·米罗，《荷兰室内之三》，412页
胡塞佩·德·里贝拉，《圣家庭与圣安妮和亚历山大的凯瑟琳》，261页
《花环纹样碗》（古罗马），78页
《花龙纹挂毯》（中亚东部），91页
画家阿玛西斯，《饰有女织图及妇人、青年和少女的细颈油瓶》，68页
《环形玉龙佩》（中国），86页
皇家兵工厂，《中央桌》，323页
黄庭坚，《廉颇蔺相如传》，93页
《回廊》（法国），204页
《回廊》（加泰罗尼亚），199页
《婚礼套装》（法国），391页
J.B. 甘，《F调中音竖笛》，171页

索引 451

吉尔伯特·斯图尔特,《乔治·华盛顿》, 358页

吉拉德·大卫,《在逃往埃及的途中小憩》, 245页

吉勒·茹贝尔,《书桌》, 318页

济安·劳伦佐·和彼得罗·贝尼尼,《酒神节狂欢:儿童戏弄农牧神》, 308页

加法尔·伊本·穆罕默德·伊本·阿里·埃米尔·赛义夫·顿雅·瓦尔丁·穆罕默德·马沃尔迪的香炉》, 129页

加斯顿·拉雪兹,《站立女子》, 404页

《家具底座》(安纳托利亚), 29页

《贾哈里斯拜占庭经文选》(君士坦丁堡), 185页

贾斯培·琼斯,《白旗》, 424页

《豇豆红瓶》(中国), 101页

杰夫·沃尔,《讲故事的人》, 447页

杰克逊·波洛克,《秋韵(第30号)》, 423页

《金纳迪奥斯肖像圆雕饰》(罗马), 180页

《紧身上衣》(法国), 387页

《精饰福音书》(埃塞俄比亚), 147页

《菊花桐花纹章酒壶》(日本), 105页

卡波佛罗·马泽蒂,《萨格雷多宫的卧室》, 312页

《卡布里斯房间》(法国), 321页

卡尔顿·沃特金斯,《靠近塞利罗的合恩角》, 440页

卡拉瓦乔,《圣彼得的否认》, 255页

卡米耶·柯罗,《西比勒》, 282页

卡米耶·佩尔农,《梵蒂冈风景挂毯》, 327页

卡纳莱托(乔凡尼·安东尼奥·康纳尔),《圣马可广场》, 269页

卡斯帕·大卫·弗里德里希,《两人赏月》, 280页;《吕根岛东岸风景与牧羊人》, 229页

《坎伯兰伯爵三世乔治·克利福德的组合盔甲》(英格兰), 165页

康纳留斯·吉克斯特德,《双耳碗》, 350页

康斯坦茨的海因里希师傅,《圣母往见》, 193页

康斯坦丁·布朗库西,《空间中的鸟》, 405页

《科尔登宅第中的维普兰克房间》(美国), 354页

《克尔诺斯杯》(基克拉迪), 62页

克拉斯·奥登伯格,《八月的软月历》, 425页

克劳德·洛兰,《王后以斯帖接近亚哈随鲁王的宫殿》, 226页;《特洛伊女人放火烧船》, 267页

克劳德·莫奈,《圣阿德列斯的花园》, 288页

克劳斯·德·韦尔弗,《圣母与圣子》, 196页

克里福特·斯蒂尔,《1947—1948—W1号》, 423页

克里斯特巴尔·巴伦夏加,《晚礼服》, 394页

克里斯汀·迪奥,《"维纳斯"晚礼服》, 392页

克洛迪翁,《气球纪念碑》, 325页

《"克提西斯"的化身地板马赛克残片》(拜占庭), 181页

《扣针雕饰,雕刻有斜卧的青年男女、侍从及鸟纹》(伊特鲁里亚), 69页

《库洛斯雕像》(古希腊), 64页

《盔甲》(日本), 159页

拉尔夫·厄尔,《以利亚·鲍德曼》, 355页

《喇嘛与大成就者随侍迦耶塔帕像》(中国西藏), 117页

老彼得·勃鲁盖尔,《收割者》, 251页

老卢卡斯·克拉纳赫,《帕里斯的裁判》, 249页

利奥诺拉·卡林顿,《自画像》, 413页

理查德·普林斯,《无题(牛仔)》, 448页

《礼服》(美国或欧洲), 390页

《礼服》(英国), 390页

李乔,《油灯》(意大利), 300页

《两尊皇室成员的雕像》(古罗马), 76页

列奥纳多·达·芬奇,《圣母四分之三右侧面头像》, 220页

铃木春信,《男孩为女孩添发带》, 108页

《羚羊雕像》(古埃及), 49页

卢卡斯·凡·莱顿,《大天使加百列宣布基督诞生》, 223页

卢西恩·利维-杜默,《"紫藤"餐厅》, 408页

鲁迪·格恩莱赫,《套装》, 394页

鲁弗斯·哈瑟维,《女士与宠物(莫莉·威尔斯·弗布斯)》, 357页

《鹿身酒器》(安纳托利亚中部), 29页

路易斯·康福特·蒂芙尼,《花瓶》, 379页

伦勃朗·凡·莱因,《亚里士多德与荷马半身像》, 264页;《基督在两个盗贼中间被钉十字架:三个十字架》, 227页;《〈最后的晚餐〉,以列奥纳多·达·芬奇的作品为基础》, 342页;《自画像》, 263页

罗伯特·康平,《天使报喜三联画(梅罗德祭坛画)》, 213页

罗伯特·亚当,《兰斯当宅第的餐厅》, 321页;《克鲁姆宅第的挂毯房间》, 322页

《罗马皇帝君士坦丁一世头像》(古罗马), 81页

罗马勒·比尔登,《街道》, 432页

罗莎·邦赫,《马市》, 284页

罗希尔·范德魏登,《弗朗切斯科·德·艾斯特》, 240页

罗伊·利希滕斯坦,《走出去》, 430页

洛伦佐·洛托,《维纳斯和丘比特》, 247页

洛伦佐·摩纳哥,《耶稣诞生》, 335页

吕西安·弗洛伊德,《裸体男子背面》, 434页

马丁·卡兰,《带折叠面板和底座的写字台》, 323页

马丁·约翰逊·赫德,《暴风雨来临》, 367页

马克·罗斯科,《第13号(黄底白红)》, 426页

马萨尼奥的阿邦迪奥·斯塔齐奥,《萨格雷多宫的卧室》, 312页

《马上骑士形中世纪水罐》(日耳曼), 192页

马斯登·哈特利,《一位德国军官的肖像》, 406页

马修·普拉特,《美国画派》, 350页

玛丽·卡萨特,《茶桌边的女士》, 375页

《迈步男子雕像》(古埃及), 39页

《迈步狮纹镶板》(美索不达米亚), 32页

迈克尔·史维斯特,《给赤身露体的人衣服穿》, 265页

马克斯·贝克曼,《开端》, 415页

马克斯·恩斯特,《加拉·艾吕雅》, 413页

《曼嘎卡能量像》(刚果民主共和国), 149页

曼·雷,《雷氏照片》, 444页

曼诺哈尔,《巴赫拉姆·古尔与蓝亭公主》, 140页

《猫》(古埃及), 56页

《猫形柄执壶》(伊朗), 125页

《猫形瓶》(秘鲁), 154页

梅耶·梅耶斯,《篮子》, 352页

美国火石玻璃制造厂,《口袋玻璃瓶》, 352页

《美慧三女神组雕》(古罗马), 81页

《门道》(法国), 208页

《蒙特里昂青铜战车》(伊特鲁里亚), 66页

《蒙图乌色尔石碑》（古埃及），42页
米开朗基罗·博纳罗蒂，《〈利比亚女先知〉试作》，221页
米凯莱·托蒂尼，《拨弦键琴与塑像》，172页
米歇尔·雷德林，《匣子》，310页
《面具》（澳大利亚），151页
《名誉的胜利》（佛兰德斯），302页
《墓碑》（叙利亚），36页
《〈穆罕默夫·哈迪那〉对开页面》（可能来自突尼斯），126页

《娜妮〈亡灵书〉》（古埃及），53页
《男人像》（法属波利尼西亚），150页
《男士外套和背心》（法国），389页
《男子雕像》（古希腊），75页
《难近母女神杀死牛魔马希沙》（尼泊尔），117页
尼古拉斯·普桑，《掠夺萨宾妇女》，260页；《失明的俄里翁寻找升起的太阳》，263页
《尼卡拉与妻女雕像》（古埃及），40页
《鸟兽纹银酒杯》（色雷斯），34页
努尔普尔的德维达萨，《湿婆神和帕尔瓦蒂玩巢拔尔骰子棋》系列之一，119页
《女跪像》（阿兹特克），157页
《女像柱定音鼓》（加纳），175页

欧仁·德拉克罗瓦，《诱拐丽贝卡》，279页
欧瑟尔凡萨师傅，《圣安东尼院长在旷野中》，336页

佩里诺·德尔·瓦加，《朱庇特与朱诺——"费尔蒂·迪·乔弗"挂毯的试作》，225页
《朋内布墓室》（古埃及），41页
皮埃尔·博纳尔，《弗农纳的阳台》，418页
皮埃尔·勒·布尔热瓦，《法国国王路易十三世的燧发枪》，166页
皮埃特罗·洛伦采蒂，《耶稣受难》，236页
皮耶罗·迪·科西莫，《狩猎图》，243页
《菩萨躯干石像》（巴基斯坦），113页

《耆那教白衣派祖师打坐像》（印度），116页
《骑兵盾》（德国），160页
钱选，《王羲之观鹅图》，97页
乔凡尼·贝利尼，《圣母子》，241页
乔凡尼·迪·保罗，《创造世界和逐出乐园》，337页

乔凡尼·马里亚·瓦萨罗，《饰有教皇尤利乌斯二世和博洛尼亚的曼佐利的盾徽的碗》，341页
乔赛亚·约翰逊·霍斯，《勒缪尔·萧，马萨诸塞州最高法院首席法官》，438页
乔舒亚·雷诺兹爵士，《乔治·K·H·古斯麦克上校》，273页
乔托·迪·邦多纳，《主显节》，236页
乔瓦尼·巴蒂斯塔·提埃波罗，《行星与大陆的寓言》，271页
乔治·E·欧，《茶壶》，379页
乔治·德·基里科，《犹太天使》，412页
乔治·德·拉图尔，《算命者》，258页
乔治·霍贞切尔，《花瓶》，329页
乔治·加勒伯·宾汉姆，《皮毛商人在密苏里河上顺流而下》，363页
乔治·西利，《冬景》，443页
乔治·修拉，《马戏团杂耍》，292页；《阿曼·让肖像》，233页
乔治亚·欧姬芙，《牛头骨：红、白、蓝》，416页
《青年与女孩石刻墓碑，带柱头和狮身人面像尖顶饰》（古希腊），65页
《青铜镜，底座为披衣女子雕像》（古希腊），70页
《青铜鎏金弥勒佛》（中国），87页
屈鼎，《夏山图》，90页
《躯干雕像》（支埃及），56页
《去以马忤斯的途中和耶稣向抹大拉的玛利亚显现饰板》（西班牙），186页
《全套遗骨匣中的雕刻件》（加蓬），148页

让·奥古斯特·多米尼克·安格尔，《埃莱奥诺拉-玛丽·波利娜·德·加拉尔·德·布拉萨克·德·贝亚恩，布罗伊公主》，343页；《雅克-路易·勒布朗夫人》，278页；《维吉尔为奥古斯都、莉薇娅、屋大维娅阅读〈埃涅阿斯纪〉》，230页
让·奥诺雷·弗拉戈纳尔，《丛林边缘的聚会》，228页，《情书》，272页
让·巴蒂斯特·格勒兹，《破蛋》，272页
让·布莱德利，《储藏柜》，329页
让·杜帕斯，《"航海史"壁画》，409页
让·富凯，《上帝的右手保护信徒不受恶魔侵犯》，336页
让·勒穆瓦纳·勒·洛兰，《空气》，311页
让·普塞勒，《法国女王让娜·德芙勒的时祷书》，214页
让·西美翁·夏尔丹，《肥皂泡》，270页
让·安托万·乌东，《受冻的女孩》，325页

让-巴蒂斯特-路易·葛罗，《葛罗男爵的客厅》，437页
让-巴蒂斯特·卡尔波，《乌戈利诺和他的儿子们》，330页
让-德莫斯代纳·迪古尔克，《梵蒂冈风景挂毯》，327页
让-亨利·列斯内，《带折叠面板的写字台》，326页
让·里奥·杰洛姆，《土耳其非正规军人》，282页
《人首翼师雕像》（美索不达米亚），31页
《人像吊饰》（哥伦比亚），156页
《人与半人马铜像》（古希腊），62页

《萨迪斯的阿尔忒弥斯神庙圆柱》（古希腊），74页
《〈萨拉戈萨的圣文森传说及其遗骨史〉》中的场景（法国），190页
萨瓦的哈比巴拉，《鸟的集合》，139页
塞缪尔·柯尔特，《柯尔特龙骑兵三型击发左轮手枪》，166页
塞西莉亚·博斯，《埃内斯塔（小孩和保姆）》，380页
《三博士来朝》（奥地利），211页
《三龙碗》（中国），90页
《三瓶纹盘》（日本）106页
尚·丁格利，《纳尔瓦》，429页
《少将约翰·E·伍尔的国会授剑》（美国），167页
《神像》（多米尼加共和国），156页
《圣餐杯、圣餐盘和麦秆》（德国），207页
《圣母》（阿尔萨斯），207页
《圣马加冕与最后的审判双联板》（法国），209页
《圣尼古拉指控罗马执政官》（法国），205页
《圣塞巴斯蒂安的殉难》的制作师傅，《赫拉克勒斯和阿刻罗俄斯》，309页
《圣童森班达尔》（印度），116页
《圣托马斯·贝克特圣骨匣》（英国），188页
《圣伊里耶半身圣骨盒》（法国），189页
《圣婴摇篮》（尼德兰南部），197页
《圣约翰启示录注释》（西班牙），188页
《狮身酒器》（伊朗），34页
《狮首头盔》（意大利），161页
《狮子》（西班牙），206页
《十字架》（英国），201页
《饰板：基督从奥托一世大帝手中接受马格德堡大教堂》（奥托时代），184页

《饰板》(西班牙),127页
《饰有传奇故事的盒子》(法国),192页
《饰有对鸟纹的新月形吊坠》(埃及),128页
《饰有哈比和狮身人面像的镂空罐》(伊朗),130页
《饰有神话巨蛇纹样的束腰外衣》(秘鲁),155页
《饰有狮身人面像的透雕饰板》(叙利亚),33页
《饰有十字架受难图和福音书作者符号的珐琅》(法国),185页
《受伤的阿玛宗人雕像》(古罗马),71页
《狩猎风景图》(英格兰),307页
《狩猎图盘》(伊朗),4页,37页
狩野山雪,《老梅图》,106页
《书桌与书柜》(美国),360页
《竖琴师坐像》(基克拉迪),61页
《双扇敏拜尔门》(埃及),134页
《水月观音菩萨像》(朝鲜),111页
斯图亚特·戴维斯,《来自岩港的报告》,420页
宋徽宗,《翠竹双雀图》,94页
苏丹·穆罕默德,《塔姆拉斯打败迪弗》,136页
《苏莱曼大帝的图格拉》(土耳其),139页
塔拉,《撒茹普辛格王公观宝马》,119页
《太后胸饰面具》(尼日利亚),6页,145页
泰奥多尔·席里柯,《黄昏:高架渠风景》,281页
《弹基萨拉的妇女坐像壁画》(古罗马),3页,78页
《陶女舞俑》(中国),86页
《套装》(美国),389页
提香,《维纳斯与阿多尼斯》,250页
《天使报喜挂毯》(尼德兰南部),194页
《统治者头像》(伊朗或美索不达米亚),26页
《头骨钩》(巴布亚新几内亚),152页
《头巾头盔》(安纳托利亚或伊朗),161页
《图坦卡蒙头像和阿蒙之手》(古埃及),53页
托马斯·弗莱彻,《展示瓶》,361页
托马斯·庚斯博罗,《格雷斯·达尔林普尔·埃利奥特夫人》,274页
托马斯·科尔,《暴雨后马萨诸塞州北安普敦圣轭山风景——牛轭湾处》,362页
托马斯·劳伦斯爵士,《伊丽莎白·法伦,即后来的德比伯爵夫人》,274页

托马斯·斯特鲁斯,《圣洛伦佐马焦雷教堂的文物修复者,那不勒斯》,448页
托马斯·埃金斯,《单人双桨冠军(马克斯·施密特在单人双桨小艇中)》,372页;《两位着希腊装束的学生》,441页
《瓦朗日维尔房间》(法国),316页
瓦伦丁·布施,《大洪水》,304页
瓦伦丁·德·布隆涅,《弹鲁特琴的人》,258页
瓦西里·康定斯基,《即兴第二十七号》(爱的花园二号),411页
《外邦人浮雕残片》(古埃及),51页
《晚礼服》(美国或欧洲),392页
《王后头像残片》(古埃及),50页
王翚 等,《康熙南巡图第三卷:济南至泰山》,100页
威廉·德·库宁,《阁楼》,422页
威廉·格拉肯斯,《中央公园,冬天》,381页
威廉·拉什,《鹰》,359页
威廉·梅里特·切斯,《海边》,375页
威廉·维莱,《勋章柜》,319页
《维吉尔杯》(意大利),299页
维托雷·卡尔帕乔,《关于耶稣受难的默想》,245页
尾形光琳,《波涛图屏风》,107页
委拉斯凯兹,《胡安·德·帕雷哈》,262页
温斯洛·霍默,《东北强风》,381页;《前线来的俘虏》,368页
文森特·凡高,《精神病院的走廊》,232页;《麦田与丝柏》,294页
翁贝特·波丘尼,《空间中连续的独特形体》,405页
沃克·埃文斯,《佃户农舍的厨房一角,亚拉巴马州黑耳县》,445页
乌尔斯·格拉弗,《举着格拉鲁斯州旗的雇佣兵》,223页
《乌赫尔伯爵厄蒙哥七世之墓碑石肖像》(加泰罗尼亚),210页
吴彬,《十六罗汉图卷》,99页
《五角斯频耐琴》(意大利),169页
《五旬节饰板》(尼德兰南部),200页

《"西蒙乃мент"地毯》(埃及),136页
西蒙·潘廷,《茶壶、灯与小桌》,315页
西莫内·马丁尼,《圣母子》,333页
西莫内·莫斯卡,《壁式喷水池》,303页
《西特哈索尔羽内特公主的胸饰》(古埃及),46页

希兰·鲍尔斯,《安德鲁·杰克逊》,365页
《下十字架浮雕》(法国),194页
夏尔·勒·布朗,《空气》,311页
夏尔·尚皮涅勒,《"航海史"壁画》,409页
夏尔-奥诺雷·拉涅尔,《牌桌》,361页
夏尔-纪尧姆·迪尔,《储藏柜》,329页
《先祖夫妇像》(印度尼西亚),152页
《香炉》(阿拉伯西南部),36页
《象钟》(叙利亚),133页
小汉斯·荷尔拜因,《一名魏吉家族成员的肖像,可能是赫曼·魏吉》,250页
《辛努塞尔特三世面部雕像》(古埃及),45页
《辛努塞尔特三世狮身人面像》(古埃及),44页
新不来梅玻璃制造厂,《高脚盖杯》,355页
《胸针扣》(晚期罗马),182页
《须弥山坛城》(中国),97页
《玄宗避蜀图》(中国),95页
雪村周继,《山水猿图》,104页
《寻获独角兽》(尼德兰南部),217页
雅各布·凡·雷斯达尔,《麦田》,267页
雅克-路易·大卫,《安托万-洛朗·拉瓦锡和妻子》,276页;《苏格拉底之死》,276页
《亚里士多德和菲莉丝中世纪水罐》(苏格兰低地南部),335页
亚历山大·考尔德,《项链》,421页
《亚历山大的圣凯瑟琳》(法国),197页
《亚述纳西拔二世浮雕》(美索不达米亚),31页
扬·凡·艾克,《耶稣受难与最后的审判》,237页
扬·凡·梅克伦,《带底座的储物柜》,314页
扬·施特恩,《阳台上的欢乐时光》,268页
《药师经变》(中国),96页
《耶稣受难》(西班牙),203页
《耶稣遭背叛与逮捕浮雕》(法国),191页
野口勇,《库洛斯》,420页
《野猫半身角状杯》(伊朗),35页
《叶形碟》(中国),89页
《夜叉像》(印度),112页
《一段织物》(土耳其),5页,138页
伊夫·圣罗兰,《晚礼服套装》,396页
伊拉斯塔斯·道·帕尔默,《白人俘虏》,366页

伊斯雷尔·胥赫，《萨克森选侯克里斯蒂安二世的轻剑》，164页
《翼马纹虹彩陶碗》（伊朗），128页
《尤底克斯的木乃伊肖像画》（古埃及），59页
《尤利乌斯·恺撒和侍者》（尼德兰南部），212页
《有角迈步男子铜像》（伊朗或美索不达米亚），24页
与多纳泰罗关系密切的雕塑家，《小精灵》，297页
《圆盘》（意大利），299页
《圆筒印章及当代制作的印纹：狩猎图》（美索不达米亚），27页
《猿猴杯》（尼德兰南部），216页
约阿希姆·帕提尼尔，《圣耶柔米的忏悔》，246页
约翰·H·贝尔特，《沙发》，364页
约翰·戈特利布·基希纳，《狮子》，315页
约翰·科布，《勋章柜》，319页
约翰·昆西·亚当斯·沃德，《自由人》，369页
约翰·拉·法奇，《风吹牡丹》，370页
约翰·特朗布尔，《直布罗陀驻军的突围》，356页
约翰·辛格·萨金特，《X夫人》，7页，372页
约翰·辛格尔顿·科普利，《丹尼尔·克罗姆林·维普兰克》，353页
约翰内斯·维米尔，《青年女子头像》，265页；《持水壶的少妇》，266页
《约拿与鲸鱼》（伊朗），135页
约瑟夫·马洛德·威廉·透纳，《楚格湖》，228页；《捕鲸船》，280页
《月亮壶》（朝鲜），111页
《云龙纹罐》（中国），98页
《云龙纹经函》（中国），98页
《藏王权现》（日本），102页
詹姆斯·霍顿·怀特豪斯，《布莱恩特花瓶》，370页
詹姆斯·罗森奎斯特，《火焰之屋》，430页
詹姆斯·麦克尼尔·惠斯勒，《肤色与黑色的布置：西奥多·杜雷肖像》，374页；《大门》，231页
《站立男子雕像》（美索不达米亚），25页
《站立神像 可能是湿婆》（柬埔寨），123页
《帐篷衬里》（印度），141页
《真十字架圣物箱（菲斯奇摩根真十字架遗物）》（拜占庭），184页
《执壶》（法国），305页
《执壶》（意大利），307页
朱尔·巴斯蒂安-勒帕热，《圣女贞德》，287页
朱丽亚·玛格丽特·卡梅隆，《菲利普·斯坦霍普·沃斯利》，441页
朱丽亚-安·菲奇，《刺绣样本》，359页
朱利安诺和贝内代尔·达·马亚诺，《古比奥公爵府的书房》，301页
《组合盔甲》（英格兰），162页
《坐佛说法》（斯里兰卡），114页

图片来源

大都会艺术博物馆力求尊重版权，以符合其非营利性的教育宗旨。如果您认为本书中有任何资料使用不当，请联系大都会艺术博物馆的编辑部门。

233页下图，425页下图，447页：© 2011安迪·沃霍尔视觉艺术基金会公司／艺术家权利协会（ARS），纽约；345页上图，405页上图，407页，411页，413页下图，415页，418页，419页，429页下图，444页上图：© 2011艺术家权利协会（ARS），纽约/ADAGP，巴黎；345页下图，401页：©2011 H.马蒂斯继承人／艺术家权利协会（ARS），纽约；382页：© 2011弗兰克·劳埃德·赖特基金会，亚利桑那斯科茨代尔／艺术家权利协会（ARS），纽约；399页，403页：© 2011巴勃罗·毕加索遗产／艺术家权利协会（ARS），纽约；410页：© 2011艺术家权利协会（ARS），纽约；412页上图：© 2011艺术家权利协会（ARS），纽约／SIAE，罗马；412页：© 2011米罗继承人／艺术家权利协会（ARS），纽约／ADAGP，巴黎；413页：© 2011利奥诺拉·卡琳顿／艺术家权利协会（ARS），纽约；414页左图：© 2011艺术家权利协会（ARS），纽约／VG Bild Kunst，波恩；414页右图：© 2011贾科梅蒂继承人／艺术家权利协会（ARS），纽约／ADAGP，巴黎；416页下图，444页下图：© 2011乔治亚·欧姬芙博物馆／艺术家权利协会（ARS），纽约；421页上图：斯图亚特·戴维斯遗产／VAGA授权，纽约州纽约市；420页：© 2011野口勇基金会和花园博物馆，纽约／艺术家权利协会（ARS），纽约；421页下图：© 2011杰德基金会／艺术家权利协会（ARS），纽约；422页上图：威廉·德·库宁基金会／艺术家权利协会（ARS），纽约；422页下图：克里福特·斯蒂尔遗产／克里福特·斯蒂尔博物馆；422—423页：© 2011波洛克·科瑞丝娜基金会／艺术家权利协会（ARS），纽约；424页：贾斯培·琼斯／VAGA授权，纽约州纽约市；425页上图：© 克拉斯·奥尔登堡；426页：© 1998凯特·罗森科·普来泽尔和克里斯多弗·罗森科／艺术家权利协会（ARS），纽约；10页，427页：埃尔斯沃斯·凯利；428页：© 戴维·史密斯／VAGA授权，纽约州纽约市；429页上图：© 鲍内斯·赫普沃斯遗产；430页：罗伊·利希滕斯坦遗产；430—431页：詹姆斯·罗森奎斯特／VAGA授权，纽约州纽约市；432—433页：© 罗马勒·比尔登基金会／VAGA授权，纽约州纽约市；433页：© 菲利普·古斯顿遗产；435页：承蒙艺术家本人和纽约杰克·塞曼画廊提供；443页下图：光圈基金会；445页：© 大都会艺术博物馆沃克·埃文斯档案，纽约；449页：© 大卫·哈蒙斯

图书在版编目（CIP）数据

大都会艺术博物馆指南 / 美国大都会艺术博物馆编著 . —北京：北京联合出版公司，2016.8（2018.6 重印）
　ISBN 978-7-5502-8243-8

　Ⅰ. ①大… Ⅱ. ①美… Ⅲ. ①艺术—博物馆—美国—指南 Ⅳ. ① G269.712.69-62

　中国版本图书馆 CIP 数据核字（2016）第 167920 号

Copyright © 2015 The Metropolitan Museum of Art, New York. This edition published by arrangement with The Metropolitan Museum of Art, New York.
本书中文简体版的出版权归属银杏树下（北京）图书有限责任公司。

大都会艺术博物馆指南

编　　著：美国大都会艺术博物馆
译　　者：黄潇潇
选题策划：后浪出版公司
出版统筹：吴兴元
编辑统筹：蒋天飞
特约编辑：周伊萍
责任编辑：李　征
营销推广：ONEBOOK
装帧制造：墨白空间·黄海

北京联合出版公司出版
（北京市西城区德外大街 83 号楼 9 层　100088）
北京盛通印刷股份有限公司印刷　新华书店经销
字数 190 千字　787 毫米 ×1092 毫米　1/16　28.5 印张　插页 8
2016 年 8 月第 1 版　2018 年 6 月第 6 次印刷
ISBN 978-7-5502-8243-8
定价：138.00 元

后浪出版咨询(北京)有限责任公司 常年法律顾问：北京大成律师事务所　周天晖 copyright@hinabook.com
未经许可，不得以任何方式复制或抄袭本书部分或全部内容
版权所有，侵权必究

本书若有印装质量问题，请与本公司图书销售中心联系调换。电话：010-64010019